鈴木 泰 *SUZUKI Yasushi*

Financial Institutions, Monitoring and Transition Failure
An institutional approach to understanding Japan's prolonged financial slump

金融システムとモニタリングの研究

制度論的アプローチによる日本の金融長期停滞要因分析

唯学書房

はしがき

本書の概要

　バブル経済崩壊後から続く日本の金融停滞はなぜ、かくも長く根深いのか。邦銀が、巨額の不良債権を抱え込み、金融停滞をもたらしたことに、通説は主として次の点を指摘する。(1) 1970年半ばまでの高度成長期を支えてきた日本の伝統的「メインバンク」及び「護送船団」モニタリングシステムの「保護的な」制度が銀行不倒神話を生み、邦銀がどのようなローンポートフォリオを抱えても最終的には金融当局が救済してくれるという「モラルハザード」を生んでしまったのではないか。(2) 日本は、1980年代半ば以降、米国が推進・唱導する規制緩和により米国型金融・モニタリングシステムへ移行しようとしたが、その転換プロセスが遅すぎたのではないか。本書はこれらの通説に対し批判・反論を行なう。また、長引く金融停滞について、通説は (3) 1990年代における金融当局（大蔵省）の不作為及び作為の失敗、を指摘するが、なぜ、これほど長期にわたり失敗が重ねられたのか、通説は十分な説明をしていない。

　本書は、バブル経済崩壊後の長引く金融停滞の根本原因は、信用リスクモニタリング及び銀行監督モニタリングを含むモニタリングシステムにおける「構造的失敗」と「移行の失敗」との複合的な制度的失敗にあることを指摘する。本書の主たる主張及び貢献は下記のとおりである。

(1) 伝統的なモニタリングシステムが有効に働かなくなったのは、1980年代に加速された国際化、金融自由化及び技術革新による経済環境の変化に伴い高まった「不確実性」に対応できなかったという構造的原因によるものであると主張する。
(2) 計画性を欠いた米国型・バーゼル型モニタリングシステムへの移行は、貸し手の不確実性をどのように扱うかという問題、すなわち、不確実性の高まりが金融資源の健全な仲介を阻害し、マクロ経済に悪影響を及ぼすことを考慮に入れておらず、危険な戦略となりうることを主張する。
(3) 日本の金融・モニタリング制度変化が現実にどのように邦銀の経営に影響

を与え、1997～98年の金融危機を引き起こしたのかを、1998年に経営破綻した日本長期信用銀行（長銀）をケーススタディとしてその収益構造推移を分析する。

(4) 本書は、日本の金融システムは特有の「移行の失敗」に陥っているのではないかという新たな視点を提供する。移行の失敗とは、(a) 既存の制度を捨てるコストが非常に高く、代替制度への転換・移行が進まないケース、及び (b) 既存の制度を捨てるコストが非常に高いにもかかわらず、代替制度への転換を無計画あるいは急速に進めたために、移行の便益よりコストが高くつくケースを含む。

(5) 本書は、日本の金融システムにおいては「直接」金融仲介ルートと「間接」金融仲介ルートとを相互補完と捉え「ハイブリッド」混合型を漸進的に改善していくことが重要と考える政策に対し、理論的かつ分析的アプローチ法及び裏付けを提供する。

なお、分析手法としては、第1に、本書は「不確実性」を強調するポスト・ケインズ派経済学の伝統をベースにしている。第2に、本書は効果的な審査やモニタリング行動はどのようになされ、また、それはどう妨げられるのかは「制度」（経済行動を制約するルール）によるという立場に立つ。第3に、本書はモニタリングシステムの変化に焦点をあてており、新制度派経済学・トランザクションコスト経済学の伝統をベースにして分析の理論的枠組みを描いている。なお、本書は日本型モニタリング様式のフォーマルな制度のみならず、インフォーマルあるいは無形的な制度にも分析の光をあてることを試みている。

謝辞

「長銀破綻」とはいったい何だったのか。かつて長銀の行員であった私としては、随分と長らくそのことが頭の中にあり、かねがね整理しておきたいと考えていた。本書は、日本の金融・モニタリングシステムが陥り、今なお、そこから抜け出せない複合的な制度的失敗を指摘し、そして抜け出そうと、もがく過程に「長銀破綻」の意味を捉えようとした。「長銀破綻」という出来事が、より多面的に再評価されることに本書が少しでも貢献できるのであれば、筆者

としては喜びである。

　本書ができあがるまでには、多くの方々にお世話になった。ロンドン大学・東洋アフリカ学院のムシュタク・カーン博士（Dr. Mushtaq Khan）には本書の草稿段階から有益なアドバイスを頂いた。また、元社会基盤研究所社長・現専修大学教授の平尾光司氏、立命館アジア太平洋大学教授の久原正治氏、元メイドインジャパンダイレクト社社長・現新銀行東京審議役の丹治幹雄氏からは、多大なご支援と励ましを頂いた。私が立命館アジア太平洋大学でコーディネートしている学部生向けの金融ゼミ（2005年春学期）に参加してくれた学生諸君には、統計データのチェック等ご協力頂いた。特に、Zhang Zhe, Zhu Wenjin, 阪口勝元、Yu Jui Yao, 小菅康太、国田栄蔵、本田類、後藤義昌、木村祥之、難波邦正、中島彩香、廣瀬雄、安見光弘、沖野新平、玄子隼人、各氏の協力に改めて感謝したい。加えて、大学院生向けの2005年春学期のFinancial Economicsゼミナールに参加し、本書の英訳版に対し活発な議論・批評をしてくれた、Md. Dulal Miah, Bishnu Kumar Adhikary, Pham Huu Hai, Nguyen Thi Ngoc Lan, Deepak Gurung, Dang Huong Kieu, Natcha Phanomuppathamp, Cho Eun-Hee, Norvin Chandra, Wenda Gumulya, Diana Triyuningrum, Meutia Hanoum, Megarini Puspasari, Debnath Sajit Chandra, 各氏にも感謝する。そして、常に注意深い読者、及び批評家として非常に大きな役割を果たしてくれた妻、彰子に感謝する。本書は彼女に捧げたい。

　本書の出版については、唯学書房の伊藤晴美氏、村田浩司氏にお世話になった。また、出版にさいしては、独立行政法人日本学術振興会平成17年度科学研究費補助金（研究成果公開促進費）の助成を受けることができた。これを記して心から感謝申し上げる。

2005年9月

鈴木　泰

目　次

はしがき　i
    本書の概要　i
    謝辞　ii

第1章　序論　1

1-1　日本の金融システム・モニタリングシステムに関する基本的疑問　1
1-2　経済的実態　3
1-3　本書のアプローチ　7
1-4　本書の成果　8
1-5　本書の構成　9

第2章　分析方法とモニタリング行動に係る理論的枠組み、及び基本的分析　11

2-1　はじめに　11
2-2　モニタリング行動を巡る理論——主として貸し手や投資家による審査・モニタリング行動について　12
    2-2-1　アロー・ドブリュー一般均衡モデル　13
    2-2-2　インセンティブ・アプローチ（情報経済学からのアプローチ）　17
    2-2-3　モニタリングを不完全なものとする要因　21
2-3　モニタリング行動を巡る理論——主として金融当局による銀行監督・モニタリング行動について　26
    2-3-1　概観　26
    2-3-2　バンクレント　28
    2-3-3　信用リスクをいかに社会的に吸収するか　31
2-4　経営健全化規制に係る理論　35
2-5　結論　38

第3章　日米金融システム論——モニタリング行動の観点から見た日本型金融システムの顕著な特徴（米国型金融システムとの比較において）　41

- 3-1　はじめに　41
- 3-2　アングロ・アメリカン（米国型）金融システム　42
- 3-3　金融仲介・モニターとしての日本型「メインバンク」　48
- 3-4　護送船団モニタリングシステムにおける無形・インフォーマルな制度的枠組み　54
  - 3-4-1　貸し手の不確実性に対処する制度——日本型信用リスク管理アプローチ法　55
  - 3-4-2　新興企業への資金トランスファーとバンクレント　59
  - 3-4-3　「関係を基盤とする」伝統的銀行システム　62
  - 3-4-4　銀行規制の望ましい成果とオーディエンス効果　66
  - 3-4-5　結論　71

第4章　経済環境変化と制度変化　75

- 4-1　はじめに　75
- 4-2　制度変更理論　77
- 4-3　日本の伝統的モニタリングシステムを取り巻く経済環境変化　80
  - 4-3-1　産業構造の変化　80
  - 4-3-2　金融規制緩和・銀行規制の国際標準化　89
  - 4-3-3　貸し手におけるモニタリング努力へのインセンティブの変化に対する考察　90
  - 4-3-4　バブル経済への序曲　94
- 4-4　ケーススタディ——破綻した日本長期信用銀行の収益構造分析　98
  - 4-4-1　はじめに　98
  - 4-4-2　バブル経済に向けた長銀の収益性推移　100
  - 4-4-3　バブル経済の発生及び崩壊のインパクト　103
  - 4-4-4　バブル崩壊後の対応　109

            4-4-5　財務状況の推移　115
　4-5　米国型審査・モニタリング手法の限界　119
　4-6　1990年代における日米金融構造の変化　126
　　　4-6-1　家計部門の投資選好比較　127
　　　4-6-2　金融仲介構造の変化と特徴　128
　　　4-6-3　日本の金融構造における構造的問題　131
　4-7　結論　134

第5章　不確実性の高まり——1997〜98年金融危機と長期金融停滞の政治経済的実態　137

　5-1　はじめに　137
　5-2　ミンスキーの金融市場脆弱性仮説と信用リスク判断における群集行動　138
　5-3　バブル崩壊から長銀破綻までのプロセス　142
　　　5-3-1　金融ビッグバン　147
　　　5-3-2　金融危機　149
　5-4　長引く金融停滞　152
　　　5-4-1　景気後退規模とその原因　152
　　　5-4-2　金融危機以降の主要邦銀の動き　163
　5-5　結論　166

第6章　移行の失敗　169

　6-1　はじめに　169
　6-2　信頼とオポチュニズム　173
　6-3　伝統的あるいは既存様式を捨てるコスト——移行コスト　178
　6-4　オーディエンス効果の高まり　183
　6-5　コーポレートガバナンスと金融仲介機能　187
　6-6　結論　193

第7章 まとめと展望　195
7-1　本書の成果及び提言　195
7-2　日本の金融停滞からの教訓　201

付録1　バーゼルコード　207
付録1-1　はじめに　207
付録1-2　1999年バーゼル提案概観　208
　　付録1-2-1　BCBS 1999aレポートの概要　210
　　付録1-2-2　BCBS 1999cレポートの概要　214
　　付録1-2-3　BCBS 1999dレポートの概要　216
　　付録1-2-4　新自己資本比率規制枠組みの概要
　　　　　　　（BCBS 1999bレポート）　217
付録1-3　新しい規制枠組みへの批判　219

付録2　長銀に関する追加財務データ　225

付録3　金融仲介機関の資産・負債構成日米比較　229

参考文献　231

索引　239

図・チャート・表の一覧　　（　）内は掲載ページ

本書では、便宜上、モニタリング構造に関する説明のために作成した図を「図」とし、それ以外の図については「チャート」とし区別した。

図2-1（p.12）　　モニタリング構造図
図2-2（p.39）　　モニタリング構造における留意事項
図3-1（p.43）　　米国モニタリング構造
図3-2（p.54）　　日本の「護送船団」モニタリング構造
図3-3（p.72）　　モニタリング構造（日本の伝統的金融・モニタリングシステム）
図4-1（p.76）　　日本のモニタリングシステムにおける
　　　　　　　　　トランザクションコストの発生
図4-2（p.120）　 モニタリング構造比較
図5-1（p.148）　 転換する（転換を目指す）日本の金融・モニタリングシステム

チャート1-1（p.5）　　日本の産業別GDP貢献度シェア変化
チャート1-2（p.6）　　日本のGDP成長率
チャート2-1（p.15）　 直接金融・間接金融一般均衡モデル
チャート2-2（p.30）　 モニタリングのインセンティブを与える
　　　　　　　　　　　金融セクターにおける「レント」概念チャート
チャート3-1（p.60）　 信用力の低い企業へ移転される
　　　　　　　　　　　資金としてのバンクレント
チャート4-1（p.81）　 邦銀における平均資産収益率（ROA）の変化
チャート4-2（p.82）　 産業セクター別銀行貸出残高シェア推移
チャート4-3（p.86）　 海外生産比率推移
チャート4-4（p.104）　主要業種別貸出金残高推移
チャート4-5（p.107）　スプレッドマージン率推移試算
チャート4-6（p.108）　経常利益推移
チャート4-7（p.110）　中小企業向け融資比率
チャート4-8（p.111）　手数料収益推移
チャート4-9（p.112）　国債ディーリング収入、費用及び純収益推移
チャート4-10（p.114）　含み益（保有上場有価証券含み益）
チャート4-11（p.116）　現金残高推移
チャート5-1（p.153）　消費者物価指数前年比変化率推移

チャート5-2（p.154）　　マネーサプライとCPIの変化
チャート5-3（p.160）　　ヒット商品のライフサイクル
チャート6-1（p.190）　　安定株式保有比率推移
チャート付録1-1（p.211）　貸倒損失の確率分布関数（PDF）
チャート付録1-2（p.212）　2つのパラダイムの比較
チャート付録2-1（p.226）　営業経費推移

表1-1（p.4）　　　各期における「前年比」ベースの実質GDP成長率平均（年率）
表1-2（p.6）　　　中小企業及び大企業向け貸出残高推移
表2-1（p.33）　　日米金融制度枠組み比較
表4-1（p.83）　　産業セクター別銀行貸出残高推移
表4-2（p.83）　　主要製造・非製造会社における資金調達構成の変化
表4-3（p.85）　　製造業における産業構造の変化：実質付加価値年平均成長率
表4-4（p.99）　　長銀関連出来事年表
表4-5（p.101）　　調達先別新規設備資金：全資金に対する比率
表4-6（p.102）　　長銀純収入推移
表4-7（p.105）　　主要業種別貸出金シェア推移
表4-8（p.106）　　資金運用収入及び調達費用推移
表4-9（p.106）　　金利スワップ収益と金利純収益
表4-10（p.109）　長銀における「保証」を担保とする貸出債権残高とシェア推移
表4-11（p.113）　長銀の国債ディーリング純収益と
　　　　　　　　　国債10年物指標銘柄利回り推移
表4-12（p.116）　主要資産項目
表4-13（p.117）　主要負債項目
表4-14（p.118）　負債総額に占める割合
表4-15（p.118）　主要資本勘定項目
表4-16（p.122）　格付変化のサンプル・マトリックス：
　　　　　　　　　1年後に他の格付に動く確率
表4-17（p.127）　日米家計部門における金融資産比較
表4-18（p.129）　日米金融仲介機関における負債構成比較
表4-19（p.130）　日米金融仲介機関における資産構成比較
表5-1（p.144）　　都市銀行の信用格付推移
表5-2（p.145〜146）　バブル経済崩壊後の銀行監督関連出来事年表
　　　　　　　　　（1999年半ばまで）

表5-3 (p.155)		国内銀行の貸出残推移
表5-4 (p.164)		主要邦銀の変遷
表5-5 (p.165)		大手行・地域銀行別業務利益（粗利益ベース）推移
表5-6 (p.166)		日本の家計部門における金融資産推移
表5-7 (p.166)		邦銀の不良債権残高
表6-1 (p.177)		Williamsonによる契約の分類
表6-2 (p.191)		2000年におけるベンチャーファンド新規組成金額国際比較
表6-3 (p.191)		国別ベンチャーキャピタルの資金源の割合
表付録1-1 (p.221)		新バーゼルアコードにおいて提案されている借り手ごとのリスクウェイト
表付録1-2 (p.221)		証券化資産に対するリスクウェイト案
表付録2-1 (p.225)		経費その他推移
表付録2-2 (p.226)		その他経常費用内訳
表付録3-1 (p.229)		日米金融仲介機関における負債構成比較
表付録3-2 (p.230)		日米金融仲介機関における資産構成比較

第1章
序論

1-1 日本の金融システム・モニタリングシステムに関する基本的疑問

　1980年代、日本の金融構造、特に銀行システムは世界で最大規模を誇っていただけではなく圧倒的な存在感を示していた。ローン資産規模において世界のトップ10行の内9行が日本長期信用銀行（長銀）を含む邦銀で占められていた。邦銀は国際銀行業務を拡大し、他国の銀行の追随を振り切り、世界の国際貸付業務におけるシェアは34％に達していた。対照的に1990年代に入り、その「銀行を中心とする」金融システムは弱体化し今日に至っている。世界のトップ10にランクされる邦銀はもはやなく、邦銀の格付は劇的に低下した。長銀は1998年に経営破綻している。この激しい変化をどのように考えればよいのであろうか。

　日本の銀行セクターに抱えられた巨額の不良債権が「バブル」経済崩壊後の日本経済全体の景気の足を引っ張ってきていた。銀行セクターにおける不良債権の重い後遺症が日本経済の回復及び成長を妨げ、同時に長引く経済停滞がその後遺症をさらに悪化させるという悪循環に陥っていた。本来、金融市場を適正に機能させる上で、少なくとも不良債権を抱えないように、貸し手や投資家による審査やモニタリングが効果的に行なわれることは極めて重要なことである。多くの金融市場においては供給可能な資金は有限であり、個人や企業が必要とする資金需要を全て満たすとは限らない。それゆえ、資金を供給すべき案件を選ぶために、すなわち、有限な資金を効率的に割り当てるために審査は必

要であり、また、割り当てられた資金が当初の目的どおりに使用されているかをモニタリングしていくことも不可欠である。見方を変えれば、借り手の経済活動は不確実性に晒されており、貸し手あるいは投資家によるモニタリング行動はいかに不確実性から自らを守るかという行動とも考えられる。

邦銀が巨額の不良債権を抱え込んでしまったことは、伝統的モニタリング様式がもはや効果的には働かなくなったことを示しているとの議論は広くなされている。通説は主として次の点について指摘している。(1) 1970年半ばまでの高度成長期を支えてきた日本の伝統的「メインバンク」及び「護送船団」モニタリングシステムの保護的な制度が銀行不倒神話を生み、邦銀がどのようなローンポートフォリオを抱えても最終的には金融当局が救済してくれるという「モラルハザード」を生んでしまったのではないか[*1]。あるいは、(2) 日本は、1980年代半ば以降、米国が推進・唱導する規制緩和により米国型金融システムへ移行しようとしたが、その転換プロセスが遅すぎたのではないか[*2]。これらの指摘に対し、本書は以下の主張を行なう。上記 (1) について：銀行と金融当局との「情報の非対称性」から発生する「モラルハザード」のみに原因を求めるべきではなく、「不確実性」の高まりが構造的及び制度的問題を引き起こしている。上記 (2) について：米国型・バーゼル型への計画性を欠いた移行そのこと自体が日本の金融仲介における構造的問題を引き起こしている。この主張の正当性を示すために、本書は日本の金融システムにおける制度変化を、モニタリング行動様式を形付ける制度的枠組みの観点から分析する。ここで言うモニタリング行動様式は、貸し手としての銀行あるいは投資家による借り手としての企業に対する信用リスク審査とモニタリング様式、加えて、規制する側としての金融当局によるモニタリングエージェントである銀行に対する監督・モニタリング様式を含んでいる。本書はバブル経済崩壊後の長引く金融停滞の根本原因はモニタリング制度移行の失敗にあることを主張する。

さらに、問題意識を整理すると下記のとおりとなる。

(1) なぜ、かつて日本の高度成長期を支えた伝統的モニタリングシステムは有効に働かなくなったのだろうか。伝統的モニタリング様式におけるどのような制度的特徴が高度成長期には有効であり、高度成長期後ではどのような制

度的特徴によって効果的なモニタリングが阻害されたのであろうか。制度的特徴とモニタリングに係るコスト（トランザクションコスト、4-2参照）との関係はどのように捉えられるのか。
(2) 伝統的モニタリング様式におけるモニタリングコストの高まりは、米国型・バーゼル型のモニタリングシステムへの転換を模索させたが、その転換はどの程度実現可能性があったのか。米国型・バーゼル型のモニタリングシステムに必要とされる基盤・制度的枠組みとは何か。移行の前提条件となるそうした基盤や制度的枠組みを日本は有しているのか。

1-2　経済的実態

本書はバブル経済崩壊後の長引く金融停滞の根本原因をモニタリング制度変化の観点から議論するものであるが、日本経済の構造変化を次のようなフェーズで捉える。

(a) 1970年代半ばまでを高度成長期、あるいは「(米国に) 追いつけ追い越せ」の時期と捉える。
(b) 1970年代半ばからバブル経済崩壊までを中程度の成長期、あるいは生産・技術開発の最前線に立った、いわば「フロンティア」経済へのパラダイムシフトを加速した時期と捉える。
(c) バブル経済崩壊後を、長期にわたり経済・金融停滞が続いている時期と捉える。

(a) の「追いつき追い越せ」の時期：日本企業・経済が技術力において米国に追いつこうとしていた時期であり、海外で開発された技術・ノウハウを吸収し改善するというビジネスモデルが成功をおさめた時期と考える。その時期は日本の高度経済成長期と重なっている。本書では石油ショックの影響を本格的に受けた1974年までを「追いつき追い越せ」の時期と称する。

(b) の「フロンティア」経済：日本の産業が国際技術及び国際市場において競争の先頭に近づき、あるいは先頭に立った時期と捉える。1970年代半ば

表1-1　各期における「前年比」ベースの実質GDP成長率平均（年率）

(a) 1966～1974年	(b) 1975～1991年	(c) 1992～2003年
8.3%	4.0%	1.2%

出典：内閣府 2004に基づき筆者作成

以降の日系企業の「国際化」と「技術革新」のトレンドを指摘する実証研究は多い（Aoki et al. 1994, Schaberg 1998, Patrick 1998, Kanaya and Woo 2000参照。なお、これらの国際化・技術革新のトレンドは1980年代半ばに強まったと本書では捉えている）。また、この時期は日本の産業構造において第3次産業のウェイトがさらに高まった時期とも重なる。本書では1975年を、フロンティア経済へのパラダイムシフトが加速された起点と便宜上捉えておく。

（c）本書ではバブル経済の崩壊をその経済的な悪影響が顕著になった1991年とし、1992年をバブル経済崩壊後というフェーズの起点として便宜的に捉える。1992年以降は経済及び金融の長期停滞時期と重なってくる。このフェーズごとの前年比GDP成長率の平均の値は表1-1のとおりとなっている。

吉川（1999）やPatrick（1998）は、1970年代中頃、日本経済成長率が中成長期に移り、民間投資需要が民間貯蓄を上回っていた時期から事前の民間貯蓄が事前の民間投資を大きく上回るようになったこと、及びこの変化が劇的に伝統型の銀行システムに影響を与え、安定的ではあるが規制の強い戦後の金融システムの基盤を根本的に揺るがしたことを強調している。この構造変化により、資金供給が突然過剰となり、金利の低下をもたらし、結果、市場ベースの金利体系を求める圧力を抑えることが難しくなったことが示唆される。本書は「追いつき追い越せ」の時期から「フロンティア」経済に移行することにより、モニタリングの本質が変化したこと、及び日本のモニタリングシステムがその変化に対応しきれなかった「構造的失敗」及び「制度移行の失敗」に、日本の長期金融停滞の根本原因を考える。なお、上記フェーズごとの日本の産業構造（産業別のGDP貢献シェア）の変化はチャート1-1のとおりである。明らかに第1次産業及び製造業のウェイトが低下し、反面、第3次産業のウェイトが高まっている。

日本の経済成長率は鈍化し、近時はほぼマイナス成長を続けている（チャー

チャート1-1　日本の産業別GDP貢献度シェア変化（％）

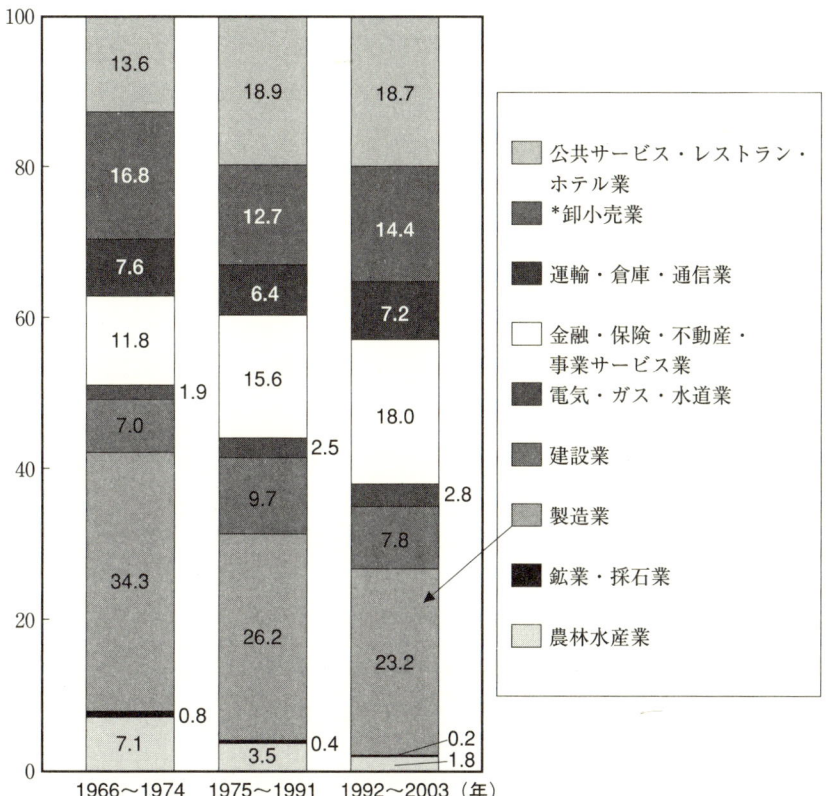

注：＊レストラン及びホテル事業は1966年から1974年においては卸小売業に分類されている
出典：United Nations 1978, 1992、内閣府 2004に基づき筆者作成

ト1-2)。様々な議論はあるものの、金融資源の仲介における構造的失敗こそ日本の長引く経済停滞の根本原因であるという認識は最近高まってきている。政府は1990年半ば以降、マネーサプライを増やす金融政策をとっている（例えば1999～2000年にはマネーサプライM2＋CDは約年率2～3％増加した）にもかかわらず、民間銀行による貸出は同時期において年率約2％減少した（内閣府2001）。中小企業＊3向けの貸出残高は1998年末の345兆円から2003年末には260兆円、2004年末には254兆円に減少している（表1-2）。中小企業庁の調査によれば、国内銀行（信用金庫・信用組合は除く）による中小企業向け貸付残高

チャート1-2　日本のGDP成長率

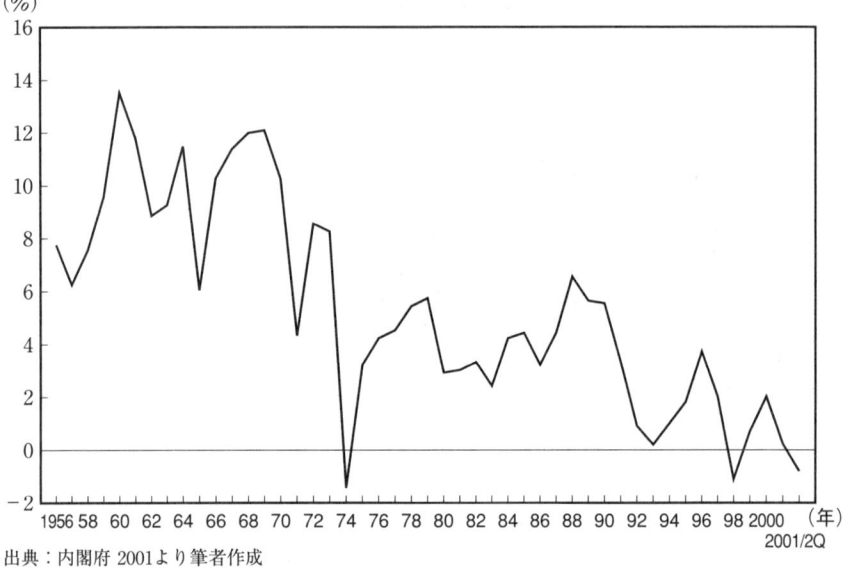

出典：内閣府 2001より筆者作成

表1-2　中小企業及び大企業向け貸出残高推移（単位：兆円）

	1998年12月	1999年12月	2000年12月	2001年12月	2002年12月	2003年12月	2004年12月
中小企業	344.9	324.6	324.8	302.9	279.0	260.3	253.7
大企業	146.3	154.2	131.1	124.9	118.2	106.6	97.5

出典：中小企業庁 2004、2005

は、2000年12月末残高を100とすると、2003年12月末の残高は77.6、2004年12月末残では75.5と大きく減少している。しかも、従業員300人未満の中小企業の8割以上が、メインバンクからの借入に対し担保か信用保証協会（政府系金融機関）の保証を差し入れているのが現状であり、邦銀は中小企業の信用リスクには極めて消極的になっていることが窺える。

一方、邦銀が抱える不良債権残高は2001年3月の段階で32.5兆円を記録し（内閣府 2001）、さらに2002年3月には9.6兆円増加し、残高は43.2兆円に膨らんでいた（内閣府 2002）。邦銀におけるローン資産に対する不良債権額の比率は2001年3月において6.6％の水準にあり（同期において米銀の不良資産率は約1％）（内閣府 2001, p.78）、邦銀主要11行（りそな銀行は含み、新生・あおぞら銀

行は除く）の同比率は2002年3月において8.4％、2003年3月には7.2％を記録している（内閣府 2003）。

ここで1-1で挙げたものに下記問題意識が追加される。

(3) 日本の金融停滞はなぜ、かくも長く根深いのか。バブル崩壊から長銀の国有化までの期間において、通説は金融当局（大蔵省）の不作為及び作為の失敗を指摘するが*4、なぜ、これほど長期にわたり失敗が重ねられたのか。通説はこの点につき十分な説明をしていない。なぜ、金融当局は破綻を促すようなルールを基盤とする米国型銀行監督システムの強化に踏み切ったのか。結果的に、護送船団方式の準インサイダーであった銀行（長銀）をなぜ破綻に至らせたのか。
(4) 金融ビッグバン以降、金融自由化はほぼ完了したが、そのことは邦銀及び日本経済を金融停滞から救い出すことに貢献したと言えるのか。米国型モニタリングシステムを日本に適用することは難しい、少なくともスムーズな転換は不可能であるならば、伝統的なモニタリングシステムに戻ることは可能なのか。伝統的なモニタリングシステムに戻れないとすれば、日本の金融システムにとってより良い代替制度を見つけることはできるのか。貸し手である銀行が、借り手である企業の準インサイダーとして深く関与しているモニタリング様式や、金融当局と銀行界との間の密度の高い情報ネットワークを基盤とし、日本の戦後復興及び経済成長のための有効な資金配分を促した護送船団方式は、なぜ代替制度を見つけることができないのか。

1-3　本書のアプローチ

第1に、本書は「不確実性」を強調するポスト・ケインズ派経済学の伝統をベースにしている。貸し手としての銀行や規制当局としての政府を含むモニタリングアクターは不確実性及び限定合理性の制約の下でモニタリングを行なっており、そのことがモニタリング行動を本源的に難しくしていることを認識する必要がある。このことはこの問題に対するこれまでの学術書ではあまり論議されていない。

第2に、本書は効果的な審査やモニタリング行動はどのようになされ、また、それはどう妨げられるのかは「制度」——経済行動を制約するルール——によるという立場を支持する。例えば、バンクレントの創設や自己資本比率規制などの、ある審査・モニタリング方法が常に効果的であるとは言い切れないし、逆に全く効果がないと言い切れる場合も稀であろう。むしろ、各金融システムの制度的な取りきめや変更により効果が顕れたり、効果を失ったりするものと考える。日本と米国との金融システム比較においては、主としてMasahiko AokiやMasahiro Okuno-Fujiwara、Joseph Stiglitzの貴重な貢献をベースとし、（バンク）レントの役割の分析によるアプローチについてはMushtaq Khanの研究をベースとしている。

　第3に、本書はモニタリングシステムの変化に焦点をあてており、新制度派経済学・トランザクションコスト経済学の伝統をベースにして分析の理論的枠組みを描いている。なお、本書は日本型モニタリング様式のフォーマルな制度のみならず、インフォーマルあるいは無形的な制度にも分析の光をあてることを試みる。文化的要因を強調すべきではないとの立場をとりつつも、従来、日本型と言われる「関係重視型」の経済システムには「相互信頼」という要素がトランザクション・コストを抑える重要な「潤滑油」の役割を担っていたものと考える（その信頼関係の醸成には文化的要因が少なからず反映していると思われる）。変数は基本的に数量化することはできないものの、制度内の信頼関係の度合いや変化によって「関係重視型」の経済システムのパフォーマンスは変わってくると考えられる。

1-4　本書の成果

　本書は、日本の金融システムにおける制度変化及び1990年代以降の長引く金融停滞を、モニタリング行動様式を形付ける制度的枠組みの観点から分析する。先に挙げた問題意識について、次のことを主張あるいは成果とする。

(1) 本書は、伝統的なモニタリングシステムが有効に働かなくなったのは、1980年代に加速された国際化、金融自由化及び技術革新による経済環境の

変化に伴い高まった「不確実性」に対応できなかったという構造的原因によるものであると主張する。
(2) 計画性を欠いた米国型・バーゼル型モニタリングシステムへの移行は、貸し手の不確実性をどのように扱うかという問題、すなわち、不確実性の高まりが金融資源の健全な仲介を阻害し、マクロ経済に悪影響を及ぼすことを考慮に入れておらず、危険な戦略となりうることを主張する。
(3) 本書は日本の金融・モニタリング制度変化が現実にどのように邦銀の経営に影響を与え、1997〜98年の金融危機を引き起こしたのかを、1998年に経営破綻した長銀をケーススタディとしてその収益構造推移を分析する。
(4) 本書は、日本の金融システムは特有の「移行の失敗」に陥っているのではないかという新たな視点を提供する。移行の失敗とは、(a) 既存の制度を捨てるコストが非常に高く、代替制度（相対的にトランザクションコストの低いと考えられる制度。ただし、この判断にも不確実性が伴う）への転換・移行が進まないケース、及び (b) 既存の制度を捨てるコストが非常に高いにもかかわらず、代替制度への転換を無計画あるいは急速に進めたために、移行の便益よりコストが高くつくケースを含む。
(5) 本書は、日本の金融システムにおいては「直接」金融仲介ルートと「間接」金融仲介ルートとを相互補完と捉え「ハイブリッド」混合型を漸進的に改善していくことが重要と考える政策の、理論的かつ分析的アプローチ法及び裏付けを提供する。

1-5 本書の構成

　第2章では、本書の主たる分析に用いる概念的なツールとして、モニタリング行動を巡る議論（モニタリングの意義やモニターのインセンティブ、モニタリングシステム規制の目的、個々のモニタリングエージェントの性質としての限定合理性や不確実性等の議論も含む）を概観し、個々の論点における本書の立場を示すとともに理論的枠組みを整理する。
　第3章では、米国型金融システムとの比較において、モニタリング行動の観点から見た日本型金融システムの顕著な特徴を示す。金融市場の安定化と健全

な金融仲介の促進という二律背反的な命題にどのように両国の金融構造がデザインされているかを議論する。フォーマルな制度のみならず、インフォーマルあるいは無形的な制度的枠組みについても示す。

第4章では、制度変更に関する新制度派経済学・トランザクションコスト経済学の考え方を概観するとともに、邦銀を取り巻く経済環境の変化及びそうした変化に伴う審査・モニタリング手法の変化、すなわち、伝統的な日本型モニタリングシステムにおけるトランザクションコスト（モニタリングコスト）の相対的高まり（制度的失敗）について議論する。この構造的な失敗を解決するための米国型・バーゼル型モニタリングシステムへの転換が、いかに実現可能性が低いものであるかを指摘する。この過程で、1998年に経営破綻した長銀をケーススタディとして、同行の収益構造の変化を特に審査・モニタリング行動の変化の観点から分析を試みる。

第5章は、1997～98年金融危機と長期金融停滞の政治経済的現実を示し、バブル崩壊から長銀破綻までの金融当局の不作為及び作為の失敗と、金融ビッグバン以降も引き続き金融停滞が続いていることを理解する。

第6章は、日本の金融システムが陥っていると考えられる「移行の失敗」に分析の光をあてる。ここで、不確実性の高まりという観点から、ハイマン・ミンスキーの金融市場脆弱性仮説の金融危機性向モデルを概観するとともに、「信頼」と「オポチュニズム」を巡る新制度派経済学の議論にふれ、日本特有の課題を指摘する。

第7章は結論として、本書における成果を示すとともに、日本の長引く金融停滞からの教訓を整理する。

註
*1 Patrick（1998）、IMF（2000）を参照のこと。
*2 IMF（2000）、Kanaya and Woo〔IMFエコノミスト〕（2000）を参照のこと。
*3 中小企業の定義は、中小企業基本法によれば、製造業では資本金3億円以下、または従業員300人以下の法人企業と、従業員300人以下の個人企業とされている。なお、例えば、卸売業の場合には、資本金1億円以下、または従業員100人以下とされている。
*4 例えば、吉川（1999）、Patrick（1998）、内閣府（2001）、原田（1999）を参照のこと。

第2章
分析方法とモニタリング行動に係る理論的枠組み、及び基本的分析

2-1 はじめに

　日本の金融システムにおける制度変化を、モニタリング行動様式を形付ける制度的枠組みの観点から分析する学術的研究は極めて少ない。ここで言うモニタリング行動様式は、(1) 貸し手としての銀行あるいは投資家による、借り手としての企業の信用リスク審査とモニタリング様式、加えて、(2) 規制する側としての金融当局による、モニタリングエージェントである銀行に対する監督・モニタリング様式を含んでいる（図2-1参照）。本章ではモニタリング行動を巡る議論を概観し、それぞれの論点における本書の立場を示すこととしたい。2-2では主として上記 (1) に関する理論を、2-3では主として上記 (2) に関する理論について概観するが、両方にまたがる論点も当然含まれている。

　「モニタリングを行なう」という言葉は通常「チェックあるいは規制する」という意味で使われる（Aoki 1994, p.111）。ここで「審査・モニタリング行動」とは、(1) 事前の（ex ante）モニタリング――投融資すべきプロジェクトを選択し（スクリーニング）、あるいは借り手の信用力を審査することを含み、(2) 継続中の（Interimあるいはon-going）あるいは事後の（ex post）モニタリング――投融資された資金が当初の目的のとおり使われているか、プロジェクトの進捗状況あるいは借り手の経営状況の監視、返済は契約どおり滞りなくなされているかの監視、また、契約違反があった場合のクレームや回収手続処理を含む広義の意味に捉える[*1]。Aoki (1994) が指摘しているように、企業を審査・モニタリングすることには、専門的知識やスキル、その蓄積のための経営資源

図2-1 モニタリング構造図

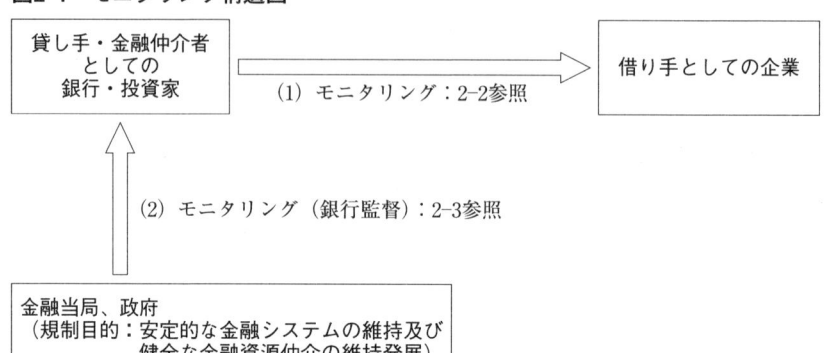

モニタリングアクター（貸し手、金融当局）の性質：2-2-3参照

配分、及び企業のライフサイクル・産業連関をも含めた幅広い審査能力が求められる。資本主義経済においては、企業審査・モニタリングを専門とする金融仲介機関・エージェントの形態には国によっても様々な型や制度が生まれてきている。アングロアメリカン型金融システムは極めて分散型の構造となっており、審査・モニタリングの上記3つの段階（事前・継続及び事後）はそれぞれ専門の金融仲介機関、例えば投資銀行、ベンチャーキャピタル及び格付機関、によって分担されている。一方、日本の伝統型とも言える「メインバンク」システムにおいては、借り手を審査・モニタリングする3つの段階は統合され、排他的に借り手のメインバンクに委託されていたところにそのシステムの特徴がある（詳細は3-3参照）。どのようにモニターとしての貸し手をモニタリングするか、貸し手にいかに適切なモニタリング努力のインセンティブを与え、過剰な信用リスクをとらせないようにするか、各金融システムにおける制度的取りきめについて分析の光をあてる。この制度的枠組みのデザインに深く関与している金融当局のモニタリング（銀行監督）行動も分析の対象となる。

2-2 モニタリング行動を巡る理論――主として貸し手や投資家による審査・モニタリング行動について

本来、金融市場を適正に機能させる上で、貸し手や投資家による審査やモニ

タリングが効果的に行なわれることは極めて重要なことである。多くの金融・資本市場においては供給可能な資金は有限であり、個人や企業が必要とする資金需要を全て満たすとは限らない。それゆえ、資金を供給すべき案件を選ぶために、すなわち、有限な資金を効率的に割り当てるために審査は必要であり、また、割り当てられた資金が当初の目的どおりに使用されているかをモニタリングしていくことも不可欠である。仮に市場に供給可能な資金が比較的潤沢にある場合でも、審査・モニタリング行動は極めて重要となる。なぜならば、貸し手からのモニタリングが不十分であれば、情報の非対称性問題とも言える借り手におけるモラルハザード効果が引き起こされる可能性が生じ、最適な資源・資金配分が妨げられる恐れがあるからである。しかしながら、スタンダードの新古典派一般均衡理論においては、貸し手による審査・モニタリング行動にはほとんど注意が払われてきていない。情報経済学の研究が進むに従って、一般均衡モデルは批判・修正されてきているが、ここでは、銀行部門を含む、アロー・ドブリューによる単純な一般均衡モデル(「政府部門」についてはモデルの単純化の観点から省略)を概観することから始める[*2]。

2-2-1 アロー・ドブリュー一般均衡モデル

金融資源・資金を供給しているのは事後的・最終的には「家計」部門と考えられる。「企業」部門を中心として生み出される利益(付加価値)は事後的には誰かの所得となると考えられるからである。従業員には「給与」という形で支払われ、残った利益は株主に対し「配当」という形で支払われる。家計が受け取った所得は消費に使われ、残ったものは貯蓄(S)に回される。一方、金融資源・資金の需要者、すなわち資金を使うのは、主として「企業」部門と考えられる。企業は基本的に利益の最大化を目的として様々な投資(I)を行なう。そうした投資を行なうために、企業は資金を必要とする。マクロ的かつ事後的に見れば、企業の投資Iは家計にある貯蓄Sによってまかなわれている(ファイナンスされている)と考えられる。

企業にとっての資金調達、言い替えれば、家計部門の貯蓄Sが企業部門の投資Iに流れるルートには大きくわけて2つのルートがある。1つは企業が発行する株式や社債を家計が直接購入する、資本市場(証券市場)を通じた「直接金

融」ルート、もう1つは、銀行が「預金」という形式で家計から集めた資金を、企業部門に「貸付」という形式で供給する「間接金融」ルートがある。直接金融と間接金融の大きな違いは、資金を受け取り使用する企業の信用リスク（将来その資金を返済できなくなってしまう可能性）を誰がとっているかにある。間接金融ルートでは「銀行」が貸付先企業の信用リスクをとっている。仮に貸付先企業が倒産したとしても、家計が銀行に預けている預金には直接の影響はない。反面、直接金融ルートでは、資本市場で金融仲介をしている証券会社や投資銀行から購入したとしても、その証券（株や社債）を発行した企業の信用リスクは購入者、すなわち家計が直接とっている。当該企業が倒産した場合、保有する証券に関する返済は滞ることになる。内閣府『経済財政白書』によれば、間接金融とは「基本的に金融機関が（信用）リスクをとり、家計と企業との間に介在し、家計から集めた預金を企業に貸し付けるシステム」であり、直接金融とは「家計などの最終投資家が直接リスクをとり、株式市場、債券市場など証券市場等を経由して企業の発行する本源的証券（借入証書、株券、事業債、コマーシャルペーパー等）を購入するシステム」と定義される。

　この直接金融ルートと間接金融ルートとは全体としてどのようにバランスするのであろうか。別の観点で言えば、なぜ直接金融ルートと間接金融ルートが存在するのだろうか。一般均衡モデルはこれらの問いに答えようとしながら、モデル自体が非現実的な前提を必要としてしまうというジレンマに陥る。

　アロー・ドブリューによる一般均衡モデルによれば（チャート2-1参照）、

(1) 家計部門（Households）：貯蓄Sは（a）証券投資Bhか、（b）銀行への預金$D+$へ運用される。
(2) 企業部門（Firms）：投資Iのファンディング（資金調達）を（a）証券市場Bfからか、（b）銀行からのローン$L-$にて行なう。
(3) 銀行（Banks）：企業からの資金需要に応える額のローンを供与$L+$。そのファンディング（資金調達）は（a）証券市場Bbからか（銀行も1つの会社として株式あるいは社債を発行し資金調達することができる）、（b）家計からの預金$D-$から行なう。
(4) 資本（証券）市場：企業からの需要Bfと銀行からの需要Bbを満たす家計

チャート2–1　直接金融・間接金融一般均衡モデル

資本市場
$Bf + Bb = Bh$

直接金融

企業
（資産）　（負債）
投資I　　証券Bf
　　　　　借入$L-$

家計
（資産）　（資本）
証券Bh　貯蓄S
預金$D+$

銀行
（資産）　（負債）
借入$L+$　証券Bb
　　　　　預金$D-$

間接金融

出典：Freixas and Rochet 1997, p.9をベースに筆者作成

からの供給Bhが出会う。

と考えられる。各資金市場・流れにおける需給がバランスし、このモデル全体が均衡する一般均衡条件としては、

　　$I = S$（マクロ経済として財・サービスの生産物市場における均衡を示す）
　　$D+ = D-$（預金市場における均衡）
　　$L+ = L-$（ローン・貸付市場における均衡）
　　$Bh = Bf + Bb$（資本市場における均衡）

が満たされることが前提となる。

　しかし、この条件を満たすためには、家計部門から見て、証券投資から得られる金利、言い替えれば企業が発行する証券のクーポンレート（r）と預金金利（rD）とは完全に代替性がなければならないことになる。もし一方の金利が高ければ、家計は全ての貯蓄をそちらに振り向け、もう一方の市場には全く資金が流れないこととなる。結果、資金が流れない方の市場は消滅してしまう

ことになる。そこで、

$$r = rD$$

の条件が前提となる。また、企業から見て、証券市場からの調達金利（r）と銀行からのローン金利（rL）とは完全に代替性がなければならないと考えられる。もし一方の金利が高ければ、全ての調達をもう一方の相対的に安い金利の市場から行ない、金利の高い市場からの資金調達需要はゼロとなってしまう。そこで、

$$r = rL$$

の条件が前提となる。結果として、

$$r = rD = rL$$

の条件が導き出され、この条件が成り立つとき、上記一般均衡が成立すると考えられる。

　現実に、この一般均衡はありうるのだろうか。この金利条件によれば、預金金利と貸出金利が同じになるので、均衡点において銀行の収益はゼロとなってしまう。ゼロ収益は銀行に金融仲介を行なわせるインセンティブを与えない。加えて、このモデルでは、資金調達を行なう個々の企業の信用リスク、及びそのリスクを判断するために必要な情報コストや審査を行なう時間や労力（トランザクションコスト、4-2参照）を全く考慮していない。国際的大企業の信用リスク判断は比較的容易でも、少なくとも、中堅・中小企業の信用リスク判断は経験の少ない家計、すなわち個人には大変難しいし、労力も掛かることとなる。加えて、個々人がある信用リスク判断のために同じように情報収集や時間、労力を掛けるよりは、専門家である銀行に資金を預け、銀行が集中的に信用リスク判断を行なう方が、社会全体のトランザクションコストの総量は少なく済むと考えられる。また、信用リスク審査のノウハウが銀行に蓄積されることは間接金融ルートの円滑な金融仲介をさらに促すことも考えられる。金融仲介システムにおいて、モニタリングに係るトランザクションコストが掛からないことを前提とすることはできないのである。金融仲介を行なう銀行にとって、モニタリング努力から期待しうる便益がモニタリングコストより大きいことが貸出業務遂行の前提となることは明らかである。

第2章 分析方法とモニタリング行動に係る理論的枠組み、及び基本的分析　17

2-2-2　インセンティブ・アプローチ（情報経済学からのアプローチ）

　基本的に投資家（銀行を含む）と事業プロジェクトを行なう産業体（企業）との間の投資資金のやりとりを含む取引には情報の非対称性と不完全性が伴っている（Aoki 1994, p.109）。Aokiが指摘するところによれば、(1) 逆選択問題：プロジェクトの成果を決める技術あるいはマーケティング機会について、投資家は企業ほど、よく情報を知らされていない可能性がある。(2) 調整問題：企業のマネージャー自身は、プロジェクトの採算性が他の企業による補完関係にあるプロジェクトとの調整の有り無しによって影響を受けることについて（様々な企業との取引関係を持つ銀行に比べ）必ずしも優位な立場にいない。(3) モラルハザード問題：マネージャーの能力不足やコントロールが難しい出来事に隠される倫理欠如的行動によって、ある特定の収益目的のために資金を使うことに関わる企業のマネージャーの約束は必ずしも守られない可能性がある。

　「情報経済学」は、情報の問題で引き起こされるクレジット市場特有の「市場の失敗」を分析する理論構築において、その分析範囲及び深さにおいて顕著な進歩を見せてきている。Stiglitz（1994）が指摘しているように、金融取引を仲介するプロセスにおいて、銀行は審査・モニタリングにおいて価値のある情報をかなり得られる立場にあるという議論は以前からなされている。インセンティブの中心的問題、すなわち、マネージャー（管理者）のモニタリング行動のインセンティブをどのように考えるべきかいうことは資本主義経済において大きな問題であるものの、スタンダード新古典派モデルでは、そのことを全く考慮していない、というインセンティブ・アプローチによる批判を本書は支持する。現実では、クレジットを最も効率の良い借り手に提供するように（あるいは効率の良くない借り手には抑制されるように）、その銀行のローンポートフォリオを効率良くモニタリングすることを、銀行の中の誰がマネジメントできるかということが課題となってくるのである。銀行の行員・スタッフのクオリティ・質の問題は資金配分のルール・制度と同様、重要なことと考えられるのである。

　適切なインセンティブを考えることができるのであれば、銀行の持主・株主（オーナー）がその任にあたることがまず考えられる。一般論としては、資本

でも労働力でも資産の保有者こそが失なうことを最もおそれ、モニタリングを行なうインセンティブを最も強く持っていると考えられる。例えば、適切かつ良いモニタリングを行なえば、より会社に残る利益金を増やし、より高い配当を得ることができるからこそ、そもそも株主は出資している会社の経営をモニタリングするインセンティブを持っているはずである（情報の非対称性から生ずるモラルハザードのために、チームの各プレーヤーが仕事を怠る問題に対する解決策として資本主義会社が組織されることを説明したAlchian and Demsetz〔1972〕の議論を想起させる。この解決策には、(1) モニターの存在、(2) モニターに効率的にモニタリングさせるインセンティブ、すなわちモニターに残余を請求できる権利を与える、(3) モニターにチームメンバーの行動を観察し監督する権限を与える等の条件が必要とされる）。一方、銀行のマネージャーのモニターとしての役割はそもそも限りがある。なぜなら、彼らは株主と同じようには直接残余を要求できる立場にはないものと考えられるからである。仮に銀行のマネージャーが良いモニタリングをしたとしても、彼らは所定の契約によって定められた元利金の支払い以上に残余を要求できる立場にはない。また、銀行のマネージャー（担当者）に審査・モニタリング権限を無造作に与えると、例えば自分の友人への貸付を優先させる等のモラルハザードを引き起こす可能性があり、銀行のマネージャーは必ずしもモニターとして適任とは限らない。それゆえ、銀行のオーナーはモニタリング活動に経営資源を投下する必要があり、銀行のクライアントである借り手のモニタリング（外部モニタリング）と内部の銀行マネージャー・担当者をモニタリング（内部モニタリング）の双方をうまく行なうためのインセンティブを考え、仕組みを創設する必要があるのである。

　では、これらのモニタリングのためのインセンティブをどのように与えることができるのであろうか。銀行の価値とも言える「フランチャイズ・バリュー」（その銀行は審査・モニタリングのプロフェッショナルであるという評判等）を維持するためには一定の「レント（超過利潤）」収益を銀行自身が稼ぐ必要があり、その仕組みがあるからこそ、銀行のオーナーは良いリスク管理を確保することによって、銀行の価値を保持しようとするという議論がある。Hellmann, Murdock and Stiglitz (1997) によって示されたモニタリング—効率性モデル（2-3-2参照）は、得られるバンクレントが銀行のローンポートフォリオを効果

第2章 分析方法とモニタリング行動に係る理論的枠組み、及び基本的分析

的にモニタリングするインセンティブとなっているような銀行の所有構造（株主構造）を前提としている。効果的なモニタリングを最も実現させる制度構造は銀行がオーナーにより経営され、オーナーがレントを享受できる構造が考えられる。次善の構造としては、銀行はオーナーが経営はしていないが、オーナーはバンクレントを最大化するように銀行のマネージャーを雇用したり解雇したりする行動を調整することができる構造が考えられる。しかしながら、この次善の構造が、貸し手と借り手との間に本源的に存在する情報の非対称性から生ずる諸問題を解消しながら、果たして、どの程度審査・モニタリングにおける適切なパフォーマンスを確保することを保障してくれるのであろうかという問題は残る。

　加えて、フランチャイズ・バリューという抽象的なインセンティブが浸透し、銀行のマネージャーによる審査・モニタリングのプロセスにおいて絶えず認識されていると考えることは妥当なのであろうか。むしろ、自己資本比率規制（2-3-3参照）や法定準備金積立等の具体的及び強制力のある基準の方が、銀行のマネージャー及び、おそらくは銀行のオーナーの意思決定においても、より強い判断基準として認識されてきていると思われる。理論的にも、かつ実践的にも、フランチャイズ・バリュー同様、これらの基準・メカニズムは良いモニタリングをもたらすかもしれない。例えば、資本準備金は、ポートフォリオの一部に流動性が高くリスクウェイトが低い政府証券を組み入れさせるように銀行を指導するツールとして用いられる。これには、ローンポートフォリオが不良資産化したとしても償却に回せる一定の資産を確保させることにより、銀行に許容量以上にリスクをとることを抑制させる効果があるとされる。しかしながら、この点についてはなお議論のあるところである (Hellmann, Murdock and Stiglitz 2000)。自己資本比率規制が必ずしも有効に働かない理由については2-4にて議論するが、例えば、「ポートフォリオ」アプローチの文脈においてKim and Santomero (1988) は、経営健全性規制は完全にはリスクを分散化することのできない小規模の銀行のポートフォリオのリスクの高い部分を、よりリスクを高めるように再構成することを促し、皮肉なことに、経営健全化規制が課せられた後に銀行が倒産する可能性は高まることを指摘している。

　金融市場が国際化されるに伴い、主要国の中央銀行は互いに、国際的に業務

を展開している銀行に許容量を超えたリスクをとらせないようにする統一的ルールの設定を協議してきた。特にBIS（国際決済銀行）や銀行監督に係るバーゼル会議にて標準化されてきているBIS自己資本比率規制や信用リスク算出モデルは、国際的銀行のマネージャーやオーナーのリスク管理及びパフォーマンス評価プロセスにおいて急速に重要な役割を担ってきている（BIS自己資本比率規制については付録1参照のこと）。準備金の計算だけではなく、顧客別収益分析やリスクウェイトを掛けたプライシング（値決め）、積極的なポートフォリオ管理などにも、上記規範的手続を考慮に入れることを、金融当局から直接求められるか、あるいは自ら採用する銀行が増えてきている。

Stiglitzは会社の金融状況に係る情報は公共財である（公共財とする方が望ましい場合があるとの意）としている。ムーディーズやスタンダード・アンド・プアーズ等の債券に係る民間の格付機関や、ダン・アンド・ブラッドストリートのようなその他投資に係る格付機関は情報開示を促すインセンティブを与える役割を担っている。多くの国の金融当局はこれらの民間インセンティブは十分ではないと判断しつつも、自らが一国の金融当局として監督することができないことについては、実際にはバーゼル会議のような国際レジームに、どのようなインセンティブを考えるべきかの検討及び基準設定を委ねる国が増えてきている。信用リスクの計量化に上記民間格付を参照することを促す審査・モニタリング手法が国際的に認知されつつあるが、果たしてその手法はどれほど銀行や金融機関に審査・モニタリング行動を促す適切なインセンティブを与え、資金の最適配分を促すと言えるのであろうか。

情報経済学はクレジット市場における市場の失敗——市場の均衡点でさえ貸し渋り状態となる——は貸し手と借り手との間の情報の非対称性によって生じうることを主張し、この情報の不完全性こそがなぜ金融市場が完全ではありえず、金融仲介機関としての銀行がなぜ存在するのかを説明しているとする。そして銀行におけるモニタリング活動を促すインセンティブの重要性を指摘したことは大きな貢献と言える。しかしながら、情報の非対称性があるからといって必ずしもクレジット市場における貸し渋りが引き起こされるとは限らないこと、逆に、情報の非対称性が極めて低い状態でも、貸し渋りが引き起こされる可能性は考えられる。また、モニタリング活動を行なう十分なインセンティブ

が与えられたとして、モニタリングの精度・質を完璧にすることはできない。これらのアプローチにはモニタリングを行なうアクターの「限定合理性」及び「不確実性」への考慮を欠いているのである。

2-2-3 モニタリングを不完全なものとする要因

経済がより複雑化するにつれて、銀行のマネージャーや個々の金融当局担当者による審査・モニタリング活動は益々難しくなるものと考えられる。モニタリング行動を行なうアクターの性格として、「限定合理性」と「不確実性」が強調されるべきであることを本書は提案する。

限定合理性（Bounded Rationality）

ノーベル経済学賞受賞学者でもあるハーバート・サイモン（Herbert Simon）は、人間の（合）理性には限界があることを前提に、より現実に即した分析を発展させ、限定合理性すなわち限界のある分析能力がどれほど人間の（合）理性に適うことが可能であるかを考えた。現実の経済では経済主体は合理的選択を意図しているものの、多くの情報を処理し、最適な戦略を計算することの難しさから、その合理的選択は制約を受けているとされる。Williamson（1985）によれば、現実の世界では、個人はむしろ自ら最適な戦略を計算するより、「便宜的方法・経験則 rules of thumb」に頼る傾向があるとされる。なお、Simon自身はこの「便宜的方法」を使うことは意思決定のための、いわば時間節約のツールとして捉えている。個人は決して非合理なのではなく、限界のある脳の計算能力を有効に使いたいだけだと、限定合理性を捉えている。

バンキング及びクレジット市場における国際化及び技術変化の流れ・力は貸し手によるモニタリングの役割（及び金融当局による監督の役割）を益々難しくしてきていると考えられる。Williamson（1985）やHargreaves Heap（1992, p.17）は、モニタリングに係るコストが増加すると、関係者は最適な行動指針を判断するための情報を収集するコストを抑えるために「便宜的方法」を使うようになることがよくあることを指摘している。すなわち、限定合理性は、モニタリングのためのスキルや知識を内製化することに努める代わりに、コード化された信用リスク計量方法や広く使われている信用情報を使うことを貸し手

に促す。おそらくは、こうした行動パターンは当初は「手段としての」合理性を求めたものであるが、より複雑なリスク要因を混在することにより、その計量は非常に面倒なものになってくる。結果として、貸し手の行動パターンの手段的合理性は限定的なものとなり、最終的には、せいぜい「手続的」合理性のみによってパターン化されることになってしまうのである。

　Weale（1992, pp.62-65）によれば、「ホモ・エコノミクス」——手段的合理性を持とうとし、典型的には新古典派経済理論に見られるタイプで、効用を最大化しようと選好・満足度を計量化しようとする者——の主な活動は、とりうる戦略の中で選好・満足度を計算することとされる。一方、「ホモ・ソシオロジクス」は、このとりうる戦略の範囲（自由）が技術の普及度合いや他人の選好によっていかに制約を受けているかを知る過程において生まれてくるとされる。特に、人間の行動を制約するものの1つである「規範」や、ある役割に付随する社会学的概念は子供から大人まで「ホモ・ソシオロジクス」を育成し、役割は規範をコード化し、規範の遵守は行動の動機となっていく。Wealeの社会学的見解によれば、行動を決める理由としてある社会規範にそれを求めることは、手段的合理性に適っているかどうかのテストを行なうことを難しくする。なぜならば、全ての個々人が役割やルールに制約を受けた中で行動を決めていくと、集団の無作為のために集団的な便益を得ることができなくなり、少なくとも集団的便益の最適化をはかることができなくなるとされる。これらのことを念頭に置き、バーゼル実用主義におけるコード化された信用リスク手法の限界や恣意性については批判的に評価すべきである（4-5参照）。

　なお、Simon的見解のもう1つの際立った特徴として限定合理性がもたらすポジティブな面を認識しておく。Simonは、限定合理性があるからこそ、属する社会集団からの情報やアドバイスを受け入れることにより、限られた知識やスキルを向上させることができ、従順な個人ほど従順ではない者より環境適合において有利に立つことを指摘している（Simon 1996, p.45）。もちろん、個人には利にはならないがグループ・集団を利する特定の行動をとるように人々を仕向け、人々の従順さを確保するには負荷も掛かるだろう。従順さの有利な面を捨て去るほどに負荷が重くなければ、利他的な個人は従順ではない個人よりも、より環境に適合できる。利他主義は人のモチベーションとしてオポチュニ

ズム(6-2参照)同様、組織あるいは制度の有効性を決める重要な要因となっていると考えられる。

不確実性

　不確実性は意思決定プロセスを複雑化しボラティリティ(予想変動率)を高める。貸し手の不確実性、特に信用リスク管理における主観的確率の振れは金融市場の構造的脆弱性を引き起こす重要な要因とされる(Meltzer 1982, Davis 1995)。しばしば不確実性は経済エージェントに便宜的方法・経験則をとることを促す。なぜならば標準化や調整は個々の予測よりも効果的である場合もあるからである(Simon 1996, p.42)。しかしながら、このような標準化された便宜的方法自体が意思決定における制約そのものになりうるのである。すなわち、便宜的方法が規範としての地位を得た場合、それに従うエージェントは手続的合理性を求める単なるエンジンと化すのである。国際的バンキング・クレジット業務において、統計的期待倒産確率(Expected Default Frequencyあるいは EDF)からの推定によりコード化されている数量的信用リスク評価手法(付録1参照)は今や広く使われている。このコード化された便宜的方法により、貸し手は数量的に貸倒損失予測額を計算し、予測を超える貸倒損失をカバーする資本バッファーを維持することが促されている。国際バンキング及びクレジット市場の安定性を推進するために、バーゼル銀行監督会議に集う各国金融当局者は国際的に認知される資本クッションとして8%の自己資本比率規制を設定した。この規制により、自己資本比率を低下させるような信用リスクをとることから貸し手を遠ざける効果を生んでいる。しかしながら、標準化された信用リスク計量モデルへの集中は画一化された情報の流れを生み、事実、貸出における群衆行動を助長させることにより金融安定性を揺るがしている(5-2参照)。

　行動の結果は将来を形成するため、客観的に合理的な選択をするのに正確な将来予測は欠かすことができないはずである。しかしながら、現実の世界では多くの選択は不確実性の条件の中でなされている。「リスク」と「不確実性 Uncertainty」との定義・区別については、今なお、様々な議論があるが、フランク・ナイト(Frank Knight)の有名な定義によれば、発生確率や確率分布が既知のもので、「数値化・計量化できる不確かさ」を「リスク」、そうした数

値化ができない状態を「不確実性 uncertainty」と定義した（Ellsberg 1961参照）。本書では、不確実性についてナイト流の定義を採用し、容易には客観的な確率を測ることのできない出来事の、その発生の可能性を判断する主観性を指す。言い換えれば、主観的確率は統計的あるいは客観的確率と区別され、不確実性は計量できるリスクには置き換えられないことを意味する。

　不確実性は多かれ少なかれ無視されるか、あるいは、特定はできないが不測の事態が発生した場合の損失をカバーするためのリスクプレミアムを乗せた上で、主観的確率が代わりに適用されるかであろう。将来のことはいずれにせよ、いかなる過去の統計データを駆使したとしても、正確無比には知りえない。不確実性が存在する環境でどのような選択をすればよいかを示す正確な経済理論は存在しないため、経済エージェントは他人がどのように行動するかを見て、どのような要因を考慮に入れるべきか、その要因の中のプライオリティをどのようにつけるべきかについての規範、手続を踏襲する傾向がある。しかしながら、「あるとられた群集行動が事後に間違っていたと気づいたときはすでに（金融）危機に瀕しているのである」（Davis 1995, p.135）。

　本書は、「不確実性」に分析の光をあてるポスト・ケインズ派の貢献をベースにしている。ケインズによる不確実性の本質的な含意は、あらゆる経済的に意味のある行動は経済エージェントが不確実性から自らを守るための努力から生まれているということである（Dymski 1993）。ケインズは彼が言うところの「不確実」な知識がどのような意味を持っているかを次のように定義している。

「不確実な知識という言葉によって、単に確実に知られていることと、蓋然的でしかないこととを区別しようとするわけではない。ルーレットのゲームはその意味では不確実性の下にあるわけではないし、戦費国債の償還の見込も不確実性にさらされてはいない。あるいはまた、余命の不確実性もほんのわずかな程度のものでしかない。天候の不確実性でさえたいしたことではない。私が使っている意味は、ヨーロッパで戦争が生じる見通しであるとか、今から20年後の銅の価格や利子率、ある新しい発明の陳腐化、1970年の社会制度の下での私的資産保有者の地位などにまつわる不確実性なのである。これらのことがらについては、何らかの計算可能な確率をあてはめるための

科学的な根拠は存在しない。にもかかわらず、日常生活をおくらなければならないわれわれは、行動や意思決定の必要に迫られて、このどうしようもない事実を無視し、あたかも一連の損得の見込みをそれらの損得の各々に適当な確率をかけた上で足し合わせてベンサム流に計算しているかのように行動しようと最善を尽くしているのである」(Minsky 1975, p.101参照)

　クレジット市場における市場の失敗——市場の均衡点でさえ貸し渋り状態となる——は貸し手と借り手との間の情報の非対称性によって生じうる。しかしながら、情報の非対称性があるからといって必ずしもクレジット市場における市場の失敗を引き起こすとは限らない。本書はクレジット市場特有の市場の失敗は、貸し手と借り手とではリスクを判断するための情報への信頼の度合いが異なること、あるいはリスクを測る手段に対する信頼性をどのように評価するかの違いによって生じることを提起する。この「信用・信頼」の差異は貸し手と借り手という市場における行動の違いに根ざすものであり、不確実性が伴なう中では、この信用・信頼の揺らぎは存在し、また、ボラティリティは高いものになる傾向にある。

　「(何をどれほど)信用・信頼できるかはビジネスを実践している人であれば絶えず最も細心かつ最大の注意を払っていることである」(Keynes 1936, p.148)。長期期待を形成する(短期)予測は個々がどのような判断材料を信用・信頼しているかによって左右され、このことはケインズ理論における資本限界効率を決定する重要な要素の1つと考えられている。後葉で述べるように、信用リスクマネジメントにおける貸し手の抱く「不確実性」から生ずる市場のボラティリティはモニタリング行動を難しくまた効果的ではないものとする最も重要な要因の1つであると考えられる。貸し手と借り手とがどのような判断材料をどれほど信用・信頼するかの違いは市場における両者の行動は本質的に違うことから絶えず発生している。貸し手は審査・モニタリングで参考とするどのような情報や手段であろうと、それら情報・手段への信用・信頼度合いは不確実性の中では絶えず揺らぐものであり、この揺らぎこそクレジット市場における市場の失敗を引き起こすものと考えられる。

2-3 モニタリング行動を巡る理論——主として金融当局による銀行監督・モニタリング行動について

2-3-1 概観

　はじめに、モニタリング（信用リスクマネジメント）と金融規制とのデリケートな関係について認識しておく必要がある。先に述べたとおり、本来、金融市場を適正に機能させる上で、貸し手や投資家による審査やモニタリングが効果的に行なわれることは極めて重要なことである。一方で、金融市場、特に銀行によるクレジット（ローン）市場には一定の規制が求められる。なぜなら、クレジット市場は現実の商取引を支える以外に将来に果たすべき約束、しかもその約束が果たされるかどうかは絶えず不確実性に晒されている約束を扱っており[*3]、約束が果たされない場合、債権者である銀行の経営健全性が損なわれ、連鎖的な金融不安を引き起こしうるリスクを構造的に抱えているからである。この連鎖的金融不安を通常のオークション（最も高い値段をつける人が購入するシステム）あるいは市場メカニズムで防止あるいは解決することは完全にはできない。

　金融は情報集約型産業といえる。なぜなら、借り手のこれまでの預金や資金繰り履歴情報や、現在までどのような銀行取引を行なってきているか等の情報を総合判断して銀行は金融取引を行なうからである。ある借り手が返済期限を守れるかどうかを判断する根拠となる情報は、取引銀行内に具体的な形というより、いわば無形資産として蓄積される性質のものであり、通常のオークション市場で市場や他の銀行に受け渡すことが難しい性質のものも含まれている。従って、ある1つの銀行が倒産すると、多くの取引先企業の資金繰りにも多大な影響を与え、マクロ経済にも深刻な被害を及ぼしかねない。加えて、銀行は銀行間マネー（資金貸借）市場において様々な支払い指図を決済するための巨額な資金を融通し合っているため、ある銀行の倒産はシステム全体にわたる連鎖倒産の引き金となりうる。クレジット・金融市場には市場メカニズムでは防止できない構造的リスクがあり、ゆえに、金融市場の安定のためには一定の金融規制や政府の介入が正当化される。

第2章　分析方法とモニタリング行動に係る理論的枠組み、及び基本的分析　27

「流動性リスク」——当座の支払いのための資金手当ができないリスク——を強調する銀行システムに関するテキストブックは多い。預金保険（預金者保護）や中央銀行による「最後の貸し手」機能は、銀行に対する信用を維持することにより流動性リスクに対処する手法として開発されてきたものである。しかしながら、いかにして最初から銀行に不良ローン資産を抱えさせないようにさせるかということの方が、金融当局者にとってより重要でかつ複雑な問題と言える。銀行をモニタリングすること自体、金融当局にとってコストも掛かることであり、完全なモニタリングはありえない。なぜならば、(1) 銀行による企業の信用リスク評価には「不確実性」の要素が伴うこと（銀行が「主観的」企業倒産確率を計算・評価すること自体困難が伴うこと）、及び (2) 銀行と銀行監督当局との間の情報の非対称性が存在すること——非効率な保護政策、結果として銀行によるローンポートフォリオ管理におけるモラルハザード問題が生じる可能性——があるからである。その複雑性ゆえに、Stiglitz（1994）が指摘しているように、主要資本主義国の中でも金融市場の構造は、いくつかの重要な点で様々に異なっており、その違い・特徴は個々の国の金融制度がどのように特定の文化的あるいは経済環境へ適合してきたかを反映したものと言える。すなわち、効率的なモニタリング及び金融資本の配分を行なうためにリスクや不確実性をどのように金融システム全体として吸収していくかは普遍的な方策があるわけではなく、そのためのルールや制度は個々の歴史的背景により違いや特徴が生まれてくると言える。

　日米の経済・金融システムの比較分析として、Aoki（1994）、Davis（1995）、Dore（2000）、Stiglitz（1994）をはじめ、他にも貴重な先行研究がある。これらの研究で指摘されている観点の1つに、日本の企業金融においては銀行が主要な役割を担っているのに比べ、米国では銀行の役割がおよそ短期運転資金貸付に限定されていることが挙げられる。対照的に日本においては証券市場が比較的未発達で、米国において長期資金は債券及び株式市場において仲介されていることも指摘される。銀行貸付は日本における企業金融（企業による資金調達）全体の90％は超えていたのに対し、米銀の貸付は米国企業金融の30％にも満たないというデータもある（Davis 1995, p.37）。

　個々の金融構造は長い時間を経て個々の国特有の事情や条件をベースに進化

してきたものであり、他で簡単には作り出すことはできない（Davis 1995, Stiglitz 1994）。しかしながら、日本は1980年代半ば以降、伝統型とも言える日本型金融システムを捨て、米国が推進・唱導する規制緩和を通じて米国型金融システムに適応することを促されてきている。後葉で詳細は述べるが、米銀が企業向けファイナンスにおいて担っている役割は限定的であるにもかかわらず、厳しい情報公開ルールや自己資本比率規制の網が掛けられている。米国の金融当局は自国の銀行に対し厳しく自己資本比率規制を掛けると国際金融市場における国際競争力を阻害してしまうことを懸念し、この国内ルールを国際統一基準とすることをバーゼル委員会で提案・推進するとともに、米銀への規制自体は緩めてはいない。その一方、米国の金融システムではリスク及び不確実性の分散・全体での吸収は多様性のある投資家層の厚みに支えられている証券市場が担っているのである。この独自の構造（詳細については3-2及び4-6参照）は、米銀がある特定の企業や産業に貸付を集中させない効果を生んでいる。対照的に邦銀は企業のファイナンスにおいて主要な役割を担ってきており、邦銀の金融仲介及び審査・モニタリング機能を制限したことは結果として日本経済へ深刻な影響を与えてしまったと考えられる。

2-3-2　バンクレント

バンクレントの分析は、銀行の重要な役割を調査・分析する制度経済学的アプローチにおいて新しいツールとなってきている。Khan（2000）の定義によれば、「レント」は「超過利潤」——単純な経済モデルにおける効率的市場においては存在しえない利潤——とされる。「より正確に言えば、経済主体が受け入れ可能な最低限の価格、その最低限の価格は通常は次善の機会により捉えられ、その最低限価格より高い収入をレントと捉える」（Khan 2000, p.21）。この項では、日本の伝統的金融システムを理解する上で、システムの重要な制度的取りきめとも言える「バンクレント」を生み出す「金融抑制型」政策の分析を整理しておく。バンクレントはメインバンクシステム（詳細は3-3参照）の最盛期においてメインバンクが金融仲介及びモニターとして重要な役割を担っていた"Integrated"（統合された）モニタリングシステム（3-3参照）の創設・維持に必要であった一方、規制金利体系、すなわち預金金利と貸出金利と

の鞘を銀行が安定的収益として稼げるように預金金利を低く抑えることはメインバンクシステムの安定性に貢献した面があったと言われている（例えば、Patrick〔1998〕は、このシステムを作り出した金融規制及び金融制度政策のエッセンスは銀行経営者、株主及び預金者を保護するために銀行を潰さないことを保障するところにあったと指摘している）。以下、日本の「バンクレント」型金融システムの合理性について説明する理論的枠組みを提供したことで知られるHellmann et al.による金融抑制型モデルについて説明を加える。

Hellmann, Murdock and Stiglitzによる金融抑制型モデル

貸付市場（ローン市場）が情報の非対称性問題のため構造的に貸し渋り状態となることを示した重要なモデルとして1981年のStiglitz and Weissモデルがある。貸し手は借り手の行動を完全にしかもコストを掛けずにモニタリングすることはできないため、ローン市場における資金需要超過（過少供給）は価格メカニズムによっては解消されない。例えば、銀行に信用力が足りないとみなされ一旦借入申し込みを断わられた借り手（企業等）が、もっと高い金利を払う用意があるのでローンを借りたいと言ってきた場合でも、その銀行はその申し込みを謝絶する。なぜなら、高い金利を払う用意があるという借り手の申し出は倒産リスクがより高いことのシグナルと受け取られるからである。Hellmann et al. (1997) はこのモデルをさらに展開し、政府が預金金利の上限をローン市場における需給均衡を促す金利水準より低く設定することによりバンクレントの捕捉機会を銀行に与え、借り手を注意深くモニタリングし、ローンポートフォリオを管理する強いインセンティブを銀行に与えうることを示した。銀行が審査・モニタリングのノウハウを向上させ、自らのローンポートフォリオを良くすることは、社会全体の資源配分効率化の観点から望ましいと考えられている。

「金融抑制」型基本モデルは3つの部門の機能を考える。家計部門は資金を供給し（銀行に預金をする）、企業部門は資金を銀行から借り入れて使用し、銀行部門はそうした金融仲介の機能を果たしている。チャート2-2における$r0$の金利は、自由競争的市場において、家計部門が供給する資金と企業部門が需要する資金量が均衡する金利として理論上考えられる水準を指す。実際には、

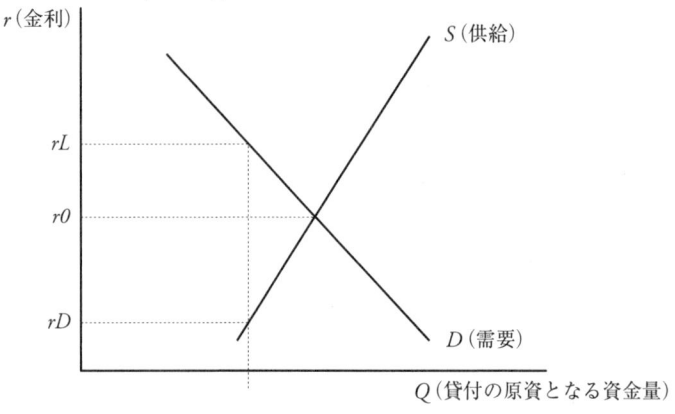

チャート2-2　モニタリングのインセンティブを与える金融セクターにおける
　　　　　　「レント」概念チャート

```
r（金利）                           S（供給）

 rL ┆

 r0

 rD ┆                         D（需要）
    └──────┆────────────────────
                    Q（貸付の原資となる資金量）
```

情報の非対称性問題によりこの均衡点は達成されず、銀行の金融仲介では貸付金の超過需要、過少供給状態に陥ってしまう。そこで、政府が預金金利（rD）を規制することにより、レントの捕捉機会を銀行に与える。この時の貸出金利は企業からの需要及び仲介できる資金量の制約によりrLに設定され、rDとrLとの差は銀行が受け取る「レント」の原資となりうる。このシステムにおいて、銀行はレント（超過利潤）を維持するために、企業のモニタリングに努力し、ローンポートフォリオ管理に努めることになり、銀行の審査及び金融仲介機能がより高まるとされる。

（註：銀行の経営状態が良くなると、支店網が広がり、預金を集めるためのインフラ整備・地方への金融サービスの浸透が進むことが考えられ、銀行への預金総額が増えることが考えられる。銀行も金融仲介による収益を拡大させるために支店網を増やすことに強いインセンティブを持っている。その結果、チャートの供給曲線〔S〕が右側にシフトする。この預金すなわち貸付の原資となる資金量に対する「レント効果」が大きい場合、銀行によるフォーマル金融セクターによる金融仲介資金量が増え、企業向け貸出金利も下がっていく効果〔rLから$r0$方向〕をこのモデルはさらに分析している。すなわち、「金融抑制」をすることにより金融システム・サービスが広く浸透し、〔情報の非対称性問題のために達成はされないが〕自由競争的均衡点における資金量以上の量の金融仲介と、より低い貸出金利とを達成し得る可能性を

理論的に証明している。しかし、これは適用される国の金融浸透度・発展度合や、資金供給の金利感応度・弾力性によっても効果は異なり、議論はあるところである。当該モデルはS供給曲線が立っていること〔傾斜角度が急であること〕、すなわち、家計部門による預金選好が「リスク回避型」で、低金利でも比較的預金は行なう傾向があることを前提としている。)

システム全体としての便益は必ずしも個々のエージェントの便益とは一致しないものの、モニタリングを促すバンクレントの重要な役割は、個々の銀行に長期間にわたり効果的に借り手を審査・モニタリングするエージェントとしての役割を担わせるインセンティブを与えてきたことにある。それゆえ、個々の貸し手におけるモニタリングに努めようとする動機の変化を分析することは、「金融抑制型」あるいはIntegrated（統合された）モニタリングシステムのパフォーマンスの変化を読み取ることを意味する。バンクレントを基盤とするシステムにおいて、フランチャイズ・バリュー（Hellmann et al. 1997, pp.171-174）や評判・名声（Stiglitz 1994, p.223）を維持するために確保しなくてはならないレント（超過利潤）等を確保できるという便益が期待できるからこそ、銀行はモニタリングに努める仕組みとなっている一方、邦銀がモニタリングに手を抜くことを防止する仕組みとして、当局によりレント捕捉機会が減らされるという脅しが重要な役割を演じてきたとされる（Aoki 1994）。日本のレントを基盤とするモニタリングシステムは当局によって効果的にコントロールされた保護と罰則メカニズムによって成り立っていたと考えられる。このメカニズムの詳細については第3章で論ずる。

2-3-3 信用リスクをいかに社会的に吸収するか

金融市場を適正に機能させる上で、個々の貸し手や投資家による審査やモニタリングが効果的に行なわれることは極めて重要なことである。しかしながら、個々の貸し手や投資家の能力には限界があり、また、不確実性の条件のもとでは、個々のエージェントによるモニタリング努力だけにこの問題の解決を期待することはできない。経済学術書ではこれまで強調されていないが、いかに貸し手あるいは投資家の抱く不確実性を社会全体として分散し吸収するか、すなわち信用リスク及び不確実性をいかに社会化するかが、金融制度・金融システ

ムを構築する上で最も重要な課題と考えられる。この社会化の方法については、各国のフォーマル及びインフォーマルな制度及びその育まれた背景等により異なっており、すなわち、ある国に適用される制度・システムが全世界に適用できるという保障は全くないことに留意すべきである。

　金融システムを構築する制度的枠組みの最も重要な目的は（1）金融市場の安定、特に、バンクラン（銀行の連鎖倒産）を防ぐという意味で銀行システムの安定性を維持すること、及び（2）より多くの金融資源の健全なる仲介（その過程において金融仲介機関に信用リスクマネジメントスキルと知識を獲得及び蓄積させることを含む）の2点に集約できる。後葉で詳細に議論を進めるが、一方の目的を推進することはもう一方の目的を阻害する関係にあり、この2つの目的のデリケートなバランスをどのようにとっていくかが、金融システムの枠組みを形成する上で最も重要なことになるのである。米国型金融制度枠組みと日本の伝統的金融制度の枠組みとをこの観点から整理すると表2-1のとおりとなる（詳細については第3章参照のこと）。

　米国型金融制度には、「分業」及び「専門化」、すなわち、企業金融における短期運転資金需要をカバーするクレジット（銀行ローン）市場と、設備投資等の中長期投資資金需要を支える社債・証券市場との役割分担がこの制度的取りきめには見られる。前者の主要プレーヤーである銀行については、保護と厳しい規制の枠組みの中で競争を抑制し、金融及びバンキングシステムの安定化をはかる。後者については、リスク・不確実性を吸収できる投資家層の厚みがあることを前提に、金融及び情報の仲介者間の競争・専門化を促しつつ、市場原理に基づく社債・証券市場を発展させ、金融仲介、ひいては経済のダイナミズムを維持・発展させる。

　日本の伝統的「レントを基盤とする」金融仲介及びモニタリングシステムも保護と罰則のメカニズムを内包しており、それはシステムの最盛期においては金融当局によって効果的にコントロールされていた（Aoki 1994, pp.126-127）。このシステムにおいてモニタリング努力をすることにより期待しうる便益には、銀行が健全な信用リスクマネジメントや効率的なモニタリングを確保するための無形資産とも言える「フランチャイズバリュー」（Hellmann et al. 1997, pp.171-174）や「評判」（Stiglitz 1994, p.223）を維持するために必要な「レント」、

表2-1 日米金融制度枠組み比較

	金融市場の安定化のための制度的枠組み	より多くの金融資源の健全な仲介のための制度的枠組み
米国	○商業銀行に対する厳しい規制（厳しい自己資本比率規制・情報開示義務）→銀行による過度の貸出（信用リスクテイキング）を抑制→銀行ローンの企業金融における役割を限定する（銀行ローンが企業金融に占める割合は30%以下であり、しかも運転資金需要に基づく短期ローンが中心）→銀行による経済支配力を限定する ○業務範囲の限定（グラス・スティーガル法*、州内バンキング等）→競争の抑制（規制）	○多様なアニマル・スピリットを持った投資家層の厚みによるリスク・不確実性の吸収→市場原理に基盤としたルールを基盤とした社債・証券市場の発展 ○アンダーライターとしての投資銀行（証券会社）、インキュベーターとしてのベンチャーキャピタル、評価者としての格付機関がそれぞれの専門知識を獲得・蓄積
日本	○金融当局による保護：参入規制、支店開設規制等による競争の抑制、バンクレント（2-3-2参照）の創設 ○厳しい罰則メカニズム：厳しい検査体制→モニタリング努力を怠った場合のペナルティの厳しさ（大蔵省OBの受入やバンクレント捕捉機会の喪失等） ○当局と主要銀行との密接な情報共有システム→金融規制における問題の早期発見と解決	○リスク資金の枯渇（元本保証の銀行預金を志向するリスク回避型の家計部門のポートフォリオ選好）→間接金融への依存。運転資金及び設備資金を含め、企業金融の大半は（過去においては約90%）銀行ローンに依る構造 ○銀行により担われる金融仲介・モニターとしての役割の重要性→インセンティブの重要性（バンクレント等） ○長期にわたる取引先（借り手企業）との反復的取引、共生的関係→ベンチャー企業の育成、審査・モニタリング、企業再構築等、統合的なノウハウを銀行に蓄積させ、銀行は企業のいわば準パートナーとして、金融資源を仲介する

注：*グラス・スティーガル法は1999年11月に事実上廃止されたが、商業銀行業務と投資銀行業務との業際分離（デマケーション）は色濃く残っている

すなわち、保護されている利潤を含んでいる。一方で、支店開設ライセンスを与えない等のレント捕捉機会を減らすという脅しは銀行がモニタリング機能を果たすことを怠ることを防ぐ上で重要な役割を果たしていた。ただし、商業銀行の役割を限定することにより金融市場の安定化をはかる米国型システムとは異なり、日本は、家計部門のポートフォリオ選好が「リスク回避型」となっている金融構造のため、「間接金融」に拠らざるをえない。そのため、日本の「メインバンク」（3-3参照）に自らのローンポートフォリオ管理とともに、取引企業を効果的に審査・モニタリングする長期的金融仲介エージェントとして

重要な役割を担わせなければならないというデリケートな枠組み——銀行というエージェントに重要かつ統合された役割を担わせる構造——を形成する必要があったのである。両システムとも金融安定化のために銀行に対し保護的規制が課されているが、米国では商業銀行の業務範囲を制限し、銀行による経済影響力を弱めるためとなっており、対照的に日本ではメインバンクに重要な役割を担わせるように経営基盤を維持・強化するための制度的枠組みとなっている点に留意すべきである。

　1980年代後半からのバブル経済とその崩壊後、邦銀に巨額の不良債権が積み上げられたことは、伝統型とも言える「レントを基盤とする」「関係を基盤とする」銀行システムが機能しなくなったことを示しているとする議論は広くなされている。最近時の議論はバンクレントのマイナス面、特にモラルハザードやレント追求行動の非生産的な側面のみに焦点をあてる傾向にある。バブル経済の崩壊は邦銀及び銀行当局に伝統型の審査・モニタリングシステムから米国型モニタリングシステム——客観的、少なくとも客観的に見える情報のみにより信用リスクを計量化し、リスクウェイトを掛けた資本収益率のような実用的な基準による審査システム——に移行することを促した。同時に、米国の銀行規制制度の影響を受けたバーゼル自己資本比率規制は銀行の経営健全性を測る規範的基準となり、邦銀マネージャーの貸出行動の重要な制約条件となっている。すなわち、邦銀マネージャーは新たに、米国型「証券市場を基盤とする」金融システムにおいて適用されている金融仲介、モニタリング及びリスク管理手法を取り入れることを促されている。

　1988年バーゼル合意、すなわち自己資本比率8％規制の導入は、国際業務を展開している銀行に様々なリスクや予想以上の損失をカバーするバッファーを用意させることにより銀行システムの安定性を強化する目的で考えられたものであった。バーゼル銀行監督委員会（BCBS）は、1988年バーゼルアコードは国際金融機構の土台となることが期待されており、その目的は国際システムの安定性と健全性を促進することにあると説明している（BCBS 1999b, p.9）。各国の金融当局（銀行監督庁）の主要な関心としては、国境の外では直接監督できない国際業務を展開している銀行が倒産することにより引き起こしかねない「バンクラン（連鎖倒産）」をいかに防ぐかという点にある。この課題について

主流派は、国際的統一基準の適用・統合こそ金融自由化と（国際的バンクランを未然に防ぐという意味での）金融安定性とのトレードオフの関係を改善するとの見解を示している。例えば、IMFエコノミストの1人である、バリー・アイケングリーンは、新しいバーゼル合意の枠組みの中の柱である「銀行監督の正当性・強化」（Pillar 2, BCBS 1999b参照）や金融の安定性を維持するために求められるステップ・手続を踏まない借り手に対しては貸出を抑制するべきとする「市場ディシプリン market discipline」の強化（Pillar 3, BCBS 1999b参照）の方向性を強く支持している。彼は、国内市場及び国際市場両方における金融自由化は情報通信技術の進歩によって促され、金融取引を制限することを格段に難しくしているため、国際取引をコントロールすること自体が難しく歪んだものになるとの新古典派的見解を述べている（Eichengreen 1999, p.2）。しかし、上記国際的統一基準（自己資本比率規制）への統合は、国内市場における健全な金融仲介の実現というもう1つの重要な銀行規制の目的に対してはどのように関与するのであろうか。主流派はこの点について十分に説明をしていない。例えば、アイケングリーンは、米国型証券市場中心の金融システムにおいてより良い金融資源の流れや配分はなされるであろうという仮定にこの点をただ委ねているように思われる。この仮定が成り立つかどうかは各国の制度的取りきめや金融構造によるのである。

2-4 経営健全化規制に係る理論

保有する資産価値に伴う信用リスクに応じて評価する共通の枠組みとして、リスクウェイトを掛けた資産総計に対し8％の資本額をあてることにより最低限の自己資本額を決定することは1988年のバーゼルアコードの主要な特徴の1つである。ここで、自己資本比率規制というツールにより経営健全性規制を設計することに関する理論について概観しておきたい。最適な規制の仕組みを分析しモデル化しようとする様々なアプローチがあるが、大まかに言えば、「ポートフォリオ」アプローチと「インセンティブ」アプローチに分類することができる。

「ポートフォリオ」アプローチは、Freixas and Rochet（1997）によれば、

元々Kahane（1977）によって開発され、後にKim and Santomero（1988）やKoehn and Santomero（1980）らによってさらに研究されたとされる。彼らの考えの中心をなすのは、銀行が資産及び負債のポートフォリオの構成を選択する際、ポートフォリオマネージャーのように行動するならば、資産に対する自己資本比率を計算するためにリスク関連ウェイトを使うことが重要になるという考えである。平均値及び分散率算出モデルを使い、Kim and Santomero（1988）は経営健全性規制が課せられる前と後とで、不完全市場においてリスク分散のためのポートフォリオ選択がどのように変化したかを比較している。彼らの分析によれば、一般的に経営健全性規制は、特に小規模の銀行が完全にはリスクを分散化することができないために、銀行のポートフォリオのリスクの高い部分を、よりリスクを高めるように再構成することを促すとされる。皮肉なことに、経営健全化規制が課せられた後に銀行が倒産する可能性は高まったとの結果となっている。このことは、当該アプローチにおいて議論のあるポイントとなっている。例えば、Rochetは銀行の資産配分におけるこの歪みは金融当局が晒されているリスクや健全性の水準を測定する正確なリスク計量手法を使用すればなくなることを示している。しかしながら、どのように正確な計量手法を得るのか、どれほど「市場ベース」のリスクウェイト付けが信頼できるものなのかは依然としてこのアプローチにとって極めて重要なポイントとなっている。

　「インセンティブ」アプローチにおいて経営健全性規制は、公的な保険システムと民間銀行との間のプリンシパル・エージェント問題の1つとしてモデル化されている。当局による保険は費用が掛かることから、公的資金コストは最終的には、銀行の資本コストと預金者保護のためのコストとの最適なトレードオフを決定することになる。現在進められている新しい自己資本比率規制の枠組みは、私見としてはインセンティブ（プリンシパル・エージェント）アプローチの考えをより反映したものと思われ、この考え方は、銀行の経済支配力を行使できる範囲を制限するという米国金融当局の伝統的な関心と一致する。このアプローチは、自己資本比率を設定する規制を正当化するため、いわば失敗に対する保険の社会的コストがどの程度なのかを把握しようとする。しかし、晒されているリスクや経営健全性を維持する水準を計算するためには「正確に」

第2章 分析方法とモニタリング行動に係る理論的枠組み、及び基本的分析　37

リスクを測定する手法が必要であるが、そうした手法を見つけることは難しく、また、情報の不完全性・非対称性を勘案した最適な水準を求めることも困難である。さらに、銀行が金融仲介及びモニターとして審査・モニタリングに努力することによる社会的効用はこのアプローチではほとんど考慮されていない。

　ここで認識しておくべきことは、銀行規制の手段は銀行セクター特有のものであることである。Freixas and Rochet（1997, p.259）は銀行セクターにおいて使用されている安全かつ健全な規制手段を大きく以下の6つのタイプに分類している。(1) 預金金利上限設定、(2) 新規参入、支店・営業網拡充、合併に係る制限、(3) ポートフォリオに係る制限、準備金積立義務や極端なケースにおけるナローバンキング規制、(4) 預金保険、(5) 自己資本比率規制、(6) 当局によるモニタリング・監査、業務停止政策や簿価に対する時価評価の利用を含む。参入及び合併に係る制限のほか、上記の規制手段は銀行セクターに特有のものである。Freixas and Rochetは銀行規制は様々な課題を抱えており、主要な課題に完全に対処できるモデルは存在しないとしている。

　最適な銀行経営健全性規制を形成しようとする主要なアプローチは金融安定性をいかに確保するかという視点から展開されており、経済発展のためにいかに適切に金融資源を仲介するべきかという視点が欠けていることは否めない。この点、自己資本比率規制と銀行マネージャーの行動をコントロールするモニタリングとの間の「代替性」の概念を形成しようとする興味深いアプローチがある（Campbell, Chan and Marino 1992）。彼らはモデルに対し3つの前提を考えている。

(1) 銀行の資産をモニタリングすることは不可能であるとする。この場合、金融当局は銀行によって行き過ぎたリスクがとられることを防ぐために自己資本比率規制を使うと考えられる。
(2) モニタリングは可能であり、金融当局は寛容がある（銀行のことを考える）とする。銀行の自己資本とモニタリング努力とには代替性がある。最適なのは、自己資本比率規制は厳しいものとはせず、同時に、銀行もリスクテイクには慎重となる状況を指す。
(3) モニタリングは可能ではあるが、金融当局は利己的な行動をとるとする。

預金者がモニター（金融当局）に対して要請するインセンティブ枠組みへの大きな制約はモニターの責任能力に限界があることである。この場合、モニタリングを怠ることに課せられるペナルティにも限界があり、このことは(2)の前提で得られる自己資本とモニタリングの水準を歪めかねない。結果として、より多くの自己資本が必要とされ、銀行によるモニタリング努力は損なわれることが考えられる。

最後の「代替性」モデルは自己資本比率の最適なレベル自体については示唆していない。金融当局によるモニタリングの努力は単に銀行の倒産を防ぎ、金融の安定を維持する目的だけではなく、銀行に効率的な金融資源の流れや配分のための金融仲介及びモニターとしての重要な役割を担わせることも目的とする。このモデルにおいて、銀行のローン資産をモニタリングすることはできるという前提で、金融当局が寛容のある（銀行のことを考える）モニタリング行動をとるのか、あるいは利己的な行動をとる、すなわち、モニタリングを怠る性向が、自己資本比率規制と銀行によるモニタリング努力を促すインセンティブとの最適化に深く関わっている。このモデルにおける因果関係についてはさらなる評価テストが必要と思われるが、金融当局と銀行界との関係に焦点をあてることは、健全な金融仲介と適切なモニタリング努力を確保する金融システムをどのように創設するかを議論するために欠かすことができない。

2-5　結論

本章はモニタリング行動を巡る議論を概観し、それぞれの論点における本書の立場を示すことを目的とした（図2-2参照）。

第1に、本書は「不確実性」を強調するポスト・ケインズ派経済学の伝統をベースにしている。貸し手としての銀行や規制当局としての政府を含むモニタリングアクターは不確実性及び限定合理性の制約の下でモニタリングを行なっており、そのことがモニタリング行動を本源的に難しくしていることを認識する必要がある。

第2に、本書は、効果的な審査やモニタリング行動はどのようになされ、あ

第2章 分析方法とモニタリング行動に係る理論的枠組み、及び基本的分析　39

図2-2　モニタリング構造における留意事項

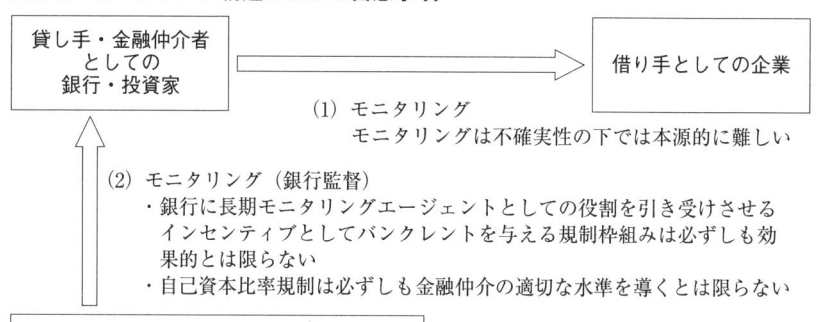

```
┌──────────────┐                    ┌──────────────┐
│ 貸し手・金融仲介者 │ ═══════════════▶ │              │
│    としての     │                    │ 借り手としての企業 │
│  銀行・投資家   │                    │              │
└──────────────┘                    └──────────────┘
        ▲            (1) モニタリング
        ║               モニタリングは不確実性の下では本源的に難しい
        ║
        ║         (2) モニタリング（銀行監督）
        ║            ・銀行に長期モニタリングエージェントとしての役割を引き受けさせる
        ║              インセンティブとしてバンクレントを与える規制枠組みは必ずしも効
        ║              果的とは限らない
        ║            ・自己資本比率規制は必ずしも金融仲介の適切な水準を導くとは限らない
┌──────────────────────┐
│ 金融当局、政府           │
│ （規制目的：安定的な金融システムの維持 │
│   及び健全な金融資源仲介の維持発展）  │
└──────────────────────┘
```

モニタリングアクターの性質：　(a) 限定合理性　　(b) 不確実性

るいは妨げられるかは「制度」——経済行動を制約するルール——によるという立場を支持する。例えば、バンクレントの創設や自己資本比率規制などの、ある審査・モニタリング方法が常に効果的であるとは言い切れないし、逆に全く効果がないと言い切れる場合も稀であろう。むしろ、各金融システムの制度的な取りきめや変更により効果が現れたり、効果を失ったりするものと考えたい。

　Aoki (1994) が指摘しているように、資本主義経済においては、企業審査・モニタリングを専門とする金融仲介機関・エージェントの形態には国によっても様々な型や制度が生まれてきている。例えば、投資銀行、証券会社、商業銀行、長期信用銀行、ユニバーサル型銀行、ベンチャーキャピタル、レーティング会社、会計事務所、ミューチュアル・年金基金、敵対的M&A会社、倒産手続（裁判）等である。これらの機関が扱う金融商品・金融手段はそれぞれ異なり、その性質や業務範囲、情報収集のやり方も異なる。また、コーポレートガバナンスの体系における役割もそれぞれ異なっている（Aoki 1994, pp.109-110参照）。様々な金融関連エージェントによって体系付けられている制度的取りきめは個々の経済において生まれ、進化してきているものである。ある特定の金融システムにおける金融仲介エージェントの行動様式を制約する制度的取りきめは、その金融システムによって動いている経済のパフォーマンスに多大な影

響を与えうると考えられるし、また、ある特定の金融システムの効率性や効果の度合いはその経済の発展あるいは衰退に応じ、時間の経過とともに変化しうるものと考えられる（制度変化に関する理論については4-2及び6-3にて概観する）。それゆえ、各金融システムの制度的取りきめを比較分析することは極めて重要と考えられるのである。

註
*1 ここでのモニタリングの定義はAoki（1994）の考え方をベースにしている。
*2 アロー・ドブリュー一般均衡モデルのここでの概観について部分的にはFreixas and Rochet（1997）の分析に拠っている。
*3 ハイマン・ミンスキーは次のように金融における契約を述べている："A financial contract is a money today - money tomorrow deal. Money today - money tomorrow deals are a pervasive reality in our economy"（Minsky 1977, p.142）.

第3章

日米金融システム論
── モニタリング行動の観点から見た日本型金融システムの顕著な特徴（米国型金融システムとの比較において）

3-1　はじめに

　金融安定性、金融効果及び効率性という同じ目的を果たしながらも、金融システムは各国の国境内において、各歴史的背景や個々の経済において変わりゆく組織、技術、リスク分散への対応によって変化する。取り巻く環境要因への絶え間ない適応によって金融システムは国によって様々な形態を見せているが、おそらく最も特徴的な金融システムは銀行を中心とした日本型システムと、証券市場を基盤とするアングロアメリカンシステムであろう。Aoki（1994）、Davis（1995）、Dore（2000）、Okuno-Fujiwara（1997）、Stiglitz（1994）、Stiglitz and Greenwald（2003）や他のエコノミストも含め、日米の経済・金融システム、特に日本の「メインバンク」システムと米国型証券市場中心の金融システムとの有益な比較分析がなされている。

　多くの金融エコノミストが指摘しているとおり、銀行規制を含む金融制度システムの目的は主として3部からなっている。(1) バンクランや金融恐慌を起こさせないように金融システムを安定させること、(2) 銀行あるいは資本市場を通じて、貯蓄された資金を生産的かつ効率的利用のために効果的に金融仲介させること、(3) 金融サービスを効率的に提供させること、この3つである。しかし、これらの目的は互いに矛盾・衝突し合い、どのような衝突となるかは制度的枠組みによっている。特に、様々な信用リスクや不確実性を社会全体として吸収するためにどのような制度的取りきめを形成しているかは個々の金融システムにとって極めて重要なポイントとなっているのである。

経済学術研究書ではアングロ・アメリカン（米国）型と日本型の金融システムはその特徴の違いからはっきりと区別されている。前者は「証券市場・資本市場ファイナンスを基盤とする米国モデル」（Aoki, Patrick and Sheard 1994）、「株式市場資本主義」（Dore 2000）、「新古典派的スポット市場モデル」（Aoki et al. 1994, p.36）等と称され、証券市場が金融資源の流れや配分に重要な役割を担っていることがその特徴とされる。後者は「大陸ヨーロッパ及び日本型」（Davis 1995）、「日本−ドイツモデル」（Aoki et al. 1994）、「社会厚生資本主義」（Dore 2000）、「銀行と企業間の反復金融取引や関係重視型の銀行（間接金融）中心のシステム」（Aoki et al. 1994）等と称される。

　3-2では、米国型金融システムを支えている制度的取りきめについて概観する。3-3では伝統的な日本の「メインバンク」システムの際立った特徴をAokiやOkuno-Fujiwaraらによる「護送船団」モニタリングシステム論をベースに概観する。3-4では彼らの「護送船団」モニタリングシステム論ではあまり説明されてこなかった、日本のインフォーマルあるいは無形のモニタリングシステムについて分析の光をあてる。

3-2　アングロ・アメリカン（米国型）金融システム

　現在に続く日本の長期金融停滞の序章は、米国が外交ルートを通じ「規制緩和」――米国型金融システムへの移行――を強く求めてきたことに対し、日本が急速に呼応したことに遡る。「競技場を平らにせよ」（Dore 2000参照）、すなわち、同じ条件での競争ができるように求める米国の主張は、自分たちのシステムの標準化を目指したものであったことは留意しておくべきであろう。1980年代半ば、米国住専S&L問題やラテンアメリカ金融危機で抱えた不良債権の後遺症に悩んでいた米銀にとって、当時の邦銀のパフォーマンスは文字どおり羨ましいほどのものであった。こうした環境を受けて、米国金融当局は「競技場を平らにせよ」との主張――米銀が国内市場で規制を受けているのであれば、同じ規制を外国銀行にも適用すべきであるし、米銀が大きな優位性を持っている分野では国際競争ができるように外国市場への参入ができるようにすべきであるとの主張――を展開し始めた。1984年のバーゼル銀行監督委員会におけ

図3-1　米国モニタリング構造

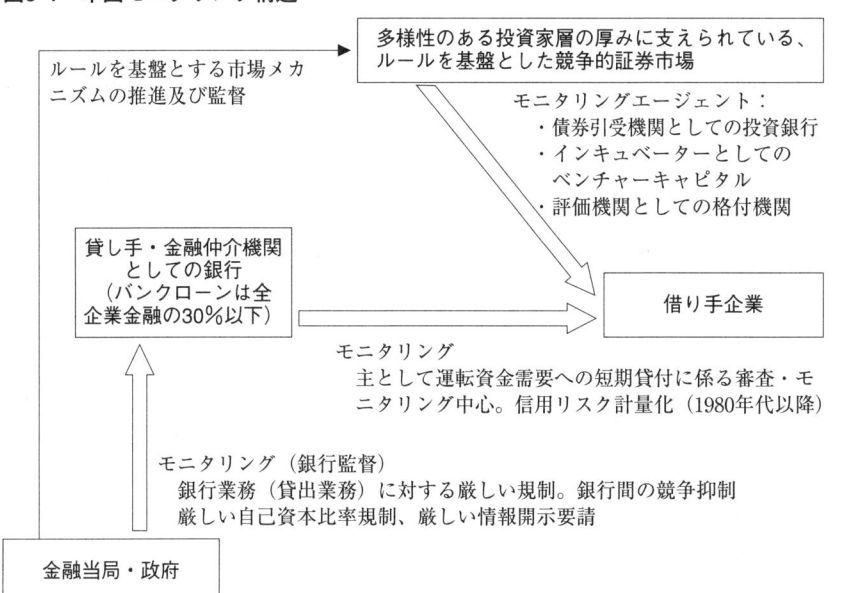

```
                  ┌──────────────────────────────────────┐
ルールを基盤とする市場メカ ──→│多様性のある投資家層の厚みに支えられている、│
ニズムの推進及び監督        │ルールを基盤とした競争的証券市場       │
                  └──────────────────────────────────────┘
                              モニタリングエージェント：
                              ・債券引受機関としての投資銀行
                              ・インキュベーターとしての
                                ベンチャーキャピタル
                              ・評価機関としての格付機関

┌─────────────────┐                      ┌──────────┐
│貸し手・金融仲介機関 │                      │          │
│  としての銀行      │─────────────────────→│借り手企業│
│（バンクローンは全  │                      │          │
│企業金融の30％以下）│                      └──────────┘
└─────────────────┘
        ↑         モニタリング
        │         主として運転資金需要への短期貸付に係る審査・モ
        │         ニタリング中心。信用リスク計量化（1980年代以降）
        │
   モニタリング（銀行監督）
   銀行業務（貸出業務）に対する厳しい規制。銀行間の競争抑制
   厳しい自己資本比率規制、厳しい情報開示要請

┌──────────────┐
│金融当局・政府│
└──────────────┘
```

る自己資本比率の国際統一基準設定への提案をはじめ、1985年におけるプラザ合意、1987年には英国との間で自己資本比率規制を合意、翌年1988年のバーゼル自己資本比率規制の合意取り付けは米国のイニシアティブによるものであり、加えてこの時期、外交ルートを通じ、各国への金融規制緩和の働きかけを強く推し進めた。なお、米国は1970年から段階的に金融規制緩和を進め、1986年には預金金利規制の完全自由化を実現していたことに留意すべきである。

米国型銀行及び金融システムの特徴は下記のとおり整理される(図3-1参照)。

(1) 銀行業務（貸出業務）に対する厳しい規制。銀行間の競争規制（抑制）。
(2) 自由競争的証券市場の推進。これは、厚みもあり多様性も併せ持った投資家層に支えられている市場メカニズムは、より良い金融資源の流れや配分を実現できるという新古典派経済学の考えに拠っている。
(3) 信用リスク審査やモニタリング機能における金融仲介機関間の分業体制及

び個々の専門性の向上。例えば、投資銀行はアンダーライター（債券引き受け）、ベンチャーファンドマネージャーはインキュベーターとして、外部格付会社は継続及び事後評価を行なうエージェントとして、個々が米国型金融システムで重要な役割を分担している。なお、格付会社には会社の財務状況を継続的にモニタリングする機能に加え、その評価が次の資本市場からの資金調達力に影響を与えることから、証券市場を基盤とする金融システムにおいては重要な事前モニタリング機能を果たしている点も指摘される。

米国は他の産業については、市場メカニズム、競争原理に基づく資源配分を推進しているが、銀行業務（貸出業務）と銀行間の競争については厳しい規制下に置いている。歴史的に見て、米国金融当局による銀行業務規制の主たる目的は、銀行の経済支配力を弱めることにあったと言われている。Stiglitz (1994) は、政府の介入（規制）がないと、銀行は不当にその経済支配力を行使し産業集中を促してしまうことを、米国ほど懸念する国はないと指摘している。Stiglitzはまた、米国は他国より高い頻度で定期的にバンクランに悩まされたことを指摘している。米国の金融規制の枠組みは1930年代に法制化された銀行法によって成り立っており、特に、1933年銀行法、グラス・スティーガル法は1930年から33年の一連の銀行不安への対処を目的としていた。なお、グラス・スティーガル（1935年の銀行法の修正）は3つの基本的要素によって構成されている。(1) 預金口座保護のための連邦預金保険機構（the Federal Deposit Insurance Corporation, FDIC）の創設。全ての連邦準備銀行下の銀行に対し、FDIC保険システムへの加入が義務付けられた。(2) 保険を受ける銀行の業務制限。この制限には預金金利支払いに係る制限、投資銀行業務と商業銀行業務の厳格な分離が含まれる。商業銀行は米国政府及び州・地方政府の発行する債券以外の証券の起債、トレーディング及び保有を禁じられた。(3) 1927年のMcFadden-Pepper法と併せ、グラス・スティーガル法は銀行間の競争を抑制するよう参入障壁を高くした（詳細はBoot and Greenbaum〔1993〕参照）。同じ業種における複数の企業に融資をしている場合、銀行はその企業間での競争を制限し、生産市場に悪影響を与えうるのではないかとの懸念が米国金融当局には根強いと言われている。例えば、Stiglitz (1994) は、銀行が生産物市場

における競争を制限することができるし、またそうしてきたことを指摘している。銀行は、個々の企業の投資意思決定を全体から見て調整する理想的な立場にいるとも言えるが、貸し手としての目先の関心から競争を制限することがありうる。すなわち、競争が激しくなれば、市場において効率性が劣後する貸出先企業が倒産する確率は高まり、そうした企業へのローンの返済が滞ることを避けようとする。こうした点から、米銀に対して課せられている多くの規制や制約、例えば業務エリアを州内に限定したり、グラス・スティーガル型ポートフォリオ規制に見られるように銀行が営める業務範囲を限定するなどは、銀行が経済支配力を及ぼしうる範囲を制限することを意図していると言われている。

　加えて、規制緩和については、銀行にリスクの高いプロジェクトへの融資（短期的収益を狙う投機的投融資）を促す効果があることから、米国金融当局には従来から慎重論が根強く残っている。米国住専S&L問題——この不良資産の最終処分には何千億USドルという米国民による税金が投入され、倒産した住専S&L機関の閉鎖あるいは合算された不良資産規模はおよそ5,400億USドルに達したとの報告もある（Davis 1995, p.166参照）——は米国金融当局者に規制緩和による悪影響を思い出させ、銀行の貸出業務を制限する規制強化に乗り出させた。銀行経営健全性をはかる規制手法としての「自己資本比率規制」がS&L問題以降強化されたが、これは米国金融当局の規制緩和に対する保守的な考え方が反映している。

　歴史的に見て、自己資本比率規制（自己資本比率は総資産に対する自己資本比率を意味し、自己資本÷総資産で求められる）は、銀行にリスクの高いプロジェクトへの過剰投融資をさせないための1つのモニタリング手法として、米国金融当局により概念化され推進されたものである（御代田 1994参照）。従来から米国ではROE、自己資本収益率が経営パフォーマンスを測る重要な指標として使われてきているが、営業費用を一定に置いた場合、銀行の経営者・マネージャーにとってROEを上げるには主として2つの方法が考えられる。1つはレバレッジを利かせることにより貸出を増やすことであり（当該貸出金のファンディングを借入金で行なうことにより、相対的に自己資本の負債に対する比率を小さくして、ROEを高めること）、もう1つはROA、資産収益率を上げることであ

る。ROAは総資産に対する収益率（ROA＝収益÷総資産）であり、ROEは自己資本に対する収益率（ROE＝収益÷自己資本）を示す。自己資本比率はROEに対するROAの比率とも言える（ROA／ROE＝収益／総資産÷収益／自己資本＝自己資本／総資産＝自己資本比率。言い換えれば、ROEは自己資本比率に対するROAの比率とも言える）。自己資本比率規制は上記前者の手法——レバレッジを利かせることにより貸出を増やす手法をとることを抑制する狙いがあり、予想外の貸倒損失に対し、十分な自己資本のバッファー（緩衝材）を銀行に持たせることにより、銀行システムの安定と健全性を維持することを目的としている。

　米銀によって開発されコード化された信用リスク管理手法は、ポートフォリオ上の貸付損失額の確率分布関数（Probability Density FunctionあるいはPDF）を推定し、貸付業務遂行を支えるのに必要な、十分な自己資本を計算するものである。この金額を算出・決定するプロセスは、市場リスク（変動リスク）をカバーする資本額を計算するのに使われるバリュー・アット・リスク（Value at risk, VaR）の手法と同じものであり、この金融技術は米国において1980年代後半に急速に進んだものであった。言い換えれば、米銀はスワップやオプション等の市場性商品や派生商品（デリバティブ）の価格変動リスクを計算するために開発された金融技術や金融工学を、信用リスクの計量に応用したのであった。米銀においては、銀行は予想を超える貸倒損失額（予想額を超える実損額。標準偏差あるいは設定される貸倒損失額の上限等を超えるとの意）を測定することにより、ポートフォリオにおけるリスクを判断すべきであるというアルゴリズム的なモニタリング手法が開発されたのである（詳細については付録1参照）。

　留意すべきことは、1980年代半ば以降、米国は一般論として金融規制緩和を国際的に唱導し他国に働きかけてきた一方で、米国国内の銀行業務に関しては、その貸出業務及び競争については厳しい規制を緩めていない点であろう。米国におけるコーポレートファイナンス（企業による資金調達）において、銀行からの借入はそのほとんどは短期運転資金需要による短期ローン契約であり、歴史的にその銀行からの借入は企業による資金調達額の30％を超えない規模に過ぎない（Davis 1995, p.37参照）。銀行ローンのコーポレートファイナンスにおける役割は限定的であるにもかかわらず、米国金融当局は銀行システム

の安定をはかるために、すなわち銀行の連鎖倒産（バンクラン）のリスクを未然に防ぐために、厳しい自己資本比率規制や情報公開のルールを銀行に課す、保守的な政策を依然として維持している。前述の「競技場を平らにせよ」という要求は、国内で米銀に対し厳しい自己資本比率規制を掛けることにより、米銀が国際的競争力を失ってしまうのではないかという米国金融当局の懸念から生まれたものと言える。ゆえに、米国金融当局はバーゼル会議で自己資本比率規制の国際統一基準を取りきめることを急いだのである（1988年のバーゼル自己資本比率規制合意に向けた歴史的経緯・詳細については御代田〔1994〕、Eichengreen〔1999〕参照のこと）。

対照的に、証券市場については、米国金融当局は市場原理に基づく枠組みを志向している。ルールを基盤としつつ、保護的ではなく競争的な枠組みの中で、米国金融「仲介」機関は、既に述べたように信用リスク審査及びモニタリング機能を分担し、各々の専門性を高めてきている。ここで1つの問いが浮かび上がる。この米国の枠組みの中で、誰が最終的に信用リスクや不確実性を吸収しているのかという問いである。先に、米国型金融システムの特徴の2番目に挙げた、厚みもあり多様性も併せ持った投資家層——投資銀行やベンチャーファンドマネージャーが作成する目論見書を自ら評価し、自己責任の範囲で資金供給者として信用リスクをとることができる個人投資家層の存在にその答えがある。多様性に富んだ投資家層の厚みこそ、米国型金融システムを成り立たせている不可欠の基盤であると考えられる。米国の個人投資家（家計部門）がいかに証券投資を選好しているかについては4-6で議論する。

「期待」はケインズの有名な株式市場と美人投票との喩えの中心をなす概念である。株式・証券市場では市場参加者のムードや市場心理の揺れにより証券の市場価格は本来の価値から乖離する傾向が見られる。しかし、証券の市場価格はランダムに動くのではなく、長期の時間軸においては本来価値を反映し、本来価値に収斂するように動いていると主張するエコノミストもいる。また、Thaler（1992）は次のようなことを述べている。

「客観的に測られるリスク以上にリスクは高いと判断される会社へ投資をするかどうか、その投資が成されるかどうかがその会社の運命を決めるケース

を想定する。負け組、すなわち投資が得られない場合、客観的リスク以上のハイリスクは、単に倒産リスクをやや厳しく評価しただけと投資家は考えた結果と考えられよう。勝ち組、すなわち投資が得られた場合、客観的リスク以上のハイリスクは、もっと『ダウンサイドリスク』がとれるのではないか（また余力があるのではないか）と投資家は考えたことを意味し、そうした会社はリスク料（金利等）の引き下げをはかりながら、リスク料を払うことができてくる」（Thaler 1992, p.165、篠原勝訳『市場と感情の経済学』を参照）

ケインズはその期待理論において、悲観的期待形成及びその揺らぎの源泉を大衆心理の非合理性に置くことは否定している一方、合理的計算・投資判断を補完し支援する個々のイニシアティブに見られる「アニマル・スピリット」（これを「血気」と翻訳しているものもあるが、ここではカタカナ表記しておく）について言及している。言うまでもなく、前述の「ダウンサイドリスク」を何らかの理由で誰もとることができないのであれば、その企業は倒産する以外にない。様々なアニマル・スピリットとイニシアティブを持つ多様性のある投資家層の厚みがあればこそ、成長あるいは変化していく経済における多種多様な経済活動がファイナンスされるのである。この投資家層が全体として多種多様なリスクや不確実性を吸収する力と規模がある限り、こうした投資家層が基盤となっている金融市場はダイナミックかつ力強いものになりうる。反面、このことは米国型金融システムが必ずしも普遍性を持っているとは言えないことを意味する。なぜなら、このシステムの不可欠な基盤である、厚く多様性のある投資家層を持っていない国もあるからである。

3-3　金融仲介・モニターとしての日本型「メインバンク」

日本型「メインバンクシステム」は、「メインバンク」が金融資源の流れや配分を司る金融仲介及びモニターとして重要な役割を担うシステムに分類される（日本では少なくとも戦後、日本が米国に追いつこうとしていた期間にその重要性は際立っていた）。学術研究書は従来、企業と銀行との長期的取引関係においてローン借入残高が最も多い銀行との取引関係にメインバンクシステムの特徴

を見出そうとしていたのに対し、最近の研究では、借り手である企業を外部というよりは内部の立場から監視・モニタリングすることを他の貸し手である銀行から事実上委託されていることや、借り手の企業が経営不振の場合は救済に乗り出す等のメインバンクの特殊な役割に、より詳細な分析が試みられている（例えば Aoki *et al.* 1994, p.3, pp.126-128）。Aokiによれば、メインバンクとは金融機関や企業、政府金融当局により使われている実務者の用語であり、「X銀行はY会社のメインバンクである」とか「企業YはX銀行をメインバンクにしている」等の使われ方をされる（Aoki *et al.* 1994, p.3）。基本的に、メインバンク取引関係は、企業とその企業が借入の多くを得ている特定の銀行との長期にわたる取引関係を指す。しかし、より現代的意味における「メインバンクシステム」という言葉は、企業金融取引関係を指すのみではなく、産業・商業企業、銀行及び金融当局を繋ぐ様々なモニタリング及びガバナンス関連のやり方や制度的取りきめを指すものとされている（Aoki *et al.* 1994, p.3参照）。

　銀行（特にメインバンク）が金融仲介及びモニターとして重要な役割を担っている日本型システムを支えている制度的取りきめ、及びその特徴として特筆すべきものは以下のとおりである。

(1) 金融抑制型（financial restraint）規制金利体系・金融制度政策
　　「バンクレント」（2-3-2参照）の創出や、銀行が審査・モニタリングの専門家であるという評判、フランチャイズ・バリューを獲得させるインセンティブの供与
(2) 借り手をモニタリングする機能・業務をメインバンク間で実質的に相互委託しているシステム（Aoki *et al.* 1994, pp.24-25参照）
　　かつて、メインバンクは、借り手企業による民間の投資プロジェクトの第1次審査・スクリーニング機能を果たす役割を担っていた。他の民間金融機関は、その企業の信用力を自ら評価するよりはメインバンクの審査結果に頼る制度となっていた（同 p.118）
(3) 企業、銀行及び金融当局間における慣行、適用、行動を取りきめるインフォーマルな「関係重視」型システム（Okuno-Fujiwara 1997参照）

(1) について：金融抑制型（financial restraint）モデル（2-3-2参照）の示唆するところによれば、日本の規制金利体系は預金金利と貸出金利を規制することにより、金融仲介機関である銀行に「レント」を獲得する機会を与える政策であったと解することができる。銀行が獲得するレントを「バンクレント」と呼ぶが、バンクレントは企業や借り手を効果的にモニタリングし、銀行自体のローンポートフォリオを管理するためのフランチャイズ・バリューを銀行に獲得させることにより、長期的に企業をモニタリングするエージェントとしての役割を担わせるインセンティブを創出する（Hellmann et al. 1997, p.170）。一方、当該モデルでは、金融仲介による利潤（バンクレント）が、支店開設等、預金を集めるインフラ整備を進め（このことにより公的な金融システムが全国に広く浸透するとされる）、さらに収益基盤を強化させるインセンティブを銀行に与えていたとされている。日本の大蔵省（当時）は、支店開設はさらなる収益機会を約束することから、銀行に対し新規店舗・支店開設のライセンス供与を「アメ」として使い、借り手をしっかりとモニタリングし健全なローンポートフォリオを管理することをもし怠ればレント獲得の機会を減らす手段を「ムチ」として持っていたとされ、Aoki et al.（1997）はこれを金融抑制型システムを構成する1つの重要な制度として捉えている。

(2) について：日本の金融仲介は独自のモニタリングシステムをその基盤としており、これをAokiは"Integrated"（統合された）モニタリングシステムと呼んでいる（Aoki 1994, pp.113-119）。この概念は元々Douglas Diamondによって分析された金融仲介における"Delegated"（委託される）モニタリング理論と同じ前提――銀行は概してモニタリング活動において比較優位を持っているという仮定――を置いている（Diamond 1984, Freixas and Rochet 1997, p.29参照）。"Delegated"モニタリング理論では、モニタリングはいわゆる規模の経済が働き、ある銀行がより多くのプロジェクトへのファイナンスを手掛けることにより、モニタリングのスキルや知識が蓄積され、結果として銀行にモニタリングの役割を委託するコストは低くなると考えられている。日本の"Integrated"モニタリングシステムにおいては、メインバンクは他の取引銀行より自らがメインバンクとなっている企業のモニタリングにおいて優位性を

持っていると考えられている。例えば、後葉でも述べるが、取引先に資金決済のための当座預金を開設させ、資金の出し入れをチェックする権限がメインバンクにその借り手をモニタリングすることの比較優位性をもたらす1つの源泉と考えられる。整理をすれば、次の条件が満たされるとき初めて日本の"Integrated"モニタリングシステムは有効に働くものと考えられる。

(a) 個々の参加銀行（他の取引銀行）にとってモニタリングの委託コストが十分低いこと。言い換えれば、モニタリングを行なうメインバンクをモニタリングするコストが個々にシンジケーションに参加し得られる期待収益を超えないことである（日本におけるコーポレートファイナンス〔企業向けファイナンス〕はバイラテラルローン契約〔個々の単独の貸付契約〕によるものがほとんどで、ローン・シンジケーションによるものはほとんどなかったことには留意すべきである[*1]。Aoki〔1994〕が指摘するように、従来、メインバンクが中心となった長期ローンアレンジメントは実質的に長期ローンコミットメントのコンソーシアム組成〔シンジケーション〕の性質を持っていた。資金調達源としてメインバンクだけには頼らないことはメインバンクの示唆によるものかその企業自身の判断かにはかかわらず、分散された長期ローンの取りきめ、すなわちデファクト〔実質上の〕長期ローンコンソーシアムが、まずメインバンクが要請された融資総額の重要なシェアについて融資に応じたかどうかの判断から組成されていたことに留意すべきである。他の民間金融機関やメインではない都市銀行は事前の審査・モニタリングをメインバンクに委託していたのである。Aokiが指摘するように、メインバンクがこのような事前審査の責任を担う能力、及び他の金融機関がメインバンクの審査判断を何ら委託を明示することなしに信頼できることは、メインバンクが継続及び事後のモニタリングにおいてより重要な役割を担っていたことから導かれている。なお、Aokiは強調していないが、この実質上のコンソーシアムは企業、銀行及び政府当局間の個々のエージェントの相互信頼感や提供・公開される情報への信頼によって成り立っていたことに留意すべきであろう）。

(b) メインバンクをモニタリングするコストが個々の参加銀行が自分の参加ポーションを直接モニタリングすることより安く済むこと。

(c) メインバンクにとって、借り手である企業をモニタリングする内部コスト

がそうしたモニタリング機能を果たすことにより得られる期待収益を超えないこと。この期待収益には審査・モニターとしてのフランチャイズ・バリューの維持や評判、及び金融抑制政策におけるバンクレント獲得の機会が含まれる。

(d) マクロ的に見て、モニタリングを行なう銀行をモニタリングするコストが、このモニタリングシステムにより、多くの企業や投資プロジェクトを銀行（特にメインバンク）がモニタリングをすることによる規模の経済効果・スケールメリットを超えないこと。

"Integrated"モニタリングシステムの前提となる金融抑制政策について、メインバンクをモニタリングし規制する金融当局の役割については議論が少ないように思われる。事実、金融当局は個々の銀行の業務オペレーションに深く関与しており、銀行をモニタリングし、金融システムの安定を維持することを主目的に規制する権限を有している。日本の場合、モニタリングの委託コスト、すなわち、個々の貸し手がモニタリング機能を委託するメインバンクをモニタリングするコストは1980年代半ばまではほとんど無視できるほど低いものだったと考えられる。この低い委託コストはいわゆる「護送船団方式」(Aoki et al. 1994, pp.27-30参照)と呼ばれる、日本の金融当局が日本の銀行をモニタリングし規制する強い権限を生み出す保護と罰則メカニズムにより維持されていたものと考えられる。強い権限の源泉の1つとして、大蔵省銀行局検査部が持っていた実効性を伴う権限――いつでも銀行の帳簿を立ち入り検査できる権限が挙げられる。また、大蔵省は検査の結果、経営内容が芳しくなく、思い切った組織及び資産の再構築が必要と判断した銀行に対して、以下のような方策を通じ自ら戦略的に動くことがあったとされる。

(a) 大蔵省は退官したかつての大蔵省の高官をその銀行の頭取や役員として受け入れるようにする。
(b) 大蔵省は株主への配当・利益金処分につき銀行の方針に影響を及ぼす（指導する）。
(c) 大蔵省は経営不振の中小金融機関を大手金融機関が救済合併をするよう指

導する(1965年における住友銀行による河内銀行の救済、1986年における住友銀行による平和相互銀行の救済合併等のケースがある)。また、大蔵省は競争力を上げる目的で都市銀行の合併を促すケースもある。例えば、第一銀行と日本勧業銀行の合併(第一勧業銀行、現みずほ銀行)、太陽銀行と神戸銀行との合併や(太陽神戸銀行)、太陽神戸銀行と三井銀行との合併(さくら銀行、現三井住友銀行)、協和銀行と埼玉銀行との合併(あさひ銀行、現りそな銀行)が挙げられる。

結果として、この実効性を伴う罰則メカニズムは、少なくともメインバンクを務める大手金融機関のローンポートフォリオは常に金融当局によってモニタリングされており、不良資産を抱え経営不振に陥る前に、当局はその経営には罰則を与え、経営を改善させているはずであり、メインバンクの経営は健全であるという信用を生み出したと言える。このことは、上述のモニタリングの委託コストを低く抑えることにより、日本の"Integrated"モニタリングシステムの重要な基盤となっていたことを強調しておきたい。

(3)について:これも「護送船団方式」と呼ばれる金融システムの基盤の1つと考えられる。Aoki (1994)はメインバンクシステムを支える規制の枠組みとして次の5つの柱を指摘している。(a) 預金金利を低く抑える。しかし実質金利はマイナスとはしない、(b) 社債発行を優良企業に限定し、社債流通市場の発展を抑制する、(c) 銀行業への新規参入の制限。一方で銀行には引き受けやトレーディング業務に従事させることを制限する、(d) 銀行のパフォーマンスの良し悪しについては、支店開設ライセンスを認めたり、大蔵省の高官を役員として派遣する等により管理する、(e) 産業の戦略的プライオリティ及び借入企業の市場パフォーマンスに応じた貸出金利優遇策等の行政指導。これらの規制・ルールの創設や変更について、Okuno-Fujiwara (1997)によって述べられている「関係重視型」の金融システム構造では、金融当局と銀行との密接な「情報共有」システムが重要な役割を持っていることを認識すべきである。大蔵省とある意味インサイダーとして様々な決定に影響を与えることができる選ばれた銀行とが金融規制・取りきめを交渉し、また、規制施行後に不具

図3-2 日本の「護送船団」モニタリング構造

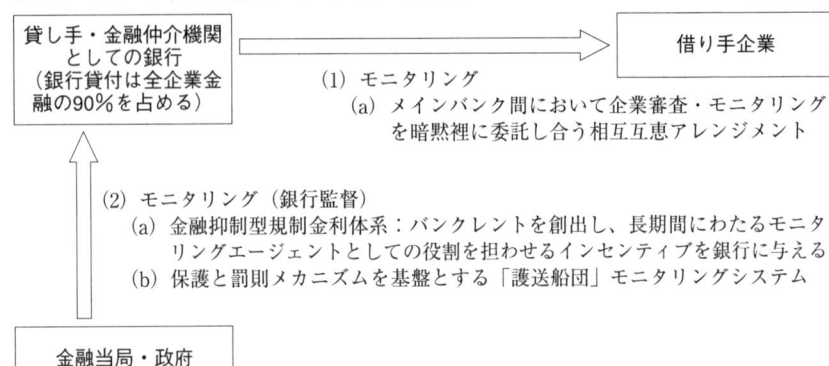

```
┌─────────────────┐                      ┌──────────┐
│ 貸し手・金融仲介機関 │ ═══════════════════▶ │ 借り手企業 │
│   としての銀行    │   (1) モニタリング      └──────────┘
│ (銀行貸付は全企業金 │      (a) メインバンク間において企業審査・モニタリング
│  融の90%を占める) │          を暗黙裡に委託し合う相互互恵アレンジメント
└─────────────────┘
        ▲
        │   (2) モニタリング（銀行監督）
        │      (a) 金融抑制型規制金利体系：バンクレントを創出し、長期間にわたるモニタ
        │          リングエージェントとしての役割を担わせるインセンティブを銀行に与える
        │      (b) 保護と罰則メカニズムを基盤とする「護送船団」モニタリングシステム
        │
┌─────────────┐
│ 金融当局・政府 │
└─────────────┘
```

合が生じた場合は規制を見直すフレキシビリティを確保しうる構造となっていたのである。Jack Knight（1992）が指摘しているが、有効な制度（ルール）ほど、(a) 他の経済主体がどのような選択を行なっているかの情報提供と、(b) ルールを守らない場合の罰則の厳しさ（脅し）との効果的なコンビネーションによってルールを遵守させているという。「関係重視型」構造におけるフレキシビリティは情報の共有、及びルールが遵守されないという状況を発生させない（発生した場合はそもそもそのルール・制度が目指した経済資源配分に失敗していると考えられる）という2点において、極めて効果的と考えられる。「関係重視型」護送船団システムについては3-4にてさらに分析を進める。

3-4　護送船団モニタリングシステムにおける無形・インフォーマルな制度的枠組み

　ここまで概観した、AokiやOkuno-Fujiwaraらにより説明された日本の伝統的な「護送船団」モニタリングシステムの特徴は図3-2のように整理できる。
　第2章で論じたように、貸し手あるいは投資家によるモニタリング行動は不確実性の条件の下、本源的に困難なものである。この貸し手の不確実性に対し、日本の伝統的金融システムはどのように対処していたのであろうか。この節では「護送船団」モニタリングシステムによる説明が必ずしも十分には分析して

こなかったメカニズムを指摘する。

3-4-1 貸し手の不確実性に対処する制度
——日本型信用リスク管理アプローチ法

　日本のレントを基盤とした金融システムの重要ながら現在では失われた特徴に焦点をあてていく。まず、日本のメインバンクシステムの最盛期において見られた非アルゴリズム的モニタリング手法についてふれることとしたい。これは銀行と取引先との長い間にわたり形成された取引関係、銀行が「準」インサイダーとして企業のオペレーションに深く関与していたことによって獲得されていたものと考えられる。

　長銀の常務取締役でもあった横井士郎はかつて「リミテッドリコースローン」や「プロジェクトファイナンス」と呼ばれる金融手法を開発したバンカーとして知られていた。これらのローンアレンジにおいては、貸し手は、あるプロジェクトにおける様々な関係者の複雑な利害を調整しながら、プロジェクトから得られるキャッシュフローを担保とする条件で自らプロジェクトリスクの一部を負担する（当該プロジェクトが失敗した場合でも推進母体である企業への求償権が制限される貸付条件の意）。言うまでもなく、リミテッドリコースローンを構築するには高いスキルとリスク評価能力が求められる。結果として、高いリスクをとることに対し、高いスプレッドマージン（収益）が得られるのである。「リスク」について、横井は彼の著作である『プロジェクトファイナンス』で興味深いことを述べている。彼は、貸し手が「リスクはない」と少なくとも主観的に確信することが、いかなるローン要請（救済オペレーションも含む）を承認する前提となると述べている（横井 1985, p.272）。メインバンクシステムの最盛期においては、邦銀のマネージャーは審査・リスク評価プロセスにおいて倒産確率という概念は用いていなかった。いわば非アルゴリズム型モニタリングを基盤とするリレーションバンキングは信用リスク審査において「イエスかノー」かの判断を促していたのである。

　非アルゴリズム型モニタリングを支えるものは何なのだろうか。ハーバード・サイモンの限定合理性概念によれば「正しい決定に至る人の成功の多くは、良い直観あるいは判断力を持っているためである」とされる（Simon 1983, p.200）。Simonの直観モデルは非アルゴリズム型と関係があるのだろうか。

「直観とは何であろうか。人が時として問題への解決法を突如として見出すことは観察される事実である。人は程度の差はあれ、突然『嗚呼』と閃く経験を持っている。そうした現象はまさに疑いなく存在する。さらに、そのような経験によって得られる解決法、直観に委ねる判断は多くの場合正しい結果を生むのである」（Simon 1983, p.201、意訳）

　Simonによる直観型決定プロセスの説明を説得力のあるものと受け取るビジネスエグゼクティブは多いのかもしれない。メインバンクシステムにおいて、経験ある邦銀マネージャーは直観により信用リスクを把握していた面がある。より経験の浅いローン担当では発見できない、後に多額の損失を隠していたことで訴求される取引先の問題を見つけたり、経験の浅い担当が強く推す案件についても、その企業の損益計算書を眺めただけで流動性問題が隠されているのではないかと疑うベテランもいた。邦銀のベテランによる最初の衝動が正しかったことを示すエピソードは多い。
　直観型決定プロセスはベンチャー企業への融資を引き受ける際にも適していたのかもしれない。不確実性の条件下では、新規事業の財務諸表から成功するビジネスを正確に見出すステレオタイプの審査方法は存在しない。ユニクロのブランド名で日本のトップカジュアル衣服販売会社となったファースト・リテイリングは2001年度において4,186億円の売上を計上しているが、会社がまだ中規模の非上場販売会社であった1996年度の財務諸表では売上は599億円に過ぎなかった。CEOが、新しく誕生したeコマース、インターネットショッピングモールビジネスにおいて最も著名な人物となった楽天は3,089百万円の売上と970百万円の営業収益を上げているが、会社がスタートした1997年には18百万円の当期損失を出していた。
　邦銀のマネージャーはどのようにして信頼できる直観型モニタリング手法を獲得していたのであろうか。Simon（1983）は直観的合理性の興味深い特徴として次の2点を挙げている。1つにはそれは適切な知識を有している人にのみ現れることである。Simonはアンリ・ポアンカレがインスピレーションは「準

備されている精神」にのみ生じると示唆していることに言及している*²。もう1つは、直観的合理性を獲得するためには集中した学習や訓練が求められることである。SimonはJohn R. Hayesが集めた、チェス・マスター、作曲家、画家そして数学者に係る実証データを引用している。Hayesは「少なくとも10年にわたる集中的学習や訓練をまずすることなしに世界クラスのパフォーマンスを演じる人はこれらの分野にはほとんどいない」ことを発見している(Simon 1983, p.203)。この2つの条件を戦後日本のバンキング・金融システムに見ることは可能なのであろうか。

　日本のモニタリングシステムは長期にわたるパートナーシップ関係を築くことにより成り立っていた。邦銀マネージャーは信用リスク審査を実際の資金繰り及び資金繰り予測分析を中心に行なっていた。この資金繰り分析のプロセスにおいて、取引先をモニタリングするための適切な情報・知識を得ていたと考えられる。メインバンクは、ほとんどすべての支払指図を処理するための当座預金口座を取引先に開設させることを強く求めることができる立場にいた。このことにより借り手が発行する約束手形や小切手は当座預金口座のあるメインバンクに届くため、メインバンクのマネージャー及び担当者は取引先の出金状況をモニタリングすることができた。同時に、担当者はほぼ毎日のように取引先をコンタクトし受取手形を収集しており、このことにより借り手の入金見込みをモニタリングしていた。このように取引先の資金繰りをモニタリングする能力や立場はメインバンクにとって極めて重要であり、もしそうした立場になければ、インキュベーターやパートナーのような役割を進んで担うことはできなかったと考えられる。多くの企業は資金繰り管理や運転資金需要についてメインバンクに相談し、メインバンクは必要に応じ資金繰り管理のスキルを教え、取引先の資金繰り見込みがあまりに楽観的に見える際には注意を促していた。動的に資金繰りをモニタリングすることにより形成されるパートナーシップ的関係は邦銀マネージャー及び担当者に取引先を支援する積極的なインセンティブを生んだと言える。同時に、パートナーシップ的関係は邦銀に直観型信用リスク審査を行なうことを可能とさせたのであろう。日本経済においてメインバンクが中心的役割を担っていたことは、エリート教育機関からの卒業生をひきいれ、スタッフの質やモラルを総じて高めていた。銀行はマネージャーや担当

者がビジネス収益を追求するだけではなく、取引先及びその事業の社会的価値を判断し社会的に有益と考えられる取引先やプロジェクトを支援することを促す組織的倫理をも育んでいたのである。

　この取引関係を基盤とした非アルゴリズム型モニタリングのスキルは試行錯誤の繰り返しによって獲得されていた。日本社会では、「実践は理論より重視され」(Nishida 1958〔Schinzinger訳〕, p.125)、試行錯誤の上に獲得された直観的判断力を尊ぶ伝統があった[*3]。もちろん、直観型モニタリングにも、いかなる経営手法にもあるように見誤るリスクはある。例えば、望みのない借り手を時として延命させることにより、最終的に倒産したときのコストは貸付を早期に終わらせ倒産したときのコストより高くつくケースはあった。しかしながら、バンクレントは邦銀に長期にわたり貸出ローンを効果的に管理する時間とインセンティブを与えており、また、試行錯誤を繰り返すことにより獲得されるスキルを必要とする取引関係を基盤とした非アルゴリズム型モニタリング手法の発展を促したと言える。ローンポートフォリオをより効果的に管理することにより得られる収益やフランチャイズバリューは邦銀のスタッフに非アルゴリズム型モニタリング手法を改善するインセンティブと時間を与え、そのことが、さらにその銀行の収益性や長期にわたる評判を高めることに繋がった面があったものと思われる。

　日本の伝統型とも言えるリレーション及び反復取引型金融である「メインバンクシステム」では、メインバンクは金融資源の配分と配分された資金が約束どおりに使われているかを確保する上で重要な役割を担っていた。この点においては、直観はリレーションバンキングの決定的な特徴ではないのかもしれない。むしろ、借り手企業のオペレーションに貸し手が深く参加することが、借り手の経営努力を怠らせないようにしていた点が特徴とも言える。メインバンクシステムの最盛期において、メインバンクは借り手である企業の「準パートナー」としての役割を担っていた。戦後の日本において、主要銀行の一行と良い取引関係を持つことは企業金融戦略上欠かすことができないことと考えられており、その企業が成功するかどうかを左右した。もちろん、戦後の「系列」システムにおいて、グループ内の企業に対する主要商業銀行のメインバンクとしての役割は特殊なものであり、これは歴史的には比較的分散された排他的グ

ループ「財閥」を基盤とする銀行システムを背景としている（Aoki et al. 1994, pp.42-47参照）。戦後復興期及び多くの日本のリーディング産業が国際的に技術及び販売の先頭に立った1970年代中頃からの緩やかな経済成長への適応を通じて、メインバンクは取引先、特にグループ内の企業の戦略を立案する上で「準パートナー」として深く関与していたのである。銀行はしばしば、グループの競争力を高めるためにコアビジネスを支える下請け産業を統合したり内製化することがグループ戦略上重要と考えられる新規事業を育成する役割を担っており、時には、一時的に経営不振となっている企業を救済したりもしていた。メインバンクの担当やマネージャーは単なる投資家のポートフォリオ理論によってではなく、パートナーの眼でこうした役割を担っていたと考えられる。

3-4-2　新興企業への資金トランスファーとバンクレント

　次に、バンクレントを基盤とする伝統的モニタリングシステムにおけるバンクレントのあまり議論されていない機能——レント移転機能——についてふれる。バンクレントには金融資源を新しい産業育成に融通し、モニタリングに係るスキルや知識を金融仲介者に蓄積させることにより、貸し手の審査に係る確信を安定させる効果があったものと考えられる。

　閉鎖された金融システムにおいては、大企業でさえ、国際金融市場で資金調達可能な金利条件より高い金利を支払わなくてはならない。超過金利を意味するレントは銀行によって捕捉されうる。日本のケースでは、資金調達手段が多様化される（financial differentiation：第4章参照）以前は、貸出金利、特に長期最優遇貸出金利（長期プライムレート）は強い規制を受けており、長期信用銀行が発行を認められている5年の利付債券の金利水準に0.9％を載せた水準に設定されていた（日本興業銀行〔興銀〕、日本長期信用銀行〔長銀〕及び日本債券信用銀行〔日債銀〕の3行の民間長期信用銀行が資本構成変更あるいは戦前の特殊長期信用銀行から転換され設立された。3行は完全に民営ではあったが、長期信用銀行法という特別法により安定的な資金源を吸収するために5年の債券を発行する特権が与えられていた）。

　チャート3-1は、レントの移転が新しい企業やベンチャーを育成することに貢献しうるメカニズムを示したものである。ある特定の会社の信用格付とその

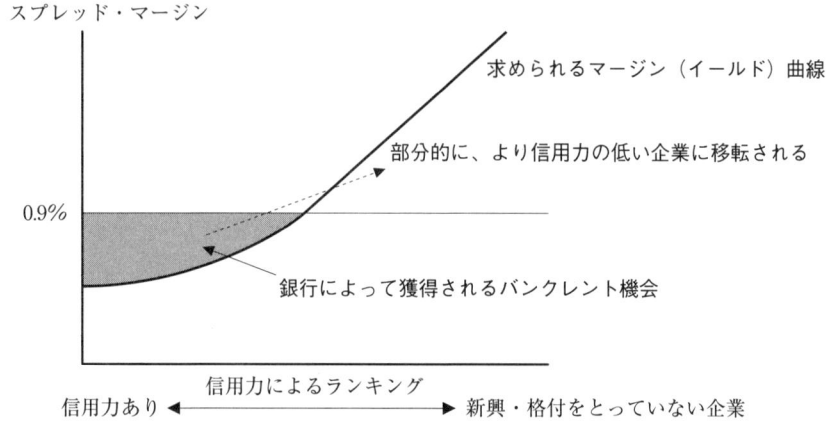

チャート3-1　信用力の低い企業へ移転される資金としてのバンクレント

スプレッド・マージン

求められるマージン（イールド）曲線

部分的に、より信用力の低い企業に移転される

0.9%

銀行によって獲得されるバンクレント機会

信用力によるランキング

信用力あり ←――――――――→ 新興・格付をとっていない企業

　格付カテゴリーにある会社の統計的倒産確率（4-5参照）によって、その会社が市場から資金調達をする際の大体の金利条件の範囲を推定することができる。さらに、個々の信用力・信用格付と予測される金利条件との関係を示す「求められるマージン（イールド）曲線」を描くことができる。容易には国際金融市場での調達が許されない閉鎖的金融システムでは、信用力の高い大企業に求められるマージン曲線と規制された長期プライムレートとの差額は、銀行が捕捉しうるレント機会となる。一方、新興企業や小企業に求められるマージン曲線と規制された長期プライムレートとの差額は、レントの移転によって部分的にカバーされる。すなわち、もし国際金融市場から資金調達をしようとしたならば払わなければならない金利よりも低い金利で資金調達ができることを意味する。この移転が社会全体として便益があるのであれば、新興の企業や産業を育成するためのレントは正当化されうる。

　このメカニズムには逆選択やモラルハザードの発生を抑える効果が考えられる。Stiglitz and Weiss（1981）は、金利を上げれば上げるほどリスク選好の高い借り手か、返済するつもりのない借り手が占める割合が益々高まる可能性を指摘している。しかしながら、閉鎖的金融市場では良い借り手も国内貸付市場に残り、新しい企業を育成するための低い金利でのファイナンスを可能とするレント機会が創られる。貸し手の観点からすれば、レント機会はベンチャーへ

のリスクの高い投融資を引き受ける一種のバッファーとして機能し、また、より低利のスプレッド条件はその投融資プロジェクトが成功する可能性を高める効果があろう。このメカニズムは部分的には貸し手の審査における確信の揺れを安定化させる効果があったと考えられる。

　反面、この仕組みにおいては、銀行が大企業向けの融資にポートフォリオを集中させ、より多くのレントを享受しようとするために、新興企業への審査・モニタリングのインセンティブが弱まる可能性がある。日本のケースでは、米国に追いつこうとした期間においてはこのことはそれほど大きな問題とはならなかった。リレーション・バンキング型の日本のメインバンクシステムにおいて、メインバンクは金融資源の配分とその配分された資金が約束どおりに活用されているかをモニタリングするという重要な役割を担っていた。この時期、主要銀行の一行にメインバンクになってもらい良好な取引関係を持つことは、企業にとってその資金・財務戦略においてまず必要なことであり、その企業の成功にとって欠かすことのできないことであった。戦後の復興期間や高度成長から1970年代中頃からの中成長へ経済成長を鈍化させた期間を通じて、メインバンクは取引先企業、特に自分の系列グループ内企業の準パートナーとしてその経営戦略の策定に深く関与していた。例えば、銀行は自分のグループ全体の競争力を上げるために、コアとなる産業を支える産業の統合や内製化のために戦略的に重要と考えられる新興企業を育成する役割を担っていたとされる。上述のレント移転のメカニズムは戦後、銀行と日本企業が協力し合い自分たちのグループを再生させようとした期間において有効に働いたものと考えられる。これらの制度は日本株式会社と呼ばれるようになるシステムを支えていたのである。

　貸し手が抱える不確実性を扱うことは難しいが、金融安定性を維持しながら効率的な金融資源の配分を行なうために極めて重要な課題であり、貸付市場における逆選択やモラルハザード問題はいかに貸し手の不確実性を管理するかという課題と複雑に絡み合っている。例えば、日本における「系列」システムはメインバンクに系列内の企業に対しては簡単に信用を供与するモラルハザード効果を与える可能性もある。こうしたモラルハザードが引き起こされると、バンクレントが銀行の責任のある管理や資金の有効配分を確保するのに有効な手

段であるとは言えなくなる。一方、パートナーシップ戦略の中でバンクレントの移転メカニズムは銀行の審査における確信の揺れを安定化し、新しい企業を育成することに貢献してきた面もある。資金調達の多様化と、日本の「銀行借入を基盤とする」金融システムという特別な枠組みの中におけるベンチャー育成という邦銀による金融仲介機能との間には、トレードオフの関係がある。それゆえに、どのような条件やメカニズムがバンクレントのポジティブな効果を増加あるいは減少させるのかを調べることは重要なこととなるのである。

3-4-3 「関係を基盤とする」伝統的銀行システム

3-3で議論したとおり、戦後及び米国に追いつこうとしていた時期において、日本の金融当局、すなわち大蔵省と日本銀行（日銀、BOJ）と銀行界との間の、「護送船団方式」と呼ばれる関係は日本の伝統的な「バンクレントを基盤とする」メインバンクシステムを維持してきた（しかしながら当時の日銀は、Patrick〔1998〕が指摘しているとおり、独立機関というよりはむしろ大蔵省の支配を受けていた）。この他には類を見ない護送船団方式の基盤となっていたのは、1つには「保護」と「罰則」のメカニズムであり（Aoki, Patrick and Sheard 1994, pp.30-33）、このメカニズムは米国に追いつこうとする時期において、銀行が効率的に金融資源を配分するために金融仲介・モニターとして重要な役割を担うよう促した。他方、このシステムにはインフォーマルな「関係を基盤とした」行動様式や適用の制度的取りきめがあり、そこでは大蔵省と「インサイダー」として政策決定に影響力のある選抜された銀行とがルールを交渉し、ルールを決めた後でも必要に応じ政策を変更する柔軟性を確保していた。日本のある種の特別な枠組みの中で、民間セクターとの細やかな関係を基盤とする政府は、中央における潜在的情報ロスを少なくすることができ、結果として、政府の指導や政策変更の事後的柔軟性は民間セクターが抱く不確実性を取り除くことに大いに貢献し、民間セクターによる長期投資を効果的に促したのである。

護送船団方式の最盛期においては、金融の浸透（金融インフラを広げること）を進めながらも金融の安定性を維持する政策が当局の調整の下に大きな失策なく実施されていた（Aoki 1994, Patrick 1998）。実質的に、戦後の金融規制の本質は銀行の経営者、株主及び預金者を保護するために銀行を潰させないことを

保証することにあった。このシステムにおいては、金利競争は認められておらず、その他の競争も制限されていた。金融当局（大蔵省）は都市銀行の国内全土における支店開設ライセンスの供与を制限することにより、都市銀行業務への新規参入をコントロールしていた。事実、都市銀行の支店数は1957年に1,765店舗から1991年に2,989店舗に増加している一方で（Aoki *et al.* 1994, pp.28-30）、都市銀行の数は1953年以降少ないまま（15行を超えない）に抑えられている。他方、大蔵省は経営不振に陥った中小金融機関を大きな都市銀行と合併させることを仲介したり（ケースとしては、1965年の住友銀行による河内銀行の救済や、1986年の平和相互銀行の救済が挙げられる）、金融安定性を維持する目的のため都市銀行同士の合併を仲介する実効力を保持していた。合併救済により生ずる損失は支店を増やすことにより高まるフランチャイズバリューにより十分に補填される仕組みになっていたのである。Patrick（1998, p.5）が指摘するように、これらの競争抑制的アレンジメントは大蔵省の行政指導、価格設定、保護と罰則を通じたリーダーシップによるものであった。少なくとも、戦後及び米国に追いつこうとした時期においては、バンクレントを基盤とした護送船団方式は競争を抑えることにより金融システムに安定性をもたらしていたのである。

　同時に、選ばれた主要銀行が当局の準インサイダーとして行動する、（当局と銀行界との）関係を基盤とするバンキングシステムは、限りのある金融資源を有効に仲介することに貢献していたと考えられる。もちろん、戦後の経済急成長が信用リスク（及び貸し手の審査・モニタリングにおける不確実性）を実質的に吸収してくれていた面はあったが、それに加えて、行政指導、情報共有及び競争の抑制を通じた大蔵省と主要銀行との緊密で共生的な関係は、貸し手が抱く不確実性を安定させ、審査・モニタリングにおけるスキルを共有・発展させた面があった。例えば、日本興業銀行（興銀）や日本長期信用銀行（長銀）のような長期信用銀行が戦後及び米国に追いつこうとしていた期間において担っていた金融仲介・モニターとしての役割にそのことを見ることができる（4-4-2参照）。特に、興銀は銀行界を代表し当局にロビイングするエージェントとしての役割だけではなく、国レベルの経済的関心やマクロ経済的調整の観点から行動することにより、当局のための準インサイダー及びエージェントとして

の役割をも担っていた。長期信用銀行は政府系開発金融機関である日本開発銀行（開銀）とともに、インフラの再建や電力・鉄鋼・石炭・肥料・海運・造船等の戦略産業の発展のために長期ローンを供与することに貢献した。彼らの貸出方針は国家の経済戦略を受けたものであり、興銀の産業政策及びエンジニアリング評価能力はデファクトコンソーシアムで協調融資を行なっていた都市銀行の取引先の経営能力を観る審査能力を高めたと言われている（Aoki *et al.* 1994, pp.33-35）。加えて、興銀の「系列」企業グループとは離れた中立的な立場は、グループをまたがる合併を取り仕切ることに繋がった。例えば、世界最大の民間鉄鋼会社、新日本製鉄を生み出すこととなった1970年の富士製鉄と八幡製鉄との合併が挙げられる。また、興銀が1965年の山一證券第1次危機の際に日銀からの特別融資を働きかけ金融安定性の維持に貢献し、重要な役割を担ったことはよく知られている。総じて、興銀は戦後及び米国に追いつこうとする期間の金融資源の配分及び審査・モニタリングのスキルの共有において比類ない重要な役割を担っていたのである。

　Okuno-Fujiwaraは日本政府と実業界との関係を示すモデルを提示しており、そこでは事前の政策決定と事後にそのルールを修正する交渉に力点が置かれて説明されている（Okuno-Fujiwara 1997, pp.374-376）。このモデルは日本の金融当局と銀行界の「護送船団方式」と呼ばれる特別な関係にも適用することが可能である。1997年Okuno-Fujiwaraモデルは個々の制度的取りきめを比較し、ルール設定及び変更する典型的なプロセスを下記のとおりモデル化することにより政府と実業界との「関係」という重要な視点を与えてくれている。

段階1：政府、特に民間セクターと交渉し利害調整を行なう立法府と行政府は政策を決定し、政策を実施するための「事前の」ルールを決定する。そのことはどのように民間会社が事後的に反応するか、この事前の段階での選択可能代替案・選択肢が決められることを意味する（$Yea = \{y1, \cdots yn\}$）。なお、この反応は段階3における不確実性が存在することにより、観察あるいは検証できる情報によって影響を受けると考えられる。

段階2：民間会社は、代替案の中から望ましいと考える事後的行動（y）から設備投資（x）を事後的に実施する。

段階3：外部経済条件の変化や技術革新等、事前に予測することは難しい不確実性（あるいはゲームの前提としての自然状態。Sと表示）がはっきりとしてくる。

段階4：段階2及び段階3の進展を見ながら、政府と政策決定に影響を及ぼしうる民間セクターの選ばれた企業（短く言えばインサイダー）が（事後的な）ルールあるいは事後的行動の新しい選択肢・代替案（$Yep(x, s)$）を交渉し、利害を調整したうえで実施する。

段階5：修正された事後的ルールの有効性や民間企業の合法性について、政府と民間企業あるいは民間企業間での論議が起こる可能性がある。これは社会における制度的に取りきめられているチャネルによって解決されていく。

段階6：民間企業は事後に実施されたルールに従い（事後的）に事業を営み、行動の選択肢 $Yep(x, s)$ から特定の行動 y を選び、結果として社会全体の結果 $z(x, y, s)$ が決定される。

このモデルは、政府と実業界との関係がどのようにルールの創設・変更に関わるかは制度構造や政府自体の性質によることを主張している。Okuno-Fujiwara (1997) は (1) 機能的分権の度合いと (2) 権限の集中度の基準により、「ルールを基盤とする」政府と「関係を基盤とする」政府とを分けている（彼は加えて「独裁的」政府を分類している）。前者は、立法府、行政府、司法府（裁判所）という国家機関それぞれの自律性を指している。例えば、米国は機能的分権の度合いが高く、立法府は主として上記モデルの段階1に関わっており、行政府は段階4、裁判所は段階5にそれぞれ関わっている。対照的に、日本は政府の意思決定においてデファクト機能的分権度合いは比較的低いものとなっている。後者の基準は各機関における、特にモデルの段階4に関わる行動がとられる行政府における意思決定の集権度を指している。機関の権限がより集権化されればされるほど、その意思決定の整合性は高まるが、中央での情報ロス（様々な情報を汲み上げることができなくなる）の可能性は高まる。

各制度がどのように民間セクターの抱える「不確実性」を扱い、監督・モニタリングしているのか。「関係を基盤とする」政府は、民間セクターとの分散的かつ細やかな関係を築くことにより情報ロスを少なくする仕組みとなってい

る。戦後及び米国に追いつこうしてきた時期において、日本政府のガイダンス機能や事後的な柔軟性は民間セクターの不確実性を安定化させ、より長期投資を促すことに貢献したと言われている。対照的に、「ルールを基盤とした」政府は、整合性があり強制力もあるルールや政策を維持することにより、民間セクターに長期戦略を立案させる仕組みとなっている。ルールを基盤とした政府の交渉力は比較的抑えられ、もし受け入れ難い政策が政府のある機関によって選択された場合、民間セクターは他の機関に訴えることができる構造となっており（Okuno-Fujiwara 1997, p.377）、こうした制度構造において民間セクターによるミクロレベルの技術革新力は高まるものと考えられる。相対的に、ルールを基盤とする制度はリスク及び不確実性を主として引き受け吸収する民間セクターの能力が重要な基盤となる。

モデルはあまり述べていないが、政府の役割に対する適切な「信頼」がなければ、どのようなタイプも制度も成り立たないことに留意すべきであると思われる（「信頼」についての理論・議論については6-2参照のこと）。ルールを基盤とするシステムにおいても、政府がルールを実施するコミットメントに対する信頼同様、政府が合理的でかつ適切な「セイフティネット」を政策として供給する機能に対する信頼は重要と考えられる。こうした信頼感は制度の安定性を確保し、民間セクターにリスクや不確実性に取り組ませ、結果としてそのスキルや知識を発展させることに繋がっている。その一方で、民間セクターに蓄積され発展された能力はリスクや不確実性を社会的に分散・吸収することになり、米国型のルールを基盤とするモニタリングシステムのダイナミズムを生む前提となっている。もちろん、日本の「関係を基盤とする」モニタリングシステムの根本には長期にわたり繰り返される関係に基づく相互信頼があり、戦後及び米国に追いつこうとした時期の経済パフォーマンスに多いに貢献したのである。

3-4-4 銀行規制の望ましい成果とオーディエンス効果

銀行規制が求める望ましい成果（Okuno-Fujiwaraモデルにおける"z"）について留意しておく必要がある。銀行規制の主たる目的は、(1) 金融安定性の確保と (2) 健全な金融仲介の推進にあると考えられる。既に議論してきたように、

銀行規制は、金融資源のより良い配分のために、銀行（貸し手）の金融仲介・モニターとしての役割を維持・発展させながら、信用リスク審査における不確実性の中で銀行が不良債権を抱えることを防ぐようにするというデリケートなバランスをとる必要がある。同時に、銀行保護政策を通じてバンクランを防ぎながら、規制の枠組みは規制当局及びモニターに権限の乱用とならないように配慮するものでなければならない。ここで留意すべきは、ほぼあらゆるタイプの金融構造において銀行当局は銀行業務運営を密接に関わっており、規制目的のために銀行をモニタリングし規制する実効力のある権限を保持していることである。経済学における「レギュラシオン」学派が強調しているように、銀行規制は銀行マネージャーの行動と銀行界特有の特徴に影響を与えることから極めて重要と考えられる（Freixas and Rochet 1997, p.257）。少なくとも、銀行規制は進んだ銀行システムのあるすべての国に存在しているのである。

　金融安定化のための政策については議論のあるところである。バリー・アイケングリーンは *Toward A New International Financial Architecture* (1999) の中で、防止こそ金融危機へのより良い対処法であると強調している。危機を防止する主要な処方箋として、彼は「情報公開」に力点を置き、情報公開が規制当局と銀行と借り手との間の情報の非対称性を少なくし、そのことが「市場による自制」を高め、政策当局者に正確な行動を見出させることに繋がることが期待できるとしている（Eichengreen 1999, p.10）。情報公開を促進すべしとする彼の意見に賛同するアナリストや知識層は日本には多いと思われる。しかし、情報公開はいつも事態を良い方向へ導くのであろうか。銀行経営破綻に関する情報の公開の条件についてはそう簡単な話ではない。

　バンキング及び貸付業務は、個々の借り手の資金繰履歴や現在の信用取引関係を反映した様々な取引を仲介することからなる特定情報集約型産業ということができよう。借り手による返済の約束に係る情報が、いわば無形資産的な性質であるがゆえに、通常のオークション市場で他の貸し手に売買することが極めて難しいとされる。そのため、銀行の破綻は深刻な外部不経済を与え、また、バンキング及びクレジット市場は、通常のオークション市場メカニズムでは防ぎ、解決できないバンクランを引き起こす潜在的・構造的リスクに晒されている。それゆえに、金融規制やバンクランを防ぐための政府の介入は金融安定化

のために必要とされるのである。この特殊な特徴を考慮に入れ、銀行の経営破綻に関わる情報をどのように取り扱えばよいと考えられるか。近時のアジア銀行危機についてのShanker Satyanathによる興味深い議論は、この種の情報開示の複雑さと制約を示している。

「政治経済制度の取りきめに国内民間銀行から政府への信頼できるプライベートな情報伝達チャネルが含まれている国では、金融政策決定の立場にある人は、金利設定において破綻しかけている銀行についての情報を受けて合理的に対応するものと思われる。反対に、そうしたプライベートチャネルが信頼できない場合、民間銀行が自ら破綻しかけていることを伝えようとする際、その情報が公けに流れてしまうかもしれないために、バンクランを引き起こすリスクを抱えてしまうのである」(Satyanath, S., in Elster 2000, pp.36-37. オリジナルより省略しているフレーズがある)

Elster (2000) は、上記レッスンからの重要な教訓・課題はエージェント(銀行)が一般大衆に知らせることなしに当局に知らせることができるプライベートな情報伝達チャネルの信頼性であるとしている。金融システムが問題の銀行が実際に破綻してしまう前にその事業継続性を高めるために問題を解決することができるようにするために、そのような信頼のある閉鎖的チャネルは、極めて重要と考えられる。金融当局と銀行との間の情報公開は必ずしも常に有効とは限らず、処方箋としては、Elsterが言うところの「オーディエンス効果」によるものと考えられる (同 p.69)。もちろん、銀行と銀行当局との保護的な枠組みからモラルハザード問題が生ずる可能性があることも考える必要はある。先にも触れたように、規制の枠組みは規制当局及び銀行に権限の乱用とならないように配慮するものでなければならない。大蔵省銀行局長であった西村 (1999) も金融システムに不安があるときには、本来は信頼を得るための情報開示がかえって不安感を増大させてしまうという矛盾を指摘している。大蔵省は1995年に不良資産の定義を広げ、今まで約13兆円としていた不良債権額を約40兆円と公表した。これは対象金融機関をこれまでの主要21銀行だけではなく、全ての預金受入機関に広げ、かつ、破綻先・延滞債権のみならず、金利

減免等債権も含めたためであった。しかし、このことは、国民からの大蔵省の情報開示に対する不信を生み、金融システムへの不安を煽る結果となってしまったことを指摘している（西村 1999）。

　各金融システムは上記のデリケートな関係をどのように取り扱っているのであろうか。米国金融システムにおいては、米銀が担っている役割は主として運転資金需要のための短期ローンの貸付に限られているものの、米国金融当局はバンクランを防ぐために銀行に対し厳しい自己資本比率規制や情報公開のルールを課す伝統的な保守的政策を緩めていない。銀行界に関しては、米国当局は銀行（貸付）業務や銀行間の競争については厳しく規制を行なっている。この米国特有の金融構造は、銀行の経営破綻に関する情報が公開されることによるオーディエンス効果のマイナス面を制限する効果があると考えられる。仮に問題の銀行が実際に破綻したとしても、マクロ経済へのインパクトは限定的なものとなろう。なぜなら、米銀が担っている役割は金融構造の中で限定されており、米銀は特定の企業やグループに多額のコミットメントやローン債権をあまり持たないようにされているからである。対照的に、日本の企業金融における邦銀の役割の重要性から見て、既に議論したとおり、金融仲介及びモニターとしての役割に制限を加える効果は日本経済に深刻な影響を与えているものと思われる。加えて、当局と銀行界との関係（護送船団方式）を基盤とするバンクレントを基にした伝統的金融システムから、情報公開の圧力の下、市場の自制を重んずる米国型システムへの移行により、日本の銀行システムはオーディエンス効果による高い政治経済リスクを抱えることになったものと考えられる。

　日本の関係を基盤とする銀行システムの最盛期において、情報共有のためのある非公式で閉鎖されたチャネルが、規制をする側とされる側との通常の関係を超えた当局と準インサイダーによる効率的な調整をすることに貢献していた面があった。護送船団方式における情報共有のための非公式かつ閉鎖されたチャネルは、日本における一種のエスタブリッシュメントに繋がる特定のOBネットワーク及び関係を基盤としていた。一方では、主要邦銀、特に社会経済インフラの復興のための長期資金を仲介するために設立された長期信用銀行に担われていた金融仲介・モニターとしての役割は若いエリートを惹きつけ、行員の質とモラルを維持していた。長期信用銀行、特に興銀はプロジェクトや企業

における経営判断をモニタリングする人的資源の蓄積があったとされる。これは興銀が戦前、戦略的に軍事産業に公的資金を供給する役割を担っていたためである（Aoki et al. 1994, p.33）。戦後及び米国に追いつこうとしていた時期において、当局と選ばれた銀行、特に興銀や主要銀行は準インサイダーとして協力し合い、「日本株式会社」の復活のために貢献したのである。同時に、主要邦銀は有名大学を卒業するエリートを、将来、日本のエスタブリッシュメントにアクセスできる人材を重要な投資として積極的に採用していた。例えば、岡崎（1995）によれば、1960代後半以降、東京大学経済学部卒業生の20％以上が銀行に就職しているというデータが報告されている（この比率は製造業全体の東京大学経済学部からの採用数に匹敵するという）。また、日本長期信用銀行の1986年新卒採用53名の内、東京大学、一橋大学、京都大学、慶応大学、早稲田大学の5校からの出身者は43名であり、そのシェアは80％以上となっていた。採用されたエリートの中には、その銀行のキャリアの中で銀行の中枢部門に配属され、大蔵省への窓口の役割を担うものもいた。大蔵省とほぼ毎日のようにコンタクトし、またコンタクトされ、情報共有やロビイングの窓口となる通称「MOF担」への任命は将来の昇進が約束され、銀行におけるトップエリートへの1つの道と考えられていた。「MOF担」の主要な役割は以下のものであった。

(1) 大蔵省の役人の求めに応じ情報を提供すること。
(2) 大蔵省の役人からの情報を収集・分析し、金融政策や金融規制の方向性や変化を予測すること。
(3) 現行規制に対する修正案や加筆案に対し非公式に交渉すること。
(4) 承認や便宜へのロビイング活動。なお、Patrick（1998）は「護送船団」方式が全ての銀行の資産がほぼ同じ比率で伸び、銀行間の相対的ランキングが変わらないところで維持されていたことを指摘している。
(5) 検査チームのスケジュールや検査方針を偵察すること。特にこの役割は重要視されていた。このことは、一面では、大蔵省銀行局の検査部がいかに銀行に恐れられており、邦銀を管理する権限を保有していたかを示しており、他方、自発的に銀行に情報を公開させ、また、検査に準備する十分な時間を

銀行に与えることにより、規制が遵守されない状況（遵守されないとより社会コストあるいはトランザクションコストが浪費されると考えられる）を作り出さないように、大蔵省の強大な権限が有効に使われていた面を示している。

関係を基盤とする制度が過去において成功をもたらしたにもかかわらず、なぜ、日本の金融当局は1997〜98年の金融危機を克服するために適切な介入をしなかったのであろうか。なぜ、日本の当局はバブル崩壊後、金融安定性を維持する目的の適切なガイダンス機能や事後的柔軟性を示すことに躊躇したのであろうか。当局はいくつかの大手銀行が経営破綻に近づいていることを知りうる立場にあり、その種の情報に合理的に対処することができたのにもかかわらず、なぜ当局は規制緩和のスケジュールを緩やかにせず、そうした銀行を破綻させる容赦ない政策をとったのであろうか。この問いの答えを探す試みは、政府とビジネス界との関係を示す1997年Okuno-Fujiwaraモデルがカバーしていない箇所を埋める試みでもある。この試みについては第6章で展開する。

3-4-5 結論

要約すると、貸し手の不確実性の揺れを安定化させる無形あるいはインフォーマルな制度的枠組みとして、日本の伝統的な「護送船団」モニタリングシステムの特徴には、以下の点を併せて認識する必要があると考える（図3-3参照）。

(1) 銀行、特にメインバンクは借り手企業の事業遂行に準インサイダーとして深く関与していたこと。
(2) バンクレントには金融資源を新しい産業に融通することを促す機能があり、かつ、モニタリングに係るスキルや知識を貸し手である銀行に蓄積させることにより、貸し手の不確実性の揺れを安定化させる効果があったこと。
(3) 金融当局と規制を受ける銀行との間には密度の高い情報ネットワークがあり、その関係重視型のシステムは、中央（政府）に情報が届かないという潜在的リスクを少なくし、また「オーディエンス」コストを低くする効果があったこと。また、政府の指導的役割や事後の政策変更の柔軟性は銀行の抱く不確実性を減少させる効果があったこと。

図3-3 モニタリング構造（日本の伝統的金融・モニタリングシステム）

```
┌──────────────────┐                          ┌──────────────┐
│ 貸し手・金融仲介機関 │ ────────────────────▶  │  借り手企業   │
│   としての銀行     │                          └──────────────┘
│（銀行貸付は全企業金│
│ 融の90%を占める）  │
└──────────────────┘
```

　　　　　(1) モニタリング
　　　　　　(a) メインバンク間において企業審査・モニタリングを暗黙
　　　　　　　　裡に委託し合う相互互恵アレンジメント
　　　　　　**(b)「準」インサイダーとして借り手のオペレーションに深
　　　　　　　　く関与することに伴う、非アルゴリズム直観型モニタリ
　　　　　　　　ングスタイル**

　　　　　(2) モニタリング（銀行監督）
　　　　　　(a) 金融抑制型規制金利体系：バンクレントを創出し、長期間にわたるモニ
　　　　　　　　タリングエージェントとしての役割を担わせるインセンティブを銀行に
　　　　　　　　与える
　　　　　　　**（レントの持つ、新しい産業への金融資源の融通、及びモニタリングスキ
　　　　　　　　ルや知識を蓄積させることにより貸し手の確信の揺れを安定化させる効果）**
　　　　　　(b) 保護と罰則メカニズムを基盤とする「護送船団」モニタリングシステム
　　　　　　　**（金融当局と銀行界との密度の濃い情報ネットワークシステム：関係を基
　　　　　　　　盤とするモニタリング様式を形成し、中央における潜在的情報ロスを少
　　　　　　　　なくし、「オーディエンスコスト」を下げる。政策変更における行政指
　　　　　　　　導及び事後変更の柔軟性が銀行の抱く不確実性を減少させる）**

┌──────────────┐
│ 金融当局・政府 │
└──────────────┘

追記

　米国においても、おそらく、銀行界及び政府と企業の関係において、効果的な非公開かつ閉鎖的な情報チャネルが存在していると思われる。第1に、名声の高いアイビーリーグのビジネススクールの卒業生からなるネットワークやサークルに入ることは米国で事業を成功させる1つの鍵と考えられている。多くの日系企業や政府はかつてこのビジネスサークルに入る人材を育成する目的でスタッフを米国のビジネススクールに派遣しMBA（経営学修士号）を取得させていた。Dore（2000）はこのことが日本を米国モデルへ変化させた誘因であったと主張している。Doreによれば、米国で訓練を受けた若い博士の比率が日本の経済学部で増え、米国の教科書を使って教えるようになるに従い、米国のMBAを取得した日本のビジネスマンの数の増加とともに、米国の支配が着実に高まっているとされる。第2に、インタビューによれば、ウォール街には、限られたメンバーで情報が交換され、過当競争をしないようにしているように思われるインフォーマルなクラブを維持する、ある種の力が働いているという。

例えば、エマージングマーケット債券やディストレス貸出債権（ディスカウント率の高い、セカンダリー市場で売買される貸出債権）のような特別な金融商品を扱うスキルと経験を持つ専門家による市場では、このようなインフォーマルなサブシステムが形成される傾向にある。なぜならば、そうした専門家による市場は自然に寡占化が進み、プレーヤーは暗黙の共謀をはかることがあるからである。第3にウォール街と米国財務省との間には人的交換を含む強い関係があることを指摘する記事やジャーナルは多い。例えば、Wade and Veneroso (1998) はJagdish Bhagwatiがなぜ国際通貨基金IMFはあらゆるところで金融規制緩和を求めるのかを聞かれたときのコメントを紹介している。

「ウォール街はあらゆるところに市場を求めるという意味で非常に大きな影響力を持つようになっている。モルガン・スタンレーや巨大な金融会社は他の市場に入り込めるようになりたいと考え、世界中のどこでも自分たちのビジネスができるように資本勘定の出し入れが自由にできるかどうかを見るのである。かつて、『軍—産業』連合体があったように、今日では『ウォール街—財務省』連合体が形成されているのである。ルービン財務長官がウォール街出身であるように」

「ルールを基盤とする」米国型金融システムにおいてさえ、規制する側（財務省）と規制される側（ウォール街）との間に人的交流及び関係があり、効果的なプライベートかつ閉鎖されている情報チャネルが存在していることに留意すべきである。こうしたチャネルや関係により、規制する側は非公式に規制される側の事情を知る機会を得、利害を調整し政策に反映することができるものと思われる。また、米国の「ルールを基盤とする」構造は政策決定がルールを決めるプロセスにおけるロビイング活動によって影響を受けやすいことから非生産的なレント追求行動を促しやすい面があると言われている（Okuno-Fujiwara 1997, p.398）。もちろん、閉鎖的な情報チャネルを通じた日本の関係を基盤とするシステムと米国財務省—ウォール街連合体における相対的トランザクションコストコスト（4-2参照）を計量することは非常に難しい。しかしながら、規制する側と規制される側との調整のために、ある種の非公式で閉鎖さ

れた情報共有チャネルは双方のシステムにビルドインされているものと思われ、おそらくはそうしたチャネルは実用的かつ効果的な調整のために必要なものと考えられるのである。

註

* 1 ただし、1999年に未実行の貸出枠に対しコミットメントフィーを徴求することが法的に認められるようになってから、東京市場でも一般的なローン・シンジケーションが集められるようになっている。
* 2 ポアンカレはフランスの科学者・数学者であり、数学的理由は三段論法のような論理的理解に基づくものではなく、一種の創造的価値・美徳に基づいていることを主張した (Poincaré 1952, p.3)。
* 3 20世紀始め、西田幾多郎や小林秀雄等の日本の哲学者や知識層はアンリ・ベルグソンやアンリ・ポアンカレのようなフランスの哲学者の影響を強く受けていたことに留意したい。ベルグソンは、世界のあらゆる現象を近代自然科学の観点から「因果関係」で説明しようとすることに批判していた。むしろベルグソンは創造的精神の役割を主張し、実存を理解するための(そのものの)内側から観る観点を強調していた (Bergson 1992)。ベルグソンの焦点は、その本質は動的である「現実の時間」を数学的に取り扱うことがいかに困難で、実用的なモニタリング手法には限界があることを指摘することにあった。ベルグソンの見識は主観派経済学者であるG・L・S・シャックルの議論「時間は理性の有効性の否定である」(Shackle 1972, p.27) と共通点が多い。

第4章
経済環境変化と制度変化

4-1 はじめに

　制度はどのように変化するのであろうか。本書は新制度派経済学・トランザクションコスト経済学の伝統をベースにして分析の理論的枠組みを描いている。本章では4-2において、制度変更に関するこれらの理論を概観する。制度的アプローチでは制度の失敗はトランザクションコストの高まりによって引き起こされ、より低いトランザクションコストの代替制度に転換することによってのみ回避できると主張される。加えて、新制度派経済学では、要素価格比率や情報コストの変化や技術変化等の相対価格の変化により制度変更が引き起こされることが強調される。

　なぜ、日本の伝統的なモニタリングシステムが効果的ではなくなったのか。制度的アプローチから言えば、伝統的システムにおけるトランザクションコストが高まったものと考えられる。4-3では伝統的な日本型金融・モニタリングシステムが効果を失った原因と考えられる経済環境変化及びそれに伴う相対的モニタリングコストの変化を概観する。そこでの議論を要約すると下記のとおりとなる（図4-1参照）。

(1) 貸し手としての邦銀による借り手としての企業に対するモニタリング様式における相対的モニタリングコストの変化（4-3参照）
　(a) 産業構造変化：「米国に追いつけ追い越せ」の時期から生産・技術開発の最前線に立ち競争に晒される、いわば「フロンティア」経済へのパラダ

図4-1 日本のモニタリングシステムにおけるトランザクションコストの発生

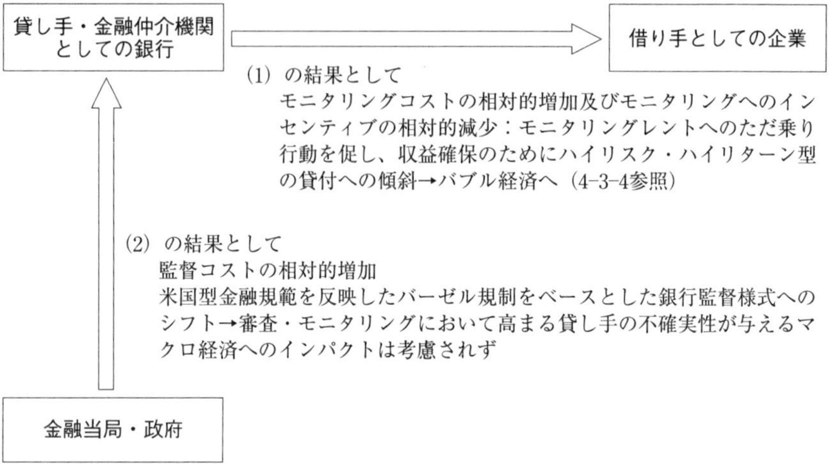

```
┌──────────────┐ ──────────────────→  ┌──────────────┐
│貸し手・金融仲介機関│                      │借り手としての企業│
│ としての銀行  │                       └──────────────┘
└──────────────┘    (1) の結果として
       ↑              モニタリングコストの相対的増加及びモニタリングへのイン
       │              センティブの相対的減少：モニタリングレントへのただ乗り
       │              行動を促し、収益確保のためにハイリスク・ハイリターン型
       │              の貸付への傾斜→バブル経済へ（4-3-4参照）
       │
       │           (2) の結果として
       │              監督コストの相対的増加
       │              米国型金融規範を反映したバーゼル規制をベースとした銀行監督様式への
       │              シフト→審査・モニタリングにおいて高まる貸し手の不確実性が与えるマ
       │              クロ経済へのインパクトは考慮されず
┌──────────────┐
│ 金融当局・政府 │
└──────────────┘
```

　　　イムシフト→企業の成功・失敗は本源的不確実性に晒される→銀行貸付に
　　　依然として資金調達を頼る企業に対する相対的モニタリングコスト増
　　(b) 国際化→相対的モニタリングコスト増
　　(c) 金融規制自由化→銀行が、長期にわたるモニタリングエージェント及び
　　　金融仲介機関としての役割を担うインセンティブとなっていた「バンクレ
　　　ント」捕捉機会の減少
(2) 日本の金融当局による邦銀に対するモニタリング様式における相対的銀行
　　監督コストの変化（4-3参照）
　　(a) 技術変化：金融技術・金融商品におけるイノベーション→相対的銀行監
　　　督コスト増
　　(b) 国際化：金融市場のグローバル化→相対的銀行監督コスト増
　　(c) 金融規制自由化を加速させる海外からの圧力

　日本の金融・モニタリング制度を取り巻く経済環境変化が現実にどのように邦銀の経営に影響を与えたのか。序論の冒頭でも述べたとおり、1980年代、日本の金融構造、特に銀行システムは世界で最大規模を誇っていただけではなく圧倒的な存在感を示していた。ローン資産規模において世界のトップ10行

の内9行が日本長期信用銀行（長銀）を含む邦銀で占められていた。対照的に1990年代に入り、その「銀行を中心とする」金融システムは弱体化し今日に至っている。長銀は1998年に経営破綻している。4-4で長銀の収益性推移をケーススタディとして分析する。

　日本は1980年代半ば以降、伝統型ともいえる日本型金融・モニタリングシステムを捨て、米国が推進・唱導する規制緩和により米国型金融システムに適応することを促されてきている。加えて、モニタリングに係るトランザクションコストの高まりを避けるための代替制度として米国型モニタリングシステムへの移行が進められてきた。米国型モニタリングシステムへの制度転換は日本の伝統的モニタリングシステムに発生していた問題を解決するものであったのであろうか。4-5では、米国型モニタリング行動様式であるコード化された信用リスク計量化や自己資本比率規制の限界と恣意性を指摘し、4-6では、米国型証券市場を基盤とする金融システムへの転換の前提条件となる「リスク」資金の供給者、すなわち、多様性のある投資家層の厚みが育成されていない日本の金融構造を指摘する。総じて言えば、計画性を欠いた移行は貸し手の不確実性をどのように扱うかという問題、すなわち、不確実性の高まりが金融資源の健全な仲介を阻害し、マクロ経済に悪影響を及ぼすことを考慮に入れておらず、移行そのこと自体が日本の金融仲介における構造的問題を引き起こしていることを議論する必要がある。4-7でこの章を結ぶ。

4-2　制度変更理論

　制度変更及び新しい制度の創設はいかなる要因、いかなるメカニズムによって成されるのであろうか。新制度派経済学では、「制度」を「経済行動を制約するルール」と定義する。制度的アプローチは「市場の失敗」及び「政府の失敗」は個々の制度構造に伴なう「トランザクションコスト（取引費用）」が高くつくあるいは高まることによって引き起こされると主張する。すなわち、問題の制度がより低いトランザクションコストを実現する別の制度構造に変更されることによってのみ市場あるいは政府の失敗を回避しうると捉えるのである。

「トランザクションコスト（取引費用）」は「物理（学）における［摩擦］を経済に置き換えたもの」（Williamson 1985）、あるいは「経済システムを動かすための費用」（Arrow 1974, Williamson 1985, p.18参照）と表現され、以下の費用が含まれる。

(1) 取引前費用（*ex-ante* costs）
　(a) ふさわしい取引相手の探索
　(b) 値段交渉、契約交渉
　(c) ドラフティング、契約作成等
(2) 取引後費用（*ex-post* costs）
　(a) （契約内容が守られているか）モニタリング、監視
　(b) （相手側による契約不履行の際）契約条項の発動
　(c) （契約違反の場合）クレーム、訴訟等

　トランザクションコストは様々な変数あるいは特定の技術水準、権力構造、文化的背景その他の組み合わせによって変わりうる。一般的に、トランザクションコストは、いわば負の労力（エネルギー）であり、単に人件費としてのコストだけではなく、その労力（エネルギー）を他で使ったらどれほど有効であったか、すなわち「機会損失」として把握される。機会損失を数量化することが難しいように、トランザクションコスト自体を数量化することは極めて難しい。ただし、Williamson (1985) によれば、トランザクションコストは常に比較制度分析の手法により個々の制度における契約様式の違いから発生しているコストとして比較でき、システム・制度（制度としての市場や企業も含む）の問題点あるいは最適化を分析できるとしている。しかし、ある前提で成立している制度構造が他で成り立つ必要はなく、当該アプローチにて社会全体の便益を増やす制度構造そのものを見つけることには限界が伴う。

　論を制度変更理論に戻す。制度変更理論には大きく分けて2つの考え方がある。1つは市場（環境）適合型の機能面を重視するアプローチ、もう1つはプロセス型と呼ばれるもので、政府主導や組織主導の変更プロセスが含まれる。Jack Knight (1992) は制度が創設・変更される起源を説明する理論としては

(1) 自発的あるいは進化論的出現か、あるいは (2) 意図的なデザインかの2つのプロセスのどちらかが強調されていると指摘している。進化論的説明は概ね機能面を重視した説明であり、ある文化的枠組みの中で、社会制度をその社会を構成するメンバーが必要とする機能を充足しうるものと捉えるのである（Knight 1992, pp.84-86）。Khan（1999）が指摘するように、プロセス型論は進化論的アプローチを批判し発展してきた経緯はあるものの、多くのプロセス型理論は依然として機能主義的な考え方に強い影響を受けている（その多くは極めてミスリーディングなものである）。それゆえ、制度比較には社会によって異なる政治権力構造や文化あるいはインフォーマルな規範を考慮に入れ、新しい制度を動かすにはどのように既往の権力の均衡が崩れ、再編されていくと考えられるかを明確にしながら、注意深く行なう必要があるとされる（Khan 1999参照）。

North（1990）は制度変更を促す要因として、相対価格の変化——要素価格率の変化、情報コストの変化や技術水準の変化等——を強調している。加えて、彼は時間を掛けた根本的な相対価格の変化は人々の行動パターンを変え、人々が行動の基準とするものの考え方をも変えていくとしている。また、ある存在する行動規範についても、相対価格や嗜好の変化により、次第に規範性は薄れ、別の規範によって塗り替えられるとしている。Northは時間の経過とともにルールも変化し、あるいは単に無視されたり実施されなかったりするケースがあるように、慣習や伝統も次第に薄れたり別のものに取って代わられたりするとしている（North 1990, p.86）。行動規範によっても強度の違いもあり、またフリーライダー問題等を勘案すればこのような単純な論理展開は難しいものの、Northは相対価格の変化が制度変更を促す重要な役割を担っていると指摘する。

トランザクションコスト理論においてコストの最小化を良しとする標準的考え方はミスリーディングとなる場合が多い。Knight（1992）はこの標準的考え方の例外として3つの要因を挙げている。(1) 簡単には明らかにはされない隠れたメリット・便益の存在、(2) フォーマルな外部制約（国家利益等）、(3) 不確実性：経済エージェントの限定合理性ゆえに最少コストのルールを創設することはできないかもしれない点が考えられる。Khan（1995, 1999）は、制度変

更はその変更により便益を得るものが失うものに補償する個々の交渉によって促されるとするNorthの機能主義者的見解を批判的に分析している。もし便益を得るものが失うものに補償し、制度変更がそのような自発的交渉によってのみ起こるのであれば、定義上、より価値の高い制度が生まれることになる。しかし、現実の世界では制度変更は交渉や補償のプロセスを通じて起こるわけではない。エージェントのクラス・階級間において権力に大きな隔たりがあるとき、強者があらゆる場合に弱者に補償することは考えられない。仮に強者が弱者に補償する意思を示す場合でも、そのコミットメントが信用されることは稀である。ゆえに制度変更は一度起これば変更後の弱者の交渉力に影響を与え、大抵は変更前よりも交渉力を弱めることになるのである（Khan 1999）。制度変更理論については第6章でも展開する。

　日本の伝統的モニタリングシステムが効果的に働かなくなる制度的失敗に陥ったということは、伝統的システムにおける制度構造に係るトランザクションコストが高まったことを意味する。どのように伝統的システムは有効ではなくなったのか。まず、伝統的モニタリングシステムを取り巻く経済環境変化とそれに伴うトランザクションコストの高まりを議論する必要がある。

4-3　日本の伝統的モニタリングシステムを取り巻く経済環境変化

　邦銀の資産収益率（ROA）は既に1970年代から下降傾向にあった（チャート4-1、Suzuki 2002, p.228参照）。借り手の業務活動の「国際化」と資金調達源が多様化したことによる「銀行離れ」により加速された激しい貸出競争は、このROA下降傾向に拍車をかけたと言われている（経済企画庁 2000）。本節ではこの通説を吟味し、日本の産業構造の変化と銀行のモニタリング行動への影響について概観・分析する。

4-3-1　産業構造の変化

　日本の産業構造は第1章でもふれたとおり、第1次産業及び製造業のウェイトが低下し、第3次産業のウェイトが高まっている（チャート1-1参照）。この基本的な傾向は「追いつき追い越せ」時期から「フロンティア」経済、及びポ

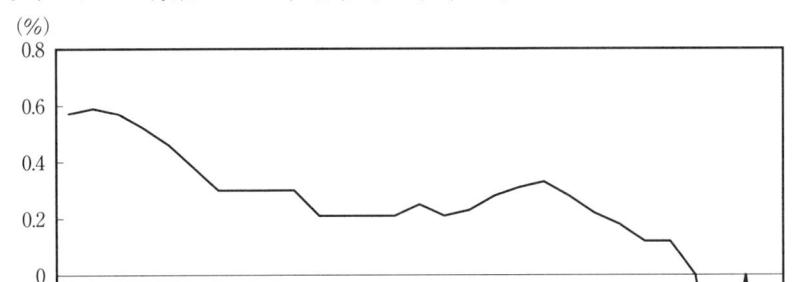

チャート4-1　邦銀における平均資産収益率（ROA）の変化

出典：経済企画庁 2000, p.245等より筆者作成

スト・バブル期においても続いている。この構造的変化についてはまず認識しておく必要がある。

　邦銀における産業セクター別貸付残高シェアの推移を見ると、主要貸出先産業であった製造業向け貸出のウェイトが1970年以降急速に低下していることが明らかに窺える（チャート4-2参照）。これは日本の産業構造の大きな変化を反映したものと考えられる。

　邦銀による製造業セクターへの貸出に関して、留意すべき点は以下のとおりである。

(1) 製造業セクターへの貸出残高シェアは相対的に低下している一方で、邦銀は1970年以降、貸出業務そのものを拡大しており、残高ベースで見た場合、製造業セクターへの貸出は増加していること（表4-1参照）。
(2) 「追いつけ追い越せ」時期に、海外で開発された技術を取り入れ加工・組立を改良して販売するビジネスモデルで成功した主要製造会社は財務的に成熟し、銀行貸付への依存を急速に減少させたこと。

チャート4-2　産業セクター別銀行貸出残高シェア推移

（％）

年度	その他	個人向けローン	その他サービス業	卸小売業	金融業	不動産業	建設業	製造業
1960	9.2	4.1	7.2	28.9	1.5	—	2.7	49.7
1970	—	4.2	8.5	28.8	0.0	3.8	4.7	44.7
1980	6.7	11.3	10.2	25.5	1.2	5.6	5.4	32.0
1990	5.2	16.3	18.8	17.4	3.3	10.0	11.3	15.7	5.3
1995	4.9	16.7	18.9	16.1	10.2	11.8	6.4	15.0
1999	4.7	19.4	17.9	15.5	9.0	12.4	6.4	14.7

出典：BOJ 1955, 1960, 1970, 1975, 1980, 1992, 1997, 2000bより筆者作成

　Hamazaki and Horiuchi（2001）は日銀の調査をベースに、特に主要製造業は1970年代後半において銀行からの借入への依存を30％以上から10％以下へと急速に減らしたことを指摘している（表4-2参照）。主要製造会社が企業金融における銀行借入のシェアを低下させた理由としては、投資を内部資金で賄えるようになったという財務面での成熟度及び、経済成長率の鈍化から投資が抑制されたこともその背景にあるものと考えられる（なお、対照的に、非製造業は1980年代後半においても銀行借入に依存していたことには留意しておくべきである）。

表4-1　産業セクター別銀行貸出残高推移（単位：兆円）

	1960年度	1970年度	1980年度	1990年度	1995年度	1999年度
製造業	4.0	17.5	43.0	59.0	72.6	68.7
建設業	0.2	1.8	7.3	20.0	31.1	30.0
不動産業	0.1	1.5	7.6	42.4	57.4	57.7
金融業	0.1	0.5	4.5	37.7	49.6	41.8
卸小売業	2.3	11.3	34.4	65.6	78.1	72.3
その他サービス業	0.6	3.3	13.7	70.7	91.6	83.7
個人向けローン	0.0	1.6	15.2	61.2	80.9	90.6
その他	0.8	1.7	8.9	19.4	23.2	21.9
計	8.1	39.2	134.6	376.0	484.5	466.7

出典：BOJ 1955, 1960, 1970, 1975, 1980, 1992, 1997, 2000bより筆者作成

表4-2　主要製造・非製造会社における資金調達構成の変化（単位：％）

業種	資金調達のタイプ	1961～65年度	1966～70年度	1971～75年度	1976～80年度	1981～85年度	1986～90年度
製造業	内部資金	27.1	33.7	35.9	54.3	68.0	53.9
	社債	2.8	3.0	3.9	1.0	10.3	19.9
	借入	38.2	30.4	34.0	9.5	1.2	-9.5
	株式	10.8	3.2	2.4	7.8	12.8	19.1
	その他	21.1	29.7	23.7	27.4	7.7	16.7
非製造業	内部資金	22.7	46.3	29.6	44.9	51.8	35.8
	社債	12.3	10.3	12.9	19.3	10.8	14.1
	借入	32.7	65.9	59.0	39.1	26.1	29.1
	株式	7.9	6.8	7.0	8.5	9.5	11.5
	その他	24.3	-29.3	-8.5	-11.7	1.8	9.5

出典：Hamazaki and Horiuchi 2001*1より作成

(3) 依然として、銀行借入に資金調達を依存する製造業は、(a) 相対的に財務基盤が弱い企業であり、主として中堅中小企業があてはまり、(b) 日本企業全体が競争のフロンティアに立ち始めることにより、そうした企業も付加価値の高い事業への事業再構築を迫られた、あるいは、(c) コスト削減等を目指し、生産拠点を海外にシフトしたものと考えられる。結果として、「フロンティア」経済以降、「勝ち組」と「負け組」がはっきり分かれる経済環境になったこと。

産業構造全体の中で相対的にウェイトを下げている製造業の中で、さらに業

種別の動きについて見てみる必要がある。田中（2002）の分析によれば、日本の製造業は、高度成長期の「重化学工業化」から安定成長期以降の「知識集約型」産業構造の形成へと変化していったとされる。表4-3は田中（2002）の分析をベースに、製造業を

(a) 素材型・軽工業：パルプ・紙、窯業・土石製品
(b) 素材型・重工業：化学、石油・石炭製品、1次金属、金属製品
(c) 組立加工型・軽工業：食料品、繊維、その他製造業
(d) 組立加工型・重工業：一般機械、電気機械、輸送機械、精密機械

に分類し、それぞれが1956年から1973年まで（高度成長期）、1973年から1985年まで（安定成長期）、1985年から1990年及び1990年から1998年までの各期間における実質付加価値平均成長率を挙げている（田中の分析では高度成長期及び安定成長期はそれぞれ前半と後半とに分けているが、ここでは便宜上一括りとし、単純な平均値をとっている）。

この分析によれば、高度成長期には製造業全体の成長に貢献していた素材型・軽工業及び素材型・重工業が安定成長期以降、そのウェイトを急速に下げたこと、及び全体としては、組立加工型・重工業が安定成長期以降、製造業全体の成長のエンジンとなっていることが窺える。なお、組立加工型・重工業の中でも、エレクトロニクス関連や情報通信機器を含む電気機械のみが成長を維持している点は注目される。また、素材型・重工業に分類している化学も相対的貢献度は高い。田中（2002）によれば、化学の中でもファインケミカルや医薬品部門が伸びていると見られ、エレクトロニクスや情報通信とともに「知識集約型」産業への構造転換がなされたことが窺える。個別の製造会社について言えば、この含意は、成長分野への事業再構築あるいは付加価値創造に成功するかどうかによって大きな差が出ること、すなわち、高度成長期のようにほぼ全ての事業が成功するのではなく、勝ち組と負け組がはっきりと分かれる経済環境になったと考えられる。表4-3によれば、高度成長期においては、ほぼ全ての産業において成長しているのに対し、1990年代においては、化学及び電気機器産業のみが成長していることが窺える。

次に、国際化、あるいは国内産業の空洞化については、1985年のプラザ合

表4-3 製造業における産業構造の変化：実質付加価値年平均成長率

	1956〜73年 （高度成長期）	1973〜85年 （安定成長期）	1985〜90年	1990〜98年
製造業全体	13.3	3.6	4.8	0.9
(a) 素材型・軽工業	16.1	1.0	4.2	−1.1
パルプ・紙	17.2	2.8	5.8	−1.2
窯業・土石製品	15.6	0.0	3.0	−1.0
(b) 素材型・重工業	18.6	1.0	3.4	0.7
化学	23.3	8.5	7.8	2.8
石油・石炭製品	17.8	−3.4	−5.2	−0.1
1次金属	18.3	1.6	2.9	−0.5
金属製品	18.4	1.6	5.7	−0.4
(c) 組立加工型・軽工業	8.8	2.3	1.8	−1.5
食料品	8.4	2.1	−0.7	0.2
繊維	7.8	1.5	−1.6	−5.1
その他製造業	9.5	2.6	4.3	−2.2
(d) 組立加工型・重工業	18.8	9.7	8.4	2.7
一般機械	17.4	8.6	5.6	−2.2
電気機械	68.6	19.5	14.8	7.9
輸送機械	17.7	5.8	5.1	−1.8
精密機械	20.7	10.6	3.8	−1.6

出典：田中 2002をベースに筆者作成

意以降の円高局面で劇的に進んだと言われている。海外直接投資元年と言われた1972年からの動きを第1波、1978年以降の円高によって高まった対外直接投資ブームを第2波、プラザ合意後のブームを第3波と見るアナリストもいる（田中 2002参照）。しかしながら、1985年の段階での日本の製造業における海外生産比率は3％に留まっており、それ以前の国際化は相対的に見てまだ大きなものではなかったと考えられる（チャート4-3）。逆に、1985年以降、国際化は急激に進んでおり、経済産業省（2003）によれば2003年度の海外生産比率は15.5％となり、海外進出製造業における海外生産比率は約30％にも達している。日本からの直接投資額は1981年〜85年の5年間の255億ドルに対して、86年〜90年の5年間は1,604億ドルと6.3倍に急増していたという報告もある（西村 1999）。

Aoki（1994）は、日本興業銀行（興銀）のような日本の長期信用銀行は、米国に追いつこうとする時期に必要とされる技術及び信用リスク分析能力を既に

チャート4-3　海外生産比率推移

(%)

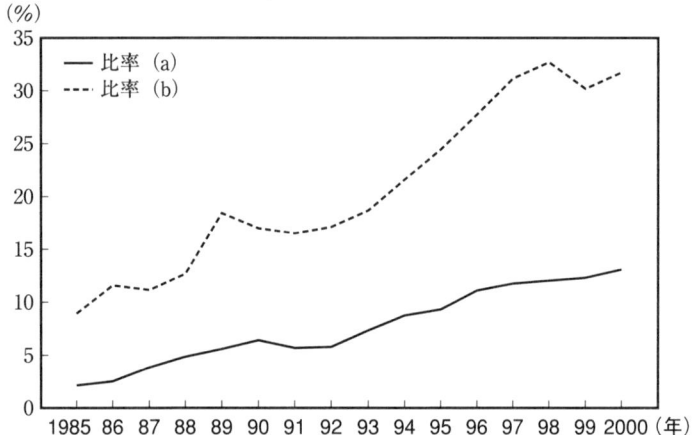

```
    ——  比率 (a)
    ----  比率 (b)
```

1985 86 87 88 89 90 91 92 93 94 95 96 97 98 99 2000 (年)

注：比率 (a) は現地法人（製造業）売上高÷国内法人（製造業）売上高×100
　　比率 (b) は現地法人（製造業）売上高÷本社企業（製造業）売上高×100
出典：経済産業省 2000 より筆者作成

蓄積しており、大規模プロジェクトのために輸入された技術の評価がしばしば同行に委託されていたことを指摘している。しかしながら、1970年代半ば以降の、そして1980年代半ばに強まった「国際化」と「技術革新」の力により、邦銀と日系企業との間の取引関係には構造的変化が生じていたことを指摘する実証研究は多い（Aoki et al. 1994, Schaberg 1998, Genay cited in Kanaya and Woo 2000参照）。借り手である日系製造業が生産拠点を海外にシフトする国際化の動きは、彼らに現地の金融市場やオフショアあるいはユーロ資本市場等の幅広い資金調達の可能性を提供した。他方、技術が複雑なものになるにつれ、モニタリングは益々難しくなるものと考えられる。借り手が投資するプロジェクトの収益性を外部者が審査・評価することは急速に難しくなり、これらの力は、興銀を含む日本のメインバンクのモニタリングの範囲及び有効性を制限し始めたと考えられる。

　加えて、非製造業及び非製造業向け貸出に関して留意すべきことを付け加える。

(4) 邦銀にとって、相対的に非製造業向けの貸出のウェイト（シェア及び残高

ベース）が高くなっていること。このことは相対的に高い信用リスク、例えば財務基盤の弱い中小企業の信用リスクを取り始めていたと考えられる。

非製造業セクターと中小企業セクターとはかなりの部分が重なると言われている（田中 2002）。もちろん、製造業セクターにも中小企業は多いが、中小企業の産業構成を見ると、非製造業の割合が大企業の場合よりもかなり高く、卸小売業、飲食店、サービス業及び建設業の構成比が高いと言われている（田中 2002の調査によれば、1999年時点において、全国の「中小企業」565万社のうち、非製造業が約87％を占め、その中では、卸小売業が41％、サービス業が24％、建設業が13％と、3業種でほとんどを占めていることが報告されている。なお、中小企業の定義については第1章註＊3参照のこと）。

既にふれた表4-1の産業セクター別銀行貸付残高を見ると、1980年の段階では製造業向けに続き、卸小売業向け（飲食・ホテル事業を含む）及びその他サービス（運輸・通信を含む）への貸出が増えている。1990年、1995年段階では非製造業向けの貸出は拡大され、特に、不動産、金融、建設及び個人（住宅ローン）への融資残高の伸びは著しい。吉川（1999）は製造業に比べ、日本の非製造業の付加価値労働生産性が低いこと（この乖離は1990年代に入って広がっていること）を指摘し、1990年代における日本経済の低迷の大きな要因の1つであることを主張している。本書は、邦銀は既に1980年代に中堅中小企業向けあるいは非製造業セクターへの貸出を増やしており、相対的に高い信用リスクを取り始めていたことに注目する。

要約

Aoki（1994）は、メインバンクに重要なモニタリングの役割を担うことを委託する「統合された」のモニタリングシステム（3-3参照）は、日本経済が技術力において米国に追いつこうとしていた時期に効果を発揮していたことを示唆している。このモニタリングシステムでは、海外で開発された技術・ノウハウを吸収し改善しようとする企業（借り手）の経営力及び組織力の審査が重要とされ、開発されたばかりの技術自体の商業的・技術的価値評価は二の次とされた（Aoki 1994, p.118）。日本の産業が国際技術及び国際市場において競争の

先頭に近づくにつれ、メインバンクが審査・モニタリングすべきリスク要因は次第に変わってきたと考えられる。

　高度成長期における上記ビジネスモデルで成功した主要製造業は財務的に成熟し、邦銀におけるこうした信用力の高い企業からの収益機会は相対的に減少した。その一方で、依然として銀行借入に依存する相対的に信用力の低い製造業に対しては、その借り手の開発する技術的価値評価や、成長分野への事業再構築あるいは生産拠点の海外シフトの実現可能性及び効果等を審査・モニタリングする必要が生じたものと考えられる。審査項目として重要なリスク要因の変化は、おそらくモニタリングに必要なコストを引き上げたと思われる。例えば、進んだ技術評価のできる専門家や国際企業金融に精通した人、あるいは中小企業経営の専門家・コンサルタントを雇用したりする追加コストも挙げられる。結果として、これらの変化はレントを基盤とする日本のメインバンクによる統合型モニタリングシステムのパフォーマンスに影響を及ぼし始めたと考えられる。

　規制預金金利と規制貸出金利により一定のバンクレントが維持されていた金融構造の下、1970年代からのマージン低下はオペレーション及びモニタリングコストの増加もその一因かもしれない。預金金利自由化が開始された1980年代半ばまでは、日本のメインバンクによるモニタリングの基本行動は借り手のリスク要因の変化を捕捉しようとしていたものと推測する。捕捉に向けた試みは成功したものもあれば、捕捉できなかったものもあったと考えられる。しかしながら、個々の企業の成功が相対的に本源的な不確実性に晒される中、邦銀は相対的に高い信用リスクをとりながら貸出業務を拡大し、そのリスク及び不確実性に見合う収益を上げられなかったこと、そのことがROA低下の根本的な問題と考えるべきであろう。主要なリスク要因を十分に審査・評価できなくなったことは、個々のメインバンクにおける健全なローンポートフォリオを維持するためのモニタリングの効率性が低下したことを意味したばかりではなく、バンクレントを基盤とした統合型モニタリングシステムの経済効率を低下させた。結果として、金融規制目的のための銀行及びクレジットシステムの制度的取りきめの有効性が低下したものと考えられる。

4-3-2 金融規制緩和・銀行規制の国際標準化

1970年代半ばから日本の伝統的な銀行監督・モニタリングがうまくいかなくなった最も根本的な原因として、日本の経済成長が鈍化し、民間投資需要が民間貯蓄を上回っていた経済から、(事前の) 民間貯蓄が (事前の) 民間投資を上回る経済にシフトしたことを指摘するエコノミストもいる (Patrick 1998, 吉川 1999)。彼らの議論は、構造的な「需要不足」経済において資金供給がだぶつき始め、金利が低下し、市場ベース金利体系を求める圧力が抑えきれなくなったことを主張する (Patrick 1998)。多かれ少なかれ、上記の経済パラダイムシフトが当局に伝統的かつ保護的な金融システムから規制緩和へ向かわせる圧力となったことを強調するエコノミストは多い。

しかしながら、規制緩和は1970年代後半から始まり当初は漸進的であったが、1980年代の中頃から規制緩和のペースは加速されたことには留意すべきである。1980年代中頃に実施された規制緩和には以下のものが含まれる。

(1) 1985年の定期預金金利自由化に始まる金利規制緩和。この政策は1984年の日米円ドル特別委員会の諮問に従ったものと思われる。
(2) 金融の多様化。1984年に国内企業向けに、金利規制対象外であるユーロ円短期貸しが解禁された。1987年には社債発行に対する規制が緩和され、コマーシャル・ペーパー市場が創設された。
(3) 1984年、バーゼル会議において国際的自己資本比率規制の提案がなされ、1987年には、自己資本比率規制に関する米国との2国間取りきめ、翌1988年にはバーゼルアコードが合意された。

1980年代半ばから急速に加速された規制緩和は米国からの「競技場を平らにせよ」という要求、すなわち、3-2で述べているように、広く知られているS&L危機やラテンアメリカ危機の後遺症に苦しんでいた米銀が国際競争によって不利となる制約を極力取り除く目的により促されたものと考えられる。もちろん、日本の当局がこうした外圧を利用し、自らの規制緩和を進めた可能性を見逃してはならない。

加えて、経済学の文献ではあまり述べられていないが、1970年半ば以降の、

さらに1980年半ばから強まった金融業務の国際化及び技術進歩の力は日本の金融当局と銀行界との関係にも影響を与えたと考えられる。金融及び銀行業務の「国際化」の波は、国境を越えて直接コントロールできない国際業務を展開する銀行が、仮に破綻した場合に起こりうる「バンクラン」をいかに防止するかという問題を各銀行当局者に警戒させた。一方、市場リスク・価格変動リスクを扱う金融派生商品のような革新的な金融工学・金融商品の出現は、内容が複雑なため、革新的な銀行が取り扱っている商品がどのようなリスクに真に晒されているのかを銀行当局がモニタリングし測定することが難しくなってきていた。これらの動きは各国の金融当局が監視できる範囲や（有効性の伴う）権限を制約し始めたものと思われる。そのため、先進国の銀行監督当局は、銀行規制の国際基準を求め開発し始めたのである。バーゼル銀行監督会議がどのように銀行規制の国際基準を開発してきたかは、"Management of banks' international lending"(1982年), "The management of banks' off-balance sheet exposures"(1986年), "International convergence of capital measurement and capital standards"(1988年) を見ると理解できる。1990年代にバブル経済が崩壊して、日本の金融当局は「ルールを基盤とする」モニタリングシステムへの切り替えを加速させ、そこでは、リスクウェイトを計量しコード化された信用リスク評価とバーゼルアコード（予測を超えた貸倒損失をカバーする自己資本比率規制）を適用した。しかしながら、1980年代における国際化及び技術進歩の力が既に日本の銀行当局に銀行監督のやり方を変えるインセンティブを与え始めていたことは留意すべきであろう。

4-3-3 貸し手におけるモニタリング努力へのインセンティブの変化に対する考察

邦銀におけるモニタリングコストの相対的増加及び金利自由化に伴うレント捕捉機会の減少は、邦銀のモニタリング行動及び貸付行動にどのような影響を与えたのであろうか。社会全体の便益（効用）は必ずしも個々の利益とは一致しないものの、モニタリングのためのバンクレントの重要な役割は個々の銀行に長期に渡るモニタリングエージェントとして借り手を効果的にモニタリングするインセンティブを与えることにあった。それゆえ、邦銀のモニタリング努

力へのインセンティブの変化を分析することは、「護送船団方式」と呼ばれる金融規制の枠組みにおいて支えられていた「金融抑制型」あるいは「統合された」モニタリング方式の有効性を推定することを意味する。

Aoki (1994) はメインバンクシステムの社会的便益として潜在的なものも含めて以下の4つを挙げている。

(1) ある会社のモニタリングが排他的にそのメインバンクに委託されることによって、事前審査や継続モニタリングが重複して行なわれた場合の社会コストを避けることができた（「委託された」モニタリングについては3-3参照）。
(2) 一時的に不振となっている、潜在的には生産力のある企業を短絡的に清算する社会コストをメインバンクによる救済オペレーションによって避けることができた。
(3) 戦略的に重要な産業間で、相互補完的な投資プロジェクトを調整することにより、（調整できない場合に）低い均衡点（成長のない状態）に陥る社会コストを避けることができた。
(4) コーポレートガバナンス（企業統治）構造において、モニタリングの3つの段階（事前審査、継続モニタリング及び事後評価）を統合しているメインバンクによる条件付き企業への介入は、特に、チームによる生産ラインを基盤とする製造会社に対し、効果的な外部チェック機能を果たし（Aoki 1994 pp.122-126参照。Aokiは「チーム」の概念としてAlchian and Demsetz〔1972〕による「チームスピリット」を有する組織について言及している）、結果として景気サイクル平準化機能を果たした。

Aokiのモデルは、もしメインバンクレントが取引企業との良い関係を維持することのために支払われなければ、委託されるモニタリング方式において誠実にそのモニタリングを行なう動機を失うことを示唆している。メインバンクシステムの最盛期に行き渡っていた規制金利体系（及び社債発行条件に関する規制体系）は委託されたモニタリングを遂行するメインバンクが享受しうるレントを生み出していた。

バンクレントを基盤とするシステムにおけるモニタリング努力から得られる

期待収益（便益）には、銀行が良いマネジメント及び効率的なモニタリングを確保するための無形資産とも言える「フランチャイズ・バリュー」や「評判」を維持するために確保すべき「レント」が含まれる。上記（2）に関して、Aoki（1994）は、委託を受けた責任のあるモニターとしての、ある特定のメインバンクの「評判」は仮に多くの取引先を救済せずに清算処理をした場合に損なわれることを指摘している。その理由としては、(a) 預金者は預金返還の保証が損なわれることを恐れてそのメインバンクを見捨てる（預金を他の銀行に移し変える）かもしれないこと、(b) そのメインバンクが貸出を行なうことは、もはや借り手の信用力を裏付けるシグナルとは受け取られず、他の銀行は自分の貸付金の保全が損なわれることを恐れ、そのメインバンクの取引先に貸付をすることを渋るかもしれないこと、(c) そのメインバンクの取引先は、将来不振に陥った場合の保険を失い、他の銀行からの借入が難しくなることを恐れ、メインバンクを他行に変えようとするかもしれないこと、(d) 倒産が雇用に与える社会的インパクトに関心のある当局は、取引先をよく清算処理してしまう銀行にペナルティを与えるかもしれないこと、が挙げられる。これらの効果の可能性は、メインバンクに課せられる清算時のペナルティは貸し倒れとなった債権の損失だけには留まらないことを意味する。

3-3でもふれたとおり、レント捕捉機会を減らすことを脅しとして、銀行にモニターとしての役割を怠らないようにする重要な役割がバンクレントにはあり、レントを基盤とするモニタリングシステムにおいて、保護と罰則のメカニズムは日本の金融当局によって効果的にコントロールされていた。留意すべきは、銀行はおそらく他の産業セクター以上に「評判」を必要とすることである。Stiglitz（1994）が指摘しているとおり、銀行間のある程度の競争は望ましいが、行き過ぎた競争は問題を引き起こしかねない。評判は経済的見返りがある限り維持される価値のある資産といえる。また、経済的見返りの存在のために競争は抑制されなければならない（米国では預金保険の効果の1つとして銀行業への参入障壁が低く、あるいはなくなったことが指摘されている。Stiglitz〔1994〕は結果として高まった競争と評判レントの減少が銀行に短期的視野での貸出方針を推進させ、S&L問題や関連の銀行危機を招いたと指摘している。なお、日本の都市銀行への新規参入制限については、3-4-3でふれた）。

「野放しの参入がレントを失わせ、評判を維持するインセンティブを失わせるか、あるいは参入制限が金融セクターにおける（健全な）競争を阻害するか、どちらの可能性もありうる。一方、参入の『適正な』水準を定める能力が政府にあると信頼することもできない。銀行の今の収益水準は経済の効率性のために必要なレントなのであろうか。あるいは必要なレントを超えて、独占的収益の要素が含まれているのか。このことからは明確な処方箋は導かれない。ただ、"金融セクターは注意深く監視する必要がある。なぜならあらゆる方向に重大な『エラー』が明らかにあるからである"という警戒のみである」(Stiglitz 1994, pp.222-223、意訳)

しかしながら、誰がそれを注意深く効果的に監視できるのかという重要な問いが残されている。

レントを基盤とするモニタリングシステムにおける個々の銀行の期待収益は主として、バンクレント、フランチャイズ・バリュー、評判からなり、モニタリングコストには情報収集コストやモニタリングに係るスキルや知識の内製化コスト、モニタリングの委託コストが含まれる。理論上、ある銀行が、前提とされる有効水準のモニタリング努力の結果、収益の方が多い（純益）ことが予測され、その純益を捕捉できる可能性があることが、その銀行にモニタリングの役割を引き受けさせるインセンティブとなる。ある銀行にとってのモニタリングのインセンティブとなる個々の純益が必ずしも社会におけるモニタリング努力の最適水準を示すとは限らない。しかし、個々の銀行において全くモニタリング努力を行なうインセンティブがない状態（純益がゼロあるいはマイナスの場合）では、少なくともこのシステムがこのままでは維持できないこととなる。加えて留意すべきことは、銀行のレントに対するただ乗り（フリーライディング）の発生は、個々の銀行に純益をもたらすとしても、非効率なモニタリング努力に陥っていることを意味することである。フリーライディングは、金融の安定化及び健全な資金配分という金融規制の目的から形成されているモニタリング様式の政策効果を減ずるものと考えられる。

モニタリングコストは様々な変数あるいは特定の制度、技術水準、権力構造、文化等のパラメーター・構成によって決まってくると考える。一般的に、借り

手の国際化及び銀行離れの動きや技術変化は、貸し手におけるモニタリングの有効性・実効性に影響を与える。多くの場合、外部者である貸し手としては、借り手を審査・モニタリングすることが急速に難しくなる状況で、失われていく交渉力をカバーしようとするモニタリングコストは益々高くなっていくと考えられる。モニタリング努力から見込まれる純益が減少すれば、貸し手がそうするインセンティブは弱まると考えられる。あるいは、純益の減少は、比較的廉価で市場で手に入るコード化されたモニタリング手法を求め、適用することを貸し手に促す。このことは、ある一定の純収益を維持しようとする準レント追求行動とも捉えられる。

　モニタリング努力から期待できる純益は銀行が抱く、金融当局による金融政策変更に対する期待及び予測によって変わりうる。期待は「我々が予測をする上で、すなわち、ベストの予測方法がどれほどの確度で全く外れると考えるかということへの"信頼"による」(Keynes 1936, p.148)。1980年代半ばに加速された金融規制緩和のプロセスにおいて、当局の政策遂行における事後的なフレキシビリティに対する邦銀の信頼が次第に揺らぎ始め、そのことは、個々の銀行においては、モニタリング努力から得られる純益の期待が低下し、モニタリング努力を怠る等の準レント追求行動や目先の収益を求めるギャンブル（投機的なリスクテイク）を助長させた面があったものと思われる。銀行による準レント追求行動やモニタリングのためのレントへのただ乗りとも言える投機的リスクテイクは、個々の銀行のフランチャイズ・バリューや評判を落としただけではなく、保護的な金融政策におけるこうした行動は、レントを基盤とする「統合された」モニタリングシステムの規制目的を損なうものとなった。その結果、従来は思慮深く慎重なモニターとしての役割を担ってきた邦銀に対する当局の信頼（及び当局自身の銀行監督を行なう実効力を保持していることへの自信）も、国際化と技術革新の流れの中で徐々に損なわれていったことに留意すべきであろう。

4-3-4　バブル経済への序曲

　基本的に、バンクレントについては政治的に議論となりやすい。なぜならば、銀行監督当局にとって、抽象的ともいえる銀行のフランチャイズ・バリューを

どの程度保護すれば効率的な審査・モニタリングがなされるのかを正確に測定することは本来困難なためである。バンクレントが金融インフラの浸透を促している段階、すなわち、銀行によって捕捉されるバンクレントが、預金収集のためのインフラ整備や公的金融セクターの利便性を高めるための投資を促している段階では、バンクレントは政治的にも比較的容易に受け入れやすいと考えられる (2-3-2参照)。反面、金融インフラが十分に浸透した段階ではバンクレントを正当化することは難しくなってくる。加えて、日本の家計部門は預金金利に対する感応度が比較的弱い面はあるものの (Aoki 1994, p.130)、一般的に、金融抑制型システムにおける預金金利の抑制は、家計部門の貯蓄機会を歪めるものである。

既に述べたとおり、邦銀の資産収益率 (ROA) は1970年代から既に下降傾向にあり、いわゆる「国際化及び銀行離れ」により厳しさを増した貸出競争がこの下降傾向に拍車をかけたと言われている。しかし、当時、邦銀はROAの低下よりは収益の絶対額を維持し増やすために、レバレッジをきかせて(借入を増やし、相対的に資本額を小さくしても)ローン資産を増やすことができた。それゆえ、1984年以降米国金融当局が推進した8％自己資本比率規制、すなわちバーゼルアコードは日本の当局及び邦銀マネージャーに衝撃を与え、レバレッジを利かし量の拡大を求める貸出戦略を見直させる契機となった。ただし、1988年アコードの適用期限は国際協議において1992年度とされ、一定の猶予期間があったことには留意すべきであろう。邦銀マネージャーはバーゼルアコードが適用されると、アコードによって定められ計算される自己資本が足りない場合に課せられるペナルティ、例えば、海外銀行オペレーションからの強制撤退等を恐れた。この恐れもあり、彼らはROAを向上させるために、より収益性の高いローンへの選好を強めていた一方で、依然として猶予期間内ということでレベレッジをきかせてローン資産も増やしていた(あるいは増やすことが許される環境であった)と考えられる。

さらに、1980年代半ば以降、規制緩和を求める外国からの外交圧力を受け、日本の金融当局は金融抑制型政策を自由化する実施計画を練り始めた。自由化への計画はバーゼルアコード(自己資本比率規制)の適用だけではなく、預金金利・手数料の自由化、業務制限の緩和、競争促進のため参入障壁の撤廃への

方向等の実施が含まれていた。また、1985年のプラザ合意への外交上の妥協は、日系の製造業者をさらに生産拠点を海外にシフトさせ（4-3-1参照）、そのことは、銀行マネージャーに将来のビジネス機会が減るのではないかという不安を与えた。総じてバンクレントを基盤とするモニタリング様式において、邦銀によるモニタリング努力のインセンティブや期待収益は、規制緩和計画が発表されたときに失われ始めたと考えられる。邦銀を取り巻く金融環境における変化は、邦銀に、投機的な貸付や不動産及び建設業種への高金利担保金融を通じた目先の収益追求に邁進させ、1980年代後半に始まる「バブル」経済を引き起こしたと考えられる。これらの収益重視の戦略や行動は、金融抑制型政策によって保護されてきたバンクレントが遅かれ早かれ減らされるという恐れからくるレント追求行動と捉えることができる。

仮に貸出損失を蒙ったとしても、大蔵省が銀行を破綻させることはないとの見込みから邦銀は大きなリスクをとったとする「モラルハザード効果」によりバブル発生メカニズムを説明するエコノミストは多い。大銀行はいわゆる「大きすぎて潰せない」伝説を信じ、結果として、バブル時期における思慮を欠いた信用リスクマネジメントを招いたとする説明がなされる（例えばPatrick 1998）。しかし、Chang（2000）が指摘するとおり、この「大きすぎて潰せない」というストーリーには、ある銀行の救済と、救済が必要となる状況を作り出したことに責任のあるオーナーやマネージャーの救済と混同している面がある。

「マネージャーに対して、その規模の大きさから政府によって彼らの会社が救済されることは、その救済プロセスにおいて彼らの雇用契約が破棄されるのであれば、あまり慰めにはならない。もしマネージャーが、会社経営が悪化すれば自らの仕事が危険に晒されることを知っているのであれば、モラルハザードは引き起こされにくい。同じことはオーナーについても言える。もしオーナーが救済プロセスにおいて彼らの経営権が奪われることを知っているのであれば、経営努力を怠ることはできないし（彼らがオーナー兼経営者である場合）、あるいは雇用したマネージャーを監督することを怠ることはできない」（Chang 2000）

この点については議論のあるところだが、本書は、既に述べたとおり、邦銀や金融当局を取り巻く環境変化が、バンクレント及び「護送船団」モニタリング様式の基盤を次第に揺るがし、多くの銀行マネージャーにモニタリングレントに対するただ乗り（フリーライディング）行動を容認した面を強調したい。バブル経済前の1980年代後半、邦銀は銀行業務の電子化のために、巨額の投資をインフラ整備に充てることを迫られていた事情にも留意しておくべきであろう。勘定系コンピューターシステムや決済系システム開発、外国為替やデリバティブのディーリングを支援する情報及びシミュレーションシステム等の開発投資は、想定される金融自由化の中で生き残るために必要と考えられていた。なぜならば、これらのシステム戦略は既に金融自由化に晒された米銀を復活させていたからである。本書では1980年代後半に始まる株式及び不動産市場のバブルとその後の崩壊という議論のある問題については深くは立ち入らない。しかし、ここでの分析は株式及び不動産市場バブルへの序曲（原因）を理解し、邦銀が不良債権を抱えるに至ったことを説明する制度的見方を提供している。なお、バブル経済発生と崩壊に見られた邦銀における群衆行動については第5章で議論する。

　規制預金金利体系によりレント機会を創設する「金融抑制型」政策は、規制緩和を求める政治的スローガンの下で政治的に攻撃を受けることになった。バブル経済崩壊後の銀行界を襲った逆境においても、金融当局は1990年から1995年の間、銀行システムの状態の悪化に対しほとんど対処をしなかった（詳細は第6章にて論ずる）。事実、日本の当局は1994年に預金金利の完全自由化を実施し、1996年には社債発行に関する規制を全廃し規制緩和を加速させた。これに伴う邦銀におけるインセンティブの低下及びモニタリング努力からの期待純益の低下は、レント追求行動や投機的貸付を助長させたと考えられる。例えば、貸出条件を緩めることにより、収益マージンの低下を補おうとした邦銀、特に資本力の弱い銀行のオポチュニスティックな行動性向を見ることができる。Kanaya and Woo (2000) は、バブル経済崩壊後でさえ1990年代の半ばまでは、邦銀における全体のローンに占める「無担保融資」の比率は着実に高まっていたことを報告し、「復活のためのギャンブル」は1990年代全体を通じ、貸出条件の緩和を促しており、その傾向は1995年まで特に顕著に見られたこ

とを指摘している。また、バブル崩壊後において、経営不振に陥っている会社（特に不動産関連会社）への救済オペレーションは、多くの非効率な企業を延命させ、メインバンク自らの不良債権を増加させたのである。次節にて長銀のケースを見ることとする。

4-4　ケーススタディ——破綻した日本長期信用銀行の収益構造分析

4-4-1　はじめに

　日本の金融・モニタリング制度を取り巻く経済環境変化が現実にどのように邦銀の経営に影響を与え、1997〜98年の金融危機を引き起こしたのか。日本長期信用銀行（長銀）は1989年において資産規模で世界第9位にランクされ、1998年に破綻した。長銀ほど劇的な変化を遂げた邦銀はない。この節では長銀の収益構造変化・財務構造変化をケーススタディとして分析を行なう。まず、審査・モニタリング行動の観点から留意すべき点について、列挙しておく。

(1) 長銀は日本興業銀行（興銀）同様、長期資金の貸出を通じ、産業発展のための事前審査においてメインバンクとして重要な役割を担っていた。特に、戦後復興から日本経済が高度成長期に向かう時期には顕著であり、高度成長期に続く中成長期及び1980年代半ばまでの安定成長期においても、日系企業、特に電力産業や製造業における設備資金供給に重要な役割を担っていた。しかしながら、金融自由化及び国際化の流れと長期信用銀行制度の制度疲労は同行のレゾンデートル（存在意義）を見直させる契機となっていた。
(2) 長銀の1985年長期経営計画では、米国投資銀行をコンサルタントとして採用し、リスクウェイトを掛けた資本収益率によりリスク管理を行ない、量の拡大より収益性を重視する質への転換が目指されていた。しかし、1988年の長期経営計画において、国内融資拡大策が優先され、量の拡大方針に戻っていた。
(3) 製造業向けの貸出シェアの低下。対照的にノンバンク及び不動産業向けのローン残高の増加。事業金融から担保金融への審査方針の転換——対象プロジェクトの収益性及び資金繰り予測審査から担保力（不動産価格評価）審査

表4-4　長銀関連出来事年表

1897年	明治時代において、西洋に追いつくことを目指すために日本政府により日本勧業銀行設立。
1952年	米国が日本政府に主権返還。池田内閣が、長期信用銀行システムの創設を含めた戦後の金融プランを発表。12月、日本長期信用銀行（長銀）が日本勧業銀行の一部を引き継ぐことで設立。
1953年	高度成長期始まる。
1973年	石油ショックが成長率を鈍化させる。長銀は海外展開を加速。
1975年	日本政府が債券市場を創設し始め、旧長期信用銀行システムの基盤を揺るがし始める。
1985年	長銀は伝統的貸付業務から新しい投資銀行業務へ展開する戦略を発表。プラザ合意後円高が進み、日本の資産バブルが始まる。
1989年	長銀は資産規模で世界第9位にランクされ、時価総額ではシティバンクの数倍となる。
1993年	新本店建設。
1995年	日本政府は東京協和及び安全信用組合に公的資金を注入（戦後初めてのケース）。イー・アイ・イーグループ（不動産デベロッパー）への過剰融資に係るスキャンダルで長銀頭取が辞任に追い込まれる。
1996年	橋本内閣が、東京市場を「自由で公正でグローバルな」市場とする目的の金融ビッグバン改革を発表。
1997年	緊縮財政を受け景気後退。 アジア金融危機始まる。 金融不安が始まる。北海道拓殖銀行、三洋証券、山一證券破綻。
1998年	アジア金融危機深刻化。 長銀不良資産問題の噂が株価を引き下げる。 長銀救済目的の住友信託銀行との合併が最終的に破談となる。 長銀破綻。国有化。 （国有化へのプロセスにおける詳細については第6章参照） 政府は長銀の新しい株主を探すエージェントとしてゴールドマンサックス社を指名。
1999年	政府は長銀株をリップルウッド社に売却することを発表。
2000年	リップルウッド社が長銀株を保有。新生銀行へ名称変更。

出典：当該年表の内容については部分的にはTett 2003を参照した

への依存（行内で使用する貸付申請・承認書式を従来の資金繰り予測分析に焦点をあてるものから、担保評価を重視するものに変更）。借り手の財務諸表データを分析するパッケージソフトの導入。

(4) 資金調達面での金利リスク、ディーリング業務における市場リスク（価格変動リスク）管理体制が十分整備されていないまま業務拡大。

(5) 不良債権処理の遅れ（1990年代前半）と貸出債権の悪化（1994〜96年）。早期是正措置（自己資本比率規制の厳格化、1997年）に伴う貸し渋り。

(6) 国際業務を中心に信用リスク計量モデルの導入。アジア地区では1996年頃より導入。

(7) 1995年以降、再度、量の拡大から収益性の向上を目指す経営戦略が打ち

出されたものの、不良債権償却を補う収益基盤が、貸付業務、証券・マーケット業務両面で確立できないまま、1998年3月期には株式含み益が底をついていた。

4-4-2 バブル経済に向けた長銀の収益性推移

興銀や長銀のような長期信用銀行は、長期資金の貸出を通じ、産業発展のための、特に事前審査において重要な役割を担っていたことに留意しておきたい。戦後復興から日本経済が高度成長期に向かう頃、長期信用銀行及び日本開発銀行（開銀）を含む政府金融機関による貸出のウェイトは、表4-5に見られるように、1955年において新規設備資金の50％以上を占めていた（なお、1950年代、開銀の貸出は公益事業、特に電力産業と海運に集中されていた。1960年度末において開銀の貸出残高の83％がこの2つの産業セクター向けとなっていた〔Aoki 1994, p.114〕。開銀や興銀の貸出先の中で、電力産業は高度経済成長へ向かうための戦略上重要な位置を占めていた）。高度成長期に続く中成長期及び1980年半ばまでの安定成長期においてさえ、その貸出ウェイトは25％を超えていた。その一方で都市銀行のウェイトは1960年代半ば以降上昇してきていた（Aoki 1994, p.115）。

Aokiによれば、都市銀行の事前審査は、政府金融機関や長期信用銀行の審査によってかなりの部分が補完されていたとされる。特に、興銀の産業政策及びエンジニアリング評価能力は、デファクト（事実上の）コンソーシアムで協調融資を行なっていた都市銀行の審査能力、すなわち取引先の経営能力を見る審査能力を高めたと言われている。メインバンクシステムの最盛期において、多くの日系企業は、運転資金を借りる都市銀行（時には地方銀行）から選ばれたメインバンクとのみ良好な取引関係を維持しただけではなく、長期投資資金を借りる長期信用銀行とも良好な関係を維持していた（Aoki et al. 1994, pp.33-35：Aokiは、都市銀行の事前審査能力は、高度成長期の始めにおいて戦略産業への投資を調整する政府―産業界―銀行界の枠組みに中で育まれたことを強調している。経済発展への方向性が定まれば、産業界による投資判断、銀行界による信用リスク判断は急速に色々なところでなされるようになり、戦略的投資における産業連関あるいは時系列的な補完関係が戦略産業への投資の収益性を高め、失敗するリスクを減らしたとする）。なお、生命保険会社や信託銀行、及びいわゆる「ノンバンク」

表4-5　調達先別新規設備資金：全資金に対する比率（％）

調達先	1955年	1960年	1965年	1970年	1975年	1980年	1985年
株式	7.2	16.1	4.4	8.0	5.3	3.9	2.4
債券	0.8	12.1	6.0	5.2	10.6	5.8	9.0
都市銀行ローン	8.9	9.6	9.6	13.9	19.4	23.5	3.0
長期信用銀行ローン	25.2	14.4	17.9	13.9	12.6	11.5	10.7
その他民間金融機関ローン	28.8	34.1	48.0	44.9	35.7	37.7	33.2
政府資金	29.0	13.5	13.9	13.8	16.0	17.4	13.6
合計金額（10億円）	449.5	2,111.5	3,804.2	9,453.3	17,890	20,715	31,491

出典：Aoki 1994, p115

を除く中小企業向け金融機関からなる「その他民間金融機関」は、この時期比較的大きな貸出シェアを占めている。しかしながら、信託銀行や生命保険会社の事前審査・モニタリングにおける役割は自律的なものでなく（Aoki 1994, p.114）、事前審査の役割は該当取引先のメインバンクに委託されていたと考えられている。

既に4-3-1で議論したとおり、邦銀の資産収益率（ROA）は1970年代以降、主として借り手の「国際化」及び「銀行離れ」により加速された厳しい貸出競争により、既に低下してきていた。加えて、日本政府は1975年に債券・社債市場を創設し始め、そのことは銀行中心とした金融システムの基盤を揺るがし始めた。特に、長期信用銀行が資金調達のために債券（銀行債）を発行できる特権（3-4-2参照）が認められていた古いシステムの基盤が崩れ始めていたのである。

表4-6は、日本長期信用銀行（長銀）の1982年3月期から98年3月期における純収入の内訳を、資金運用純収益（資金運用収入から資金調達費用を差し引いたもの：(1)）、手数料純収益（役務取引等収益から役務取引等費用を差し引いたもの：(2)）、ディーリング純収益（その他業務取引収益から費用を差し引いたもの。なお、この収益の大半は国債等債券ディーリングによるものである：(3)）、及びその他経常収益：(4)）に分けて記述した。なお、その他収益の大半は株式売却益となっており、その額を内書きしている（(5)）。銀行の総収入（経常収入：一般企業における総売上高に相当）は資金調達をして運用さえすれば収入は増えるという意味の両建てで膨らすことが可能なので、経営パフォーマンスを見る上ではあまり適切ではない。表4-6は株式売却益を除き、個々の業務の「収益

表4-6 長銀純収入推移（単位：百万円）

	(1)資金運用純収益	(2)手数料純収益	(3)ディーリング*純収益	(4)その他経常収益	(5)株式売却益	純収益合計
82年3月期	108,048	1,291	-4,930	884	NA	105,293
83年3月期	126,198	3,092	3,117	1,087	NA	133,494
84年3月期	108,256	5,058	10,416	799	NA	124,529
85年3月期	112,078	4,384	4,431	1,228	NA	122,121
86年3月期	120,926	4,878	19,130	1,063	NA	145,997
87年3月期	169,633	2,608	16,743	1,054	NA	190,038
88年3月期	218,382	4,836	4,474	1,188	NA	228,880
89年3月期	169,283	9,485	-63,398	153,092	(80,526)	268,462
90年3月期	137,442	10,168	-11,387	173,272	(144,317)	309,495
91年3月期	118,771	14,863	-1,939	136,385	(112,887)	268,080
92年3月期	151,318	13,383	2,631	178,143	(168,790)	345,475
93年3月期	152,644	26,711	39,250	86,224	(74,032)	304,829
94年3月期	73,701	14,879	88,012	292,111	(267,008)	468,703
95年3月期	50,201	15,506	27,785	456,015	(427,531)	549,507
96年3月期	96,612	21,522	115,905	468,483	(441,153)	702,522
97年3月期	179,176	14,872	49,407	346,404	(319,830)	589,859
98年3月期	178,031	35,040	-1,944	231,796	(219,353)	442,923

注：＊1998年3月期のディーリング純収益は金融デリバティブからの純収入も含む
出典：日経NEEDSより筆者作成

（収入－費用）」を分析対象としている。ちなみに長銀の総収入はバブル発生時に伸び、1988年3月期に1.45兆円（前年比14.11％増）、89年3月期に1.52兆円（前年比5.14％増）、90年3月期に1.98兆円（前年比30.19％増）、91年3月期に2.21兆円（前年比11.43％増）を記録し、バブル崩壊以降も破綻前の1997年3月期決算まで堅調に推移していた。反面、貸出金利息収入は1991年3月期をピークにして、減少の一途を辿っていた。

資金運用純収益は1982年3月期から86年3月期にかけてほぼ横ばいとなっている。金融自由化（4-3-2参照）への対応策として、日本長期信用銀行（長銀）は1985年の革新的な第5次長期計画において、米国金融危機を生き抜いたバンカーズ・トラストの戦略を基盤とした投資銀行への脱皮を志向した。RAROC（リスクウェイトを掛けた資本収益率）の概念を開発した米国投資銀行をコンサルタントとして採用し、様々なリスクを管理するとともに、量の拡大より収益性を重視する質への転換がそこでは反映されていた。しかし、この第5次長期計画はすぐに、国内融資拡大（本業回帰）を優先する第6次長期計画（1988年）

第4章 経済環境変化と制度変化　103

に変更されたことは留意しておくべきである。収益の絶対額、量の拡大が求められたのである。

　先に3-4-1でふれた取引関係を基盤とした邦銀における非アルゴリズム型モニタリング手法は、1980年代後半以降失われていったと考えられる。ROAの低下を補い、名目上の収益を維持するために、邦銀の多くはモニタリングコストを引き下げるか、レバレッジを利かせてローン資産を増やすか、対応せざるをえなくなった。同時に、1984年から着実に進んでいた預金金利自由化・金融規制緩和はレントを基盤とするモニタリング制度を揺るがし始めていた（預金金利については1994年には完全自由化された）。1986年、日本長期信用銀行は行内で使用する貸付申請・承認書式を、従来の資金繰り予測分析に焦点をあてるものから、担保評価を重視するものに変更した。この変更は（1）銀行が顧客を監督する実効力を失いつつあると認識したこと（財務諸表以外の情報を顧客に開示させることが難しくなってきていたこと）、（2）ローン資産を積み上げるために内部審査・承認手続のスピードを上げること、の目的を反映したものであった。1988年、同行は借り手の財務諸表データを分析するパッケージソフトウェアを導入し、借り手のある時点における流動性や収益性を示すに過ぎない財務比率や収益トレンドを機械的に算出し注意を促すシステムを貸付担当者に与えた。こうしたモニタリング手法の変更は、企業の国際化や銀行離れに伴い増加するモニタリングコストを抑えることを意図したものであった。一方、審査・モニタリングのパッケージソフトウェアの導入は、担当者が直観的なモニタリングスキルを修得する必要性を失わせ、モニターとして必要とされる能力開発に対してはマイナスの効果を与えた面があったものと考えられる。同行において担保金融への傾斜が進んだのもこの頃であった。

4-4-3　バブル経済の発生及び崩壊のインパクト

　チャート4-4は長銀における業種別貸出金残高の推移を示したものである。この業種別で破綻直前の1998年3月期において貸出残高が多いセクターとしては、（1）金融保険業（ノンバンク）、（2）不動産業、（3）サービス業、（4）製造業、（5）卸売・小売業となっている。なお、1990年以降この5つのセクター向け貸出は全体の78％を超えていた。また、表4-7を見ると、1985年3月には

チャート4-4 主要業種別貸出金残高推移

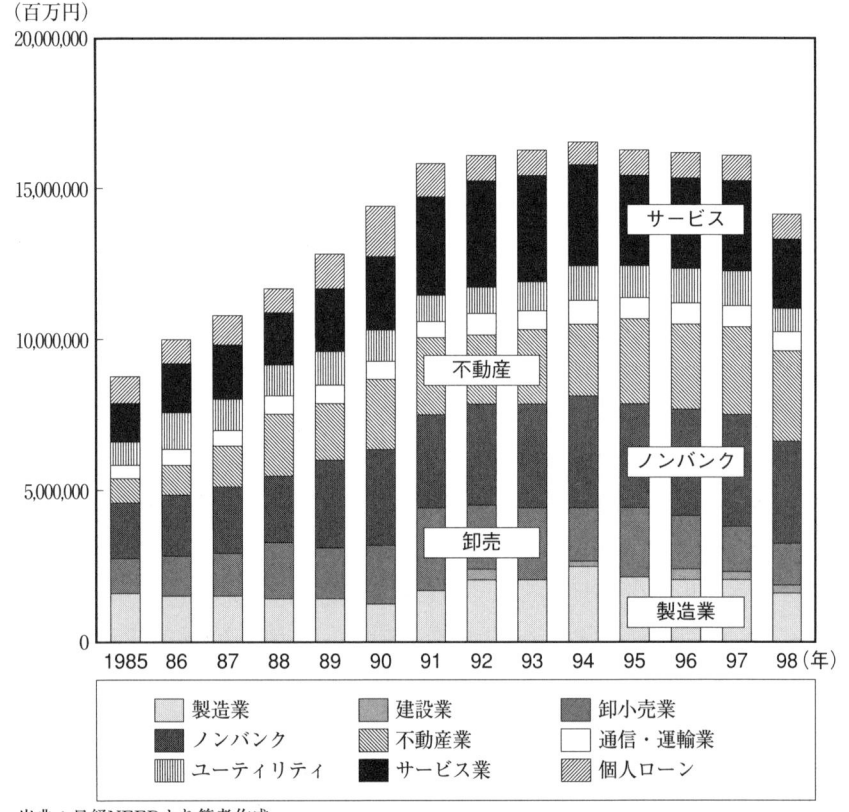

(百万円)

出典：日経NEEDより筆者作成

20％を超えていた製造業向けの貸出残高シェアは急速に低下し、1998年3月には9％を割る水準となっている（ただし、貸出残高ベースでは相対的に大きな変化がないことに留意）。対照的に、金融保険業、不動産業、サービス業向けのウェイトは相対的に高まっていたことが窺える。(1) 製造業向け貸付残高は引き続き一定水準にあったこと、(2) ノンバンク向け（その大半は不動産向け融資のバックファイナンスとなっていた）及び不動産業向けへのローンエクスポージャーの集中、(3) 1980年代後半以降推進された事業金融から担保金融への審査方針の移行——対象プロジェクトの収益性及び資金繰予測審査から担保力（不動産価格評価）審査への依存、これらのことは、長銀が多額の不良債権を抱えた

表4-7 主要業種別貸出金シェア推移

	製造業 (百万円)	シェア (%)	卸売・小売 (百万円)	シェア (%)	ノンバンク (百万円)	シェア (%)	不動産 (百万円)	シェア (%)	サービス業 (百万円)	シェア (%)
85年3月	1,959,290	21.87	934,668	10.43	1,537,042	17.16	808,710	9.03	1,126,120	12.57
86年3月	1,931,136	19.37	958,191	9.61	1,784,657	17.90	1,019,642	10.23	1,448,746	14.53
87年3月	1,804,765	16.64	961,525	8.86	2,140,472	19.73	1,305,914	12.04	1,724,981	15.90
88年3月	1,725,509	14.17	1,115,074	9.16	2,599,680	21.35	1,543,622	12.68	2,098,525	17.24
89年3月	1,584,275	12.06	1,232,825	9.38	2,877,842	21.91	1,775,541	13.52	2,464,739	18.76
90年3月	1,503,169	10.40	1,465,808	10.14	3,137,802	21.71	2,029,150	14.04	3,015,249	20.87
91年3月	1,796,354	11.26	1,717,036	10.76	3,523,904	22.09	2,171,262	13.61	3,314,259	20.77
92年3月	1,847,081	11.11	1,712,095	10.30	3,747,274	22.54	2,276,148	13.69	3,456,729	20.79
93年3月	1,943,048	11.46	1,630,721	9.62	3,723,835	21.96	2,283,576	13.47	3,712,810	21.89
94年3月	2,030,450	11.88	1,586,631	9.28	4,029,423	23.57	2,541,884	14.87	3,340,789	19.54
95年3月	1,949,895	11.63	1,577,250	9.41	4,027,028	24.01	2,662,430	15.88	3,132,478	18.68
96年3月	1,857,902	11.22	1,536,701	9.28	3,765,875	22.74	2,748,200	16.59	3,113,536	18.80
97年3月	1,648,542	9.95	1,413,896	8.53	4,018,443	24.25	2,826,547	17.06	3,042,820	18.36
98年3月	1,310,842	8.95	1,183,379	8.08	3,703,511	25.30	2,702,603	18.46	2,673,737	18.26

出典：日経NEEDSより筆者作成

ことと深く関係があろう。簡単に言えば、経済環境の変化への対応の遅れ、すなわち審査・モニタリングの失敗が不良債権を同行に抱えさせた大きな原因の1つと考えられる。

資金運用純収益

資金運用純収益はバブル前夜の1987年3月期から急上昇し（前年比40.28％増）、翌88年3月期には218,382百万円を計上した（前年比28.74％増）。この時期はまさに、4-3-4の「バブル経済への序曲」で議論したとおり、ROAの低下よりは収益の絶対額を維持増やすために、レバレッジをきかせローン資産を増やし、同時に不動産・建設セクターへの貸出を通じてハイリスク・ハイリターンタイプのローンへの選好を強めた時期にあたる。結果的にはこの期がピークであり、バブル経済の最中である1989年3月期には資金運用純収益は下降し始めている（表4-6参照）。資金運用収入の伸び率と資金調達費用の伸び率を比較すると、89年3月期から91年3月期にかけて、調達コストの伸び率は運用収入の伸び率を超えており、資金調達コストが相対的に高くつき、収益性は低下し始めていたことが窺える（表4-8参照）。

表4-8 資金運用収入及び調達費用推移

	資金運用収入(百万円)	増減(%)	調達費用(百万円)	増減(%)
88年3月期	1,280,380	8.13	1,061,998	4.68
89年3月期	1,315,093	2.71	1,145,810	7.89
90年3月期	1,724,922	31.16	1,587,480	38.55
91年3月期	1,973,866	14.43	1,855,095	16.86
92年3月期	1,971,275	-0.13	1,819,957	-1.89
93年3月期	1,933,555	-1.91	1,780,911	-2.15
94年3月期	1,762,191	-8.86	1,688,490	-5.19
95年3月期	1,803,298	2.33	1,753,097	3.83
96年3月期	1,993,962	10.57	1,897,350	8.23
97年3月期	1,770,984	-11.18	1,591,808	-16.10
98年3月期	934,621	-47.23	756,590	-52.47

出典:日経NEEDSより筆者作成

表4-9 金利スワップ収益と金利純収益(単位:百万円)

	資金運用収入	調達費用	資金運用純収益	金利スワップ収入	金利スワップ費用	スワップ収益[*1]	修正した純収益[*2]
88年3月期	1,280,380	1,061,998	218,382	NA	NA	NA	NA
89年3月期	1,315,093	1,145,810	169,283	26,699	20,662	6,037	163,246
90年3月期	1,724,922	1,587,480	137,442	48,263	41,978	6,285	131,157
91年3月期	1,973,866	1,855,095	118,771	70,679	79,926	-9,247	128,018
92年3月期	1,971,275	1,819,957	151,318	169,416	174,474	-5,058	156,376
93年3月期	1,933,555	1,780,911	152,644	332,349	301,692	30,657	121,987
94年3月期	1,762,191	1,688,490	73,701	433,667	384,466	49,201	24,500
95年3月期	1,803,298	1,753,097	50,201	483,189	440,305	42,884	7,317
96年3月期	1,993,962	1,897,350	96,612	841,007	778,487	62,520	34,092
97年3月期	1,770,984	1,591,808	179,176	858,349	846,743	11,606	167,570
98年3月期	934,621	756,590	178,031	190,387	170,337	20,050	157,981

注:[*1] 金利スワップ取引からの純収益(「金利スワップ収入」から「金利スワップ費用」を差し引いた額)
  [*2] 金利スワップ取引からの純収益を除いた資金運用純収益
出典:日経NEEDSより筆者作成

　資金運用純収益は1994年3月期に急落している(前年比51.7%減。表4-6参照)。なお、留意すべきことは、当該資金運用収入及び資金調達費用において金利スワップ取引を急拡大させていることである。元長銀スタッフからのヒアリング等によれば、これは海外支店及び海外子会社との資金貸借を意味しており、特に1993年3月期以降、かなり大きな金額の金利スワップ差益を計上していたこととなり、海外での収益を本体に移転してきていたことが窺える。すなわち、本体(日本国内)では金利収益がそれだけ落ち込んだことが窺える。表4-9の

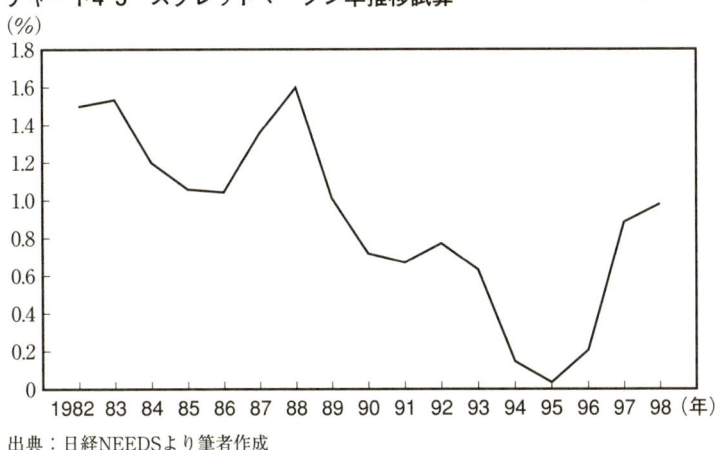

チャート4-5　スプレッドマージン率推移試算

(%)

出典：日経NEEDSより筆者作成

＊2は金利スワップ差益を除いた資金運用純収益を示しており、1994年3月期、95年3月期、96年3月期の落ち込みがいかに激しかったかを示している。国内融資におけるローン債権の不良資産化が進行したものと見られる。

チャート4-5は資金運用純収益（金利収益）をローン資産残高（表4-12：資産項目参照）で割ることにより、マージン率（%）を試算したものである。資金運用純収益はスワップ収益を除いたものとなっている（金利スワップ収入・費用内訳は1988年以前のデータでは提供されていないが、比較的多額の金利スワップ収入を本体で計上しはじめたのは1993年以降であり、1992年以前については、金利スワップ収入の影響は微少と考えられる）。当該試算によれば、1982年、83年には1.5%あったマージン率が、バブル直前の1985年、86年では約1%に減少し、バブルが始まった1987年、88年には回復を見せるものの、1989年には既にマージンは低下し、以降、1990年代に入ってからは1%を割り込む水準となっていたことが窺える。

日銀考査局のレポートによれば、1982年から89年までの全邦銀の金利マージン率（預貸利鞘）の平均値は1.74%であったとする試算がある（BOJ 2001b）。このレポートのユニークな点は、マージン率を銀行が借り手に対し要求すべき貸出スプレッドと貸し手や預金者に対し要求すべき調達スプレッドの2つに分解している点である。この分析では市場性の高いCD3カ月物レートを仕切り

チャート4-6　経常利益推移
（百万円）

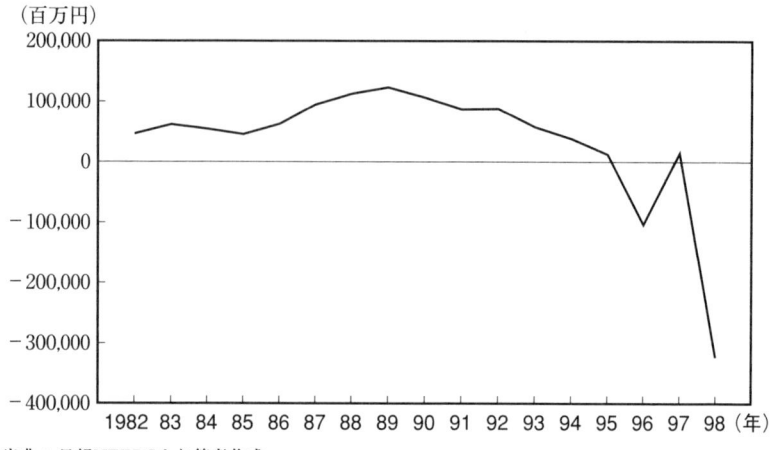

出典：日経NEEDSより筆者作成

レートとしている。この分析によれば1.74％のマージンの内、貸出スプレッドは0.13％、調達スプレッドは1.61％という結果となっている。すなわち、1980年代における邦銀は、貸出先の信用リスクを判断し、スプレッドを確保するというよりは、規制金利体系の中で市場実勢より低く抑えられている資金を確保することで収益を得る構造となっていたものと考えられている。

　長期信用銀行が発行を認められていた利付債券や割引債券は預金金利より比較的高く設定されていたものの、調達スプレッドが収益（マージン率）に貢献するウェイトは他の邦銀同様、高かったものと考えられる。1980年代半ばに進展した金利自由化を受け、調達スプレッドが低下し（すなわちバンクレントの低下）、そのレントの低下を補おうとするレント追求行動として、比較的貸出スプレッドの高い不動産セクターへの融資拡大でバブル前半ではマージン率を回復させたと考えられる。しかしながら、先にも述べたとおり、バブルの最中から既に調達コストは嵩んできており、総じてマージン率を下げてしまっている。言い換えれば、調達コストは増えているものの、そのコスト増を十分に転嫁できないまま、よりリスクの高い融資を増やしてしまったことが窺えるのである。

表4-10 長銀における「保証」を担保とする貸出債権残高とシェア推移

	金額（百万円）	シェア（％）
91年3月	2,641,607	13.91
92年3月	2,676,696	13.76
93年3月	2,675,460	13.86
94年3月	2,771,519	14.47
95年3月	2,793,146	14.79
96年3月	3,392,783	17.87
97年3月	3,873,545	20.54
98年3月	3,274,641	20.77

出典：日経NEEDSより筆者作成

4-4-4　バブル崩壊後の対応

　長銀が国有化される前の最後の頭取となる大野木克信氏が95年に頭取に就任した際に、3つの戦略分野を打ち出している[*2]。すなわち、(1) 資産の量的追求よりも資産負債の両サイドの回転の中で収益基盤を強化、(2) 高成長が期待できるアジア地域などへの積極展開、(3) 先行投資をしてきた証券・マーケット業務の収益化、である。1995年以降、貸倒引当金の積み増し及び不良資産の償却は加速させ、量の拡大から質（収益性）の向上を目指す経営戦略が打ち出されたものの、それを補う収益基盤が、貸付業務、証券・マーケット業務両面で確立ができなかったことが経常利益の低迷に繋がった。その後、長銀はスイス銀行（SBC）との提携（1997年7月）により、投資銀行業務の強化策を打ち出しつつ、SBCグループによる資本参加・資金調達に活路を見出そうとするがその試みは失敗に終わることとなる。チャート4-6は経常利益推移を示している。

収益基盤強化への試み

　長銀の貸出方針はより収益性（ROA）を意識したものに変化しつつはあったと考えられる。1988年のバーゼルアコードは（適用は1992年度以降）、例えば、OECD加盟国の公的セクター機関が発行する証券や保証を担保とするローンをアレンジし、エクスポージャーに係るリスクウェイトを下げるインセンティブを貸し手に与えた（詳細については付録1参照）。貸し手にとっては、実際のリスクとバーゼルアコードにより測定されるリスクとの乖離を探し、自己資本

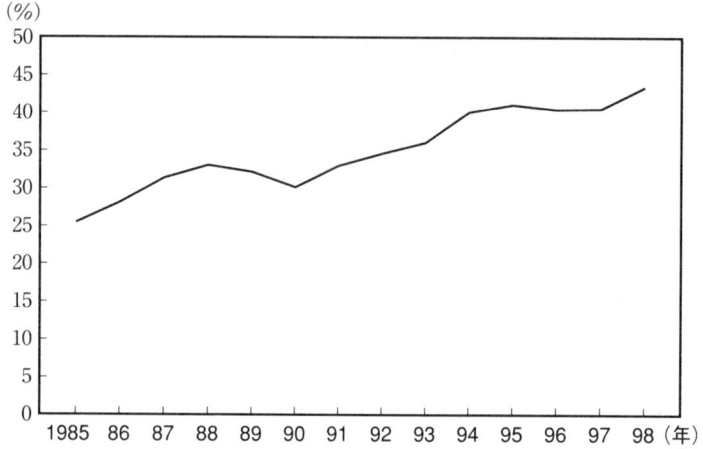

チャート4-7　中小企業向け融資比率（％）

出典：日経NEEDSより筆者作成

比率規制の隙間を狙う取引への誘因となっている面もあった。長銀の財務諸表分析によれば、保証を担保とした貸出債権のシェアは表4-10のとおり増加している。同時に、チャート4-7からは、長銀が相対的に収益性が高いと考えられる中小企業向けの融資比率を高めていったことが窺える。資金運用収入の伸び率に対して、資金調達コストの伸びが抑えられ、1997年3月期、98年3月期の資金運用純収益は回復を見せていた（表4-6）。しかしながらそうした改善努力にもかかわらず、長銀は1998年3月期において新基準評価で1兆3,785億円の不良債権があることを報告するに至った。

アジアにおけるローンビジネス

　元長銀のスタッフによれば、長銀の国際審査部が新しいクレジットポリシーと手続の適用準備を始めたのは1990年代中頃とのことである。その新しいクレジットポリシーとは、統計的倒産確率を基にして信用リスクを計量化するコード化された手法（パッケージソフトウェア）を導入し、海外の借り手が得ている外部格付を銀行内部の信用格付とすることであった。導入当初、長銀の営業及びローンシンジケーション担当のスタッフ、特に邦銀がローン資金供給者として主要な役割を担っていたアジアシンジケーション市場のスタッフはそのコ

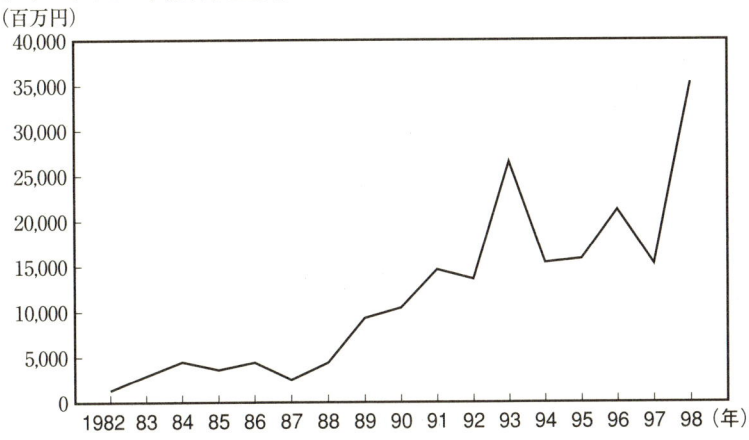

チャート4-8　手数料収益推移
（百万円）

出典：日経NEEDSより筆者作成

ード化された審査手法の導入に難渋を示したという。なぜならば、1996年及び1997年当時、導入されたパッケージソフトで計算され求められる信用リスクに見合うスプレッドマージン幅は著しく高く、市場実勢に全く合わなかったためであった。しかしながら、その後、スタンダード・アンド・プアーズやムーディーズが提供する統計的倒産確率に基づくコード化されたリスク計量手法が次第にローンスプレッドや担保条件を交渉する貸し手側のミーティングにおいて言及されるようになったとのことである。

　また、元長銀スタッフによれば、あるシンジケーションに単にローンを供給する参加銀行として入ることにより期待できる収益では、上記パッケージソフトで計算されるリスクに見合ったスプレッドには全く届かなかったとのことである。次第に、より多くの邦銀はローンシンジケーションにおけるアレンジャーやエージェント業務の収益機会を求めるようになった。これらの業務は当時、主に主要米銀や欧州系銀行によってなされており、そうした欧米系銀行は比較的少ない貸出シェアでより多くの手数料収入を得ていたと考えられる。1997年から1998年にかけてのアジア金融危機は、邦銀の貸出行動に変化があったこと、すなわち、単なるローン供給者として役割が抑えられ、ROAを改善しようとローン資産はあまり使わないように手数料収入を求めるようになったことが、結果としてアジアローンシンジケーション市場における信用収縮を生ん

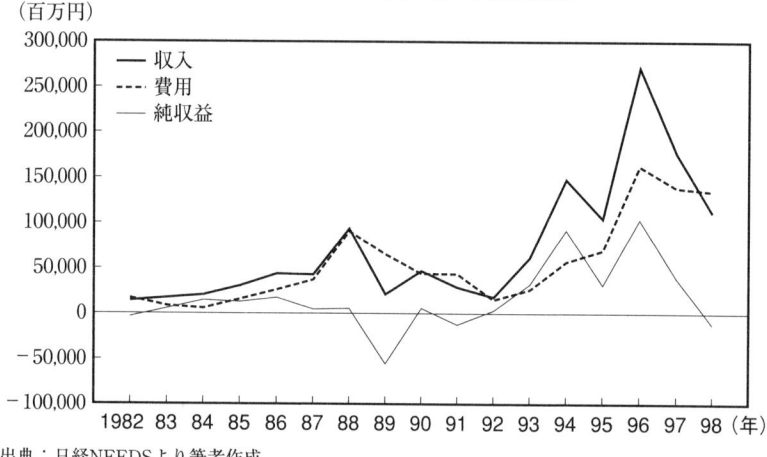

チャート4-9　国債ディーリング収入、費用及び純収益推移
（百万円）

出典：日経NEEDSより筆者作成

だのではないかという指摘もできよう。

手数料収益・ディーリング収益

　長銀は他の邦銀に先駆けて投資銀行業務のウェイトを高め、手数料・役務業務収入を高めようとした銀行として知られている。しかしながら、その業務拡大は一定限度に留まっていたようであり、1990年代に入っても、収益の柱の1つと見なせるまでには至っていない（表4-6の(2)及び、チャート4-8参照）。

　ディーリング収益（表4-6の(3)）の大半は国債等債券ディーリングによるものとなっている（1991年3月期のみ外国為替売買益が当期のディーリング収入の約50％を占めているが、1988年以降、平均してこの収入の約85％が国債等債券ディーリング〔売買益・償還益を含む〕によるものとなっている）。

　長銀は1980年代半ばから国債ディーリングに力を入れ始め（取扱高としては同時邦銀トップと言われていた）、1984年には17,125百万円、85年には12,831百万円、86年には16,969百万円の収益を計上した。しかしながら、取扱高は増やすものの、収益としては圧縮され（1987年に4,453百万円、88年には7,363百万円を計上）、89年には53,884百万円の損失を計上し、91年にも21,498百万円の損失を出している（チャート4-9及び表4-11参照）。

第4章　経済環境変化と制度変化　113

表4-11　長銀の国債ディーリング純収益と国債10年物指標銘柄利回り推移

	純収益（百万円）	X（％）	Y（％）
82年3月期	721	NA	NA
83年3月期	13,971	7.36	NA
84年3月期	17,125	6.46	−0.90
85年3月期	12,831	5.55	−0.91
86年3月期	16,969	5.26	−0.29
87年3月期	4,453	4.51	−0.75
88年3月期	7,363	4.75	0.24
89年3月期	−53,884	5.72	0.97
90年3月期	7,535	7.10	1.38
91年3月期	−21,498	5.38	−1.72
92年3月期	2,884	4.51	−0.87
93年3月期	36,705	3.04	−1.47
94年3月期	92,015	4.58	1.54
95年3月期	31,428	2.90	−1.68
96年3月期	98,565	2.57	−0.33
97年3月期	40,036	1.65	−0.92
98年3月期	−13,280	2.01	0.36

出典：日経NEEDS及び内閣府 2002より筆者作成

　表4-11のXは国債流通利回りの参考として、東証上場国債10年物指標銘柄の終値（内閣府 2002）を示したものであり、Yはその利回りの前年比格差を表示したものである。債券利回りの下落は債券価格の上昇を示し、また利回りの上昇は債券価格の下落を意味する。1984年から87年にかけては、金利下落局面で債券価格は上昇局面であったことが窺える。1988年から金利は上昇局面に変わり、債券価格は下落したものと考えられる。1989年3月期における損失計上はこの債券市場の下落と関係があるものと推測される。なお、1991年3月期は終値ベースでは金利下降局面（債券価格上昇局面）に入ったものの、期中においては、バブルを抑制するための大蔵省の貸出規制や日銀の比較的タイトな金融政策により市場金利は高めに誘導されており、債券市場心理は弱いものであった。総じて言えば、債券ディーリング益は債券価格上昇に主として委ねられており、ディーリングに伴う市場リスク（価格変動リスク）を管理する体制は十分ではなかったものと推測する。

　なお、1990年代半ば以降、長引く金融停滞及び景気後退に対処すべく当局は金融緩和策を継続し、これは銀行の資金調達コストを下げることにより経営

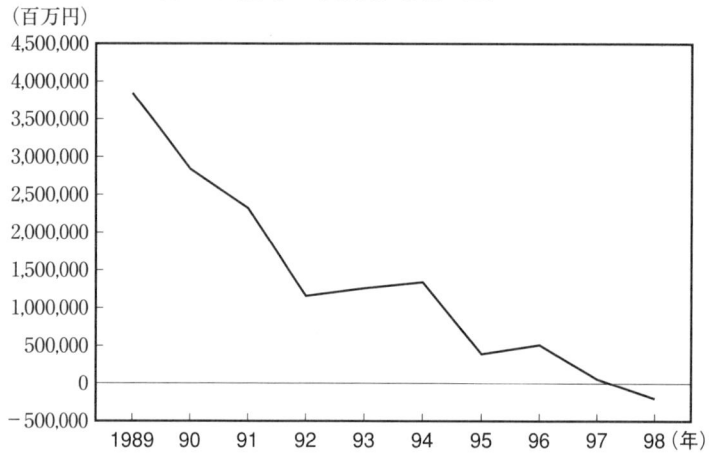

チャート4-10　含み益（保有上場有価証券含み益）
（百万円）

出典：日経NEEDSより筆者作成

改善を促す目的もあったことが言われている。こうした金融環境で、長銀は債券ディーリングでかなりの収益を得ている。しかしながら、収益額には変動が伴い、安定的な収益源とは言えないことは留意すべきである。

株式売却益

　1994年3月期から3期に渡る急激な資金運用収益の落ち込み、ローン資産の不良債権化の進行及び後述する不良資産の償却負担の主たる原資となったのは、保有株式の売却益、すなわち益出しであった。1994年3月期には株式売却益が収益に占める割合は50％を超え、以降、高い水準を続けることとなった。

　なお、長銀は1989年3月期において3.84兆円の保有株式（上場有価証券）含み益を有していた。益出しを本格化させた1994年3月期において含み益残は1.26兆円あった。その後の益出しおよび株価低迷により、1998年3月において、含み益は底をついたのであった（1998年3月には247,108百万円の含み損を抱えるに至った。チャート4-10参照）。

　既に論じたとおり、長銀の資金運用収益（金利収益）においてマージンはバブル最盛期の1989年以降90年代を通じ、低い水準のままにあった（チャート4-5）。言うまでもなく、元利金支払いが滞る延滞債権の増加が最大の要因と思

われるが、信用リスクを反映したプライシング行動が遅れたとの議論もあろう。先に紹介した日銀考査局のレポート（BOJ 2001）によれば、不良資産の償却コストが急速に増加した1990年代後半以降も邦銀の貸出スプレッドの改善幅は調達スプレッドの悪化幅を補う程度に止まっていたとのデータもある（1990～99年における平均マージンは1.83％に留まり、内、貸出スプレッドは0.90％、調達スプレッドは0.93％に分解されている）。顧客との長期的関係を重視した場合、銀行によるスプレッドの一方的な改善は現実問題として困難であったとの指摘があるが（BOJ 2001b）、結果的には、銀行は株式含み益を実現すること（益出し）を余儀なくされたのである。なお、経費関連データについては付録2に掲載している。

4-4-5 財務状況の推移

長銀の財務状況の推移についてポイントのみふれておく。

資産（表4-12）

ローン資産については、1980年代後半から1992年3月期にかけて、いわゆるバブル期間において増加している。前年比の増加額としては、1987年3月に1.14兆円、88年3月に1.73兆円、89年3月に1.65兆円、90年3月に2.54兆円、91年3月に0.65兆円、92年3月に0.46兆円となっており、92年3月におけるローン資産残高は19.45兆円となっている（表4-12参照）。バブル直前の1986年3月期の11.27兆円と比べ、8.18兆円ものローン資産を積み上げていたことがわかる。なお、1986年3月期の資金運用純利益120,926百万円、92年3月期の同利益は151,318百万円が計上され、増加額は30,392百万円となっている。単純な計算によれば、この増加額を同時期におけるローン資産増加額の8.18兆円で割ると、0.371％（37.1ベーシスポイント）と全体としてはかなり薄利なローン資産の積み上げとなっていたことが窺える。

資産項目でその他留意すべき点としては、現金残高が1995年3月時点を除き、バブル崩壊以降低下傾向にあったことである（チャート4-11参照）。特に1998年3月においては1,000億円を割り込む水準となり、かなり流動性の問題が深刻化していたことが窺える。TBや株式を含む有価証券残高はある水準に留ま

表4-12 主要資産項目（単位：百万円）

	総資産	ローン資産	現預金	有価証券	（国債TB）	（株式）	支払保証
82年3月	12,499,130	7,214,388	1,479,973	1,974,496	804,755	444,447	958,033
83年3月	14,429,630	8,095,142	2,054,773	2,089,659	856,601	484,241	1,126,329
84年3月	15,762,920	8,940,181	2,070,913	2,269,960	827,144	536,868	1,108,129
85年3月	18,495,980	10,331,710	2,472,891	2,809,947	829,653	590,256	1,723,780
86年3月	19,369,860	11,270,030	2,241,362	3,001,246	710,150	610,329	1,689,990
87年3月	20,792,410	12,412,190	1,860,806	3,674,539	1,020,121	649,255	1,842,770
88年3月	22,689,440	14,142,670	2,140,753	3,583,418	860,110	841,796	1,763,878
89年3月	24,850,410	15,796,600	1,878,044	3,746,108	1,004,047	1,095,671	1,895,759
90年3月	30,339,240	18,338,870	2,838,413	4,611,809	1,230,041	1,494,826	2,633,670
91年3月	30,697,450	18,992,480	2,640,239	4,709,963	1,017,284	1,643,286	2,488,490
92年3月	31,582,620	19,453,280	2,790,399	4,819,488	1,003,012	1,714,042	2,140,725
93年3月	30,865,840	19,299,220	3,233,614	4,607,705	1,024,427	1,736,876	1,721,898
94年3月	29,762,490	19,153,720	2,968,293	4,587,305	1,079,034	1,991,643	1,263,496
95年3月	31,720,180	18,889,720	4,859,705	4,915,322	1,179,547	2,240,638	1,115,824
96年3月	29,515,430	18,981,800	1,572,007	5,399,802	1,209,313	2,577,303	1,186,570
97年3月	29,164,610	18,860,700	1,583,435	5,172,033	1,211,741	2,249,084	1,244,247
98年3月	26,190,000	15,765,020	1,481,747	4,134,587	1,195,800	1,756,496	1,106,652

出典：日経NEEDSより筆者作成

チャート4-11 現金残高推移（単位：百万円）

出典：日経NEEDSより筆者作成

表4-13 主要負債項目（単位：百万円）

	負債勘定	預金	CD	債券	借入金	その他負債	貸倒引当	支払保証
82年3月	12,208,810	2,872,319	466,691	6,968,302	179,374	43,380	63,579	958,033
83年3月	14,121,030	3,227,098	818,422	7,707,180	192,394	27,234	70,598	1,126,329
84年3月	15,437,370	3,289,218	837,547	8,660,864	188,041	24,975	75,552	1,108,129
85年3月	18,153,310	4,269,430	804,347	9,631,533	216,806	74,246	82,236	1,723,780
86年3月	19,008,460	3,987,756	492,669	10,520,440	183,152	43,903	123,800	1,689,990
87年3月	20,400,490	4,018,574	555,076	11,465,730	103,618	48,764	130,929	1,842,770
88年3月	22,179,430	4,798,095	922,162	12,222,750	183,668	61,428	149,422	1,763,878
89年3月	24,179,190	5,177,905	1,656,251	12,801,780	221,911	113,810	169,292	1,895,759
90年3月	29,369,980	7,406,024	1,799,196	14,391,280	261,715	144,267	135,178	2,633,670
91年3月	29,678,340	6,518,006	1,088,422	16,477,190	371,890	151,464	125,993	2,488,490
92年3月	30,520,860	6,129,995	712,954	18,382,400	533,267	284,924	134,083	2,140,725
93年3月	29,797,350	6,323,766	417,814	18,177,470	837,042	283,512	161,580	1,721,898
94年3月	28,687,280	5,773,718	437,461	17,894,970	824,464	150,004	314,506	1,263,496
95年3月	30,644,190	7,158,738	228,930	17,673,990	934,391	160,964	396,753	1,115,824
96年3月	28,571,550	5,628,122	1,321,133	16,005,150	1,009,826	690,781	497,588	1,186,570
97年3月	28,213,030	6,012,562	2,059,633	15,154,790	1,304,436	608,078	457,881	1,244,247
98年3月	25,402,840	4,503,927	1,408,284	11,939,190	1,608,774	1,412,261	738,347	1,106,652

出典：日経NEEDSより筆者作成

っており、これは株式の持ち合いにより売り切ることができない株式や、既にこうした有価証券を担保にして資金調達をしていたか、いずれにせよ、流動資産とは言え、現金化しにくい資産となっていたものと推測する。

負債（表4-13）

　資金調達としては、主としては債券（利付債券、割引債券）消化に頼る構造となっている（表4-14）。比較的調達コストが高いCDでの調達比率はバブル最盛期の1989年3月期、90年3月期に増加しており、このことは先に述べた、1989年3月期より資金運用純収益性が低下したことと関連があるものと思われる。なお、1996年3月期以降、再びCDの調達比率は高まっており、加えて、外部借入比率の高まりは、流動性の低下と関連があるものと思われる。

資本（表4-15）

　既に述べたとおり、長銀は1998年3月期において新基準評価で1兆3,785億円の不良債権があることを報告するに至っていた。貸倒引当金（負債勘定）残

表4-14 負債総額に占める割合

	預金シェア(%)	CDシェア(%)	債券シェア(%)	借入金シェア(%)
82年3月	23.53	3.82	57.08	1.47
83年3月	22.85	5.80	54.58	1.36
84年3月	21.31	5.43	56.10	1.22
85年3月	23.52	4.43	53.06	1.19
86年3月	20.98	2.59	55.35	0.96
87年3月	19.70	2.72	56.20	0.51
88年3月	21.63	4.16	55.11	0.83
89年3月	21.41	6.85	52.95	0.92
90年3月	25.22	6.13	49.00	0.89
91年3月	21.96	3.67	55.52	1.25
92年3月	20.08	2.34	60.23	1.75
93年3月	21.22	1.40	61.00	2.81
94年3月	20.13	1.52	62.38	2.87
95年3月	23.36	0.75	57.67	3.05
96年3月	19.70	4.62	56.02	3.53
97年3月	21.31	7.30	53.72	4.62
98年3月	17.73	5.54	47.00	6.33

出典：日経NEEDSより筆者作成

表4-15 主要資本勘定項目（単位：百万円）

	資本金	資本準備金	利益準備金	その他任意積立金	積立・取り崩し額	資本勘定	負債＋資本勘定	資本比率
88年3月	140,225	49,787	22,472	241,644	55,883	510,013	22,689,440	2.25
89年3月	192,777	102,334	25,366	271,500	79,238	671,217	24,850,410	2.70
90年3月	318,528	228,083	28,824	321,356	72,465	969,258	30,339,240	3.19
91年3月	321,940	231,493	32,657	362,254	70,760	1,019,106	30,697,450	3.32
92年3月	322,195	231,748	36,491	402,116	69,202	1,061,754	31,582,620	3.36
93年3月	322,205	231,758	40,325	440,021	34,178	1,068,489	30,865,840	3.46
94年3月	322,214	231,767	44,160	442,982	34,079	1,075,204	29,762,490	3.61
95年3月	322,229	231,782	48,034	445,953	27,991	1,075,991	31,720,180	3.39
96年3月	322,229	231,782	51,868	445,918	−107,919	943,880	29,515,430	3.20
97年3月	322,229	231,782	54,264	314,627	28,669	951,574	29,164,610	3.26
98年3月	387,229	296,782	57,140	317,630	−271,615	787,167	26,190,000	3.01

出典：日経NEEDSより筆者作成

高は1998年3月において7,383億円が計上されているので（表4-13参照）、差し引き、6,402億円の引当金でカバーされない不良資産がある計算となる。また、これも既に述べたとおり、1998年3月において、株式含み益は底をついており、しかも1998年3月には2,471億円の含み損を抱えている。一方、資本勘定残高は7,872億円に減少しており、事実上、この段階で不良資産及び株式含み損を資本ではカバーしきれておらず、これらが償却されるとすれば、長銀は債務超過に陥っていたと考えられる。

長銀は1998年10月に金融再生法の特別公的管理（一時国有化）第1号として破綻認定を受けるに至ったのである。なお、国有化された長銀は2000年3月に再民営化され、同年6月に名称変更され新生銀行となっている。

4-5 米国型審査・モニタリング手法の限界

日本は1980年代半ば以降、伝統型とも言える日本型金融・モニタリングシステムを捨て、米国が推進・唱導する規制緩和により米国型金融システムに適応することを促されてきている。すなわち、モニタリングに係るトランザクションコストの高まりを避けるための代替制度として米国型モニタリングシステムへの移行が進められてきた。このことを、それぞれの特徴をこれまで整理してきた図式で示すと、図4-2の(1)の制度から(2)への制度転換が目指されているということを意味する。この米国型モニタリングシステムへの制度転換は日本の伝統的モニタリングシステムに発生していた問題を解決するものであったのであろうか。より具体的に言えば、次の2点について議論する必要がある。

(1) 信用（クレジット）リスクを計量化し、リスクウェイトを掛けた資本収益率を算出する等の実用的な基準を基盤とする米国のモニタリングのやり方は、どの程度効果的なものと考えられるのか。
(2) 多様性のある投資家層の厚みに支えられている証券市場を創設することはどの程度可能なのか（邦銀の金融仲介機関としての機能を分散させることはどの程度可能なのか）。

図4-2 モニタリング構造比較

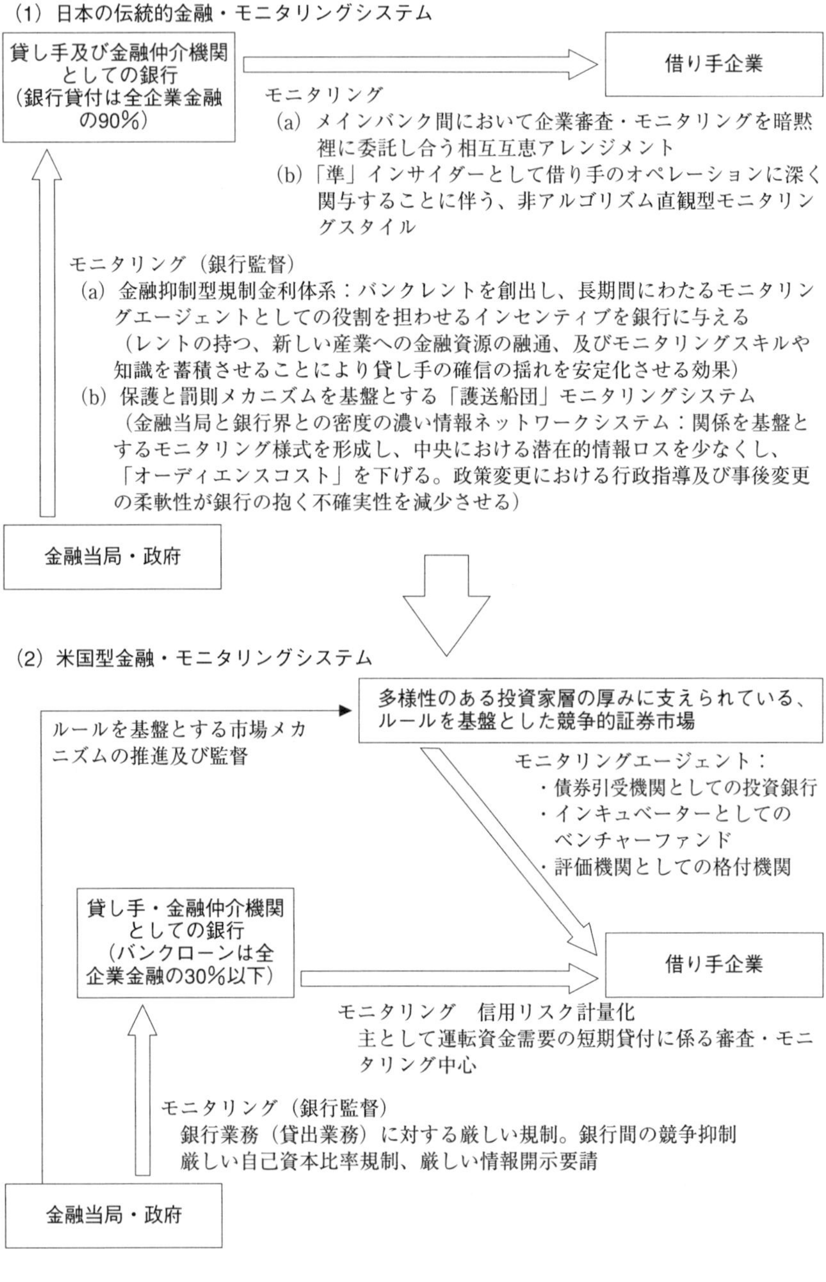

(1) 日本の伝統的金融・モニタリングシステム

貸し手及び金融仲介機関としての銀行
（銀行貸付は全企業金融の90％）

→ モニタリング → 借り手企業

(a) メインバンク間において企業審査・モニタリングを暗黙裡に委託し合う相互互恵アレンジメント
(b) 「準」インサイダーとして借り手のオペレーションに深く関与することに伴う、非アルゴリズム直観型モニタリングスタイル

モニタリング（銀行監督）
(a) 金融抑制型規制金利体系：バンクレントを創出し、長期間にわたるモニタリングエージェントとしての役割を担わせるインセンティブを銀行に与える
　（レントの持つ、新しい産業への金融資源の融通、及びモニタリングスキルや知識を蓄積させることにより貸し手の確信の揺れを安定化させる効果）
(b) 保護と罰則メカニズムを基盤とする「護送船団」モニタリングシステム
　（金融当局と銀行界との密度の濃い情報ネットワークシステム：関係を基盤とするモニタリング様式を形成し、中央における潜在的情報ロスを少なくし、「オーディエンスコスト」を下げる。政策変更における行政指導及び事後変更の柔軟性が銀行の抱く不確実性を減少させる）

金融当局・政府

(2) 米国型金融・モニタリングシステム

多様性のある投資家層の厚みに支えられている、ルールを基盤とした競争的証券市場

ルールを基盤とする市場メカニズムの推進及び監督

モニタリングエージェント：
・債券引受機関としての投資銀行
・インキュベーターとしてのベンチャーファンド
・評価機関としての格付機関

貸し手・金融仲介機関としての銀行
（バンクローンは全企業金融の30％以下）

→ 借り手企業

モニタリング　信用リスク計量化
　主として運転資金需要の短期貸付に係る審査・モニタリング中心

モニタリング（銀行監督）
　銀行業務（貸出業務）に対する厳しい規制。銀行間の競争抑制
　厳しい自己資本比率規制、厳しい情報開示要請

金融当局・政府

上記 (1) についてこの節で、(2) について次節で議論する。

　信用（クレジット）リスクを計量化し、リスクウェイトを掛けた資本収益率を算出する等の実用的な基準を基盤とする米国のモニタリング手法（3-2及び付録1参照）は、どの程度効果的なものと考えられるのか。1980年代後半あるいは遅くともバブル経済崩壊後、邦銀のマネージャーは、米国型証券市場を基盤とする金融システムにおいて実践されてきた金融仲介、モニタリング及び信用リスク管理のやり方を意識あるいは踏襲し始めていたと考えられる。例えば、当時、興銀のスタッフであった御代田（1994）は、リスクウェイトを掛けた収益という概念がいかに米銀の復活に重要であったかを指摘している。長銀は、米国投資銀行で1980年代のはじめにRAROC（リスクウェイトを掛けた資本収益率）の概念を開発したバンカース・トラストをコンサルタントとして採用し、収益とパフォーマンスを測る重要なツールとして同社のシステムを導入していた。その一方で、米国が影響を与えたバーゼル自己資本比率規制は、急速に銀行の経営健全性を測るスタンダードな規範となり、邦銀のマネージャーの行動を制約する新たなルールとなっていった。

　バーゼル会議が各国銀行監督庁（金融当局）に促していることの1つに、監督している銀行に、国際的に通用している手法・モデルを使い、信用リスクを計量しリスク総量を計算させる方針が挙げられる（BCBS 1999a, p.8参照）。同時に、標準化された信用リスク計量モデルは、銀行におけるリスク管理や、顧客別収益分析やリスクウェイトを掛けたプライシングを含むパフォーマンス評価プロセスにおいて益々重要になってきている（同 Summary）。計量モデルに使われている概念的手法には簡単なものから複雑なものまで幅はあるものの、バーゼル会議が焦点をあてているのは、ローンポートフォリオの現在の価値を評価し、想定される時間軸における期末時点において、そのポートフォリオの将来価値がどのようになるかの確率分布を推定するモデルである。一般的に、ポートフォリオの期待貸付損失は上記2つ、期初と期末時点とのポートフォリオ価値の差と定義でき、重要なポイントとしては、当該モデル計算の重要な入力数値となる、期待される倒産（デフォルト）確率（期待デフォルト頻度 expected default frequencyあるいはEDFともいう）をどのように決めるかということにある。

表4-16　格付変化のサンプル・マトリックス：1年後に他の格付に動く確率

1年後のクレディトレーティング（信用格付）

		AAA	AA	A	BBB	BB	B	CCC	Default
ある時点での信用格付	AAA	87.74	10.93	0.45	0.63	0.12	0.10	0.02	0.02
	AA	0.84	88.23	7.47	2.16	1.11	0.13	0.05	0.02
	A	0.27	1.59	89.05	7.40	1.48	0.13	0.06	0.03
	BBB	1.84	1.89	5.00	84.21	6.51	0.32	0.16	0.07
	BB	0.08	2.91	3.29	5.53	74.68	8.05	4.14	1.32
	B	0.21	0.36	9.25	8.29	2.31	63.89	10.13	5.58
	CCC	0.06	0.25	1.85	2.06	12.34	24.86	39.97	18.60

出典：BCBS 1999a, p.21[*3]

　基本的には、各取引先に対し銀行の審査部門のスタッフによって付けられる銀行内部の信用リスク格付が、従来このEDFを決定する重要な基準であった。従って、各銀行が適用しているEDFは各々の経営環境や貸付業務戦略によって変更されうる。しかし、バーゼル体制は貸し手に対し、スタンダード・アンド・プアーズやムーディーズの社債格付のような統計的外部格付を使い、各々のEDFの正当性を持たせることを推奨してきている。新しい自己資本比率規制の提案の中で、バーゼル会議は、現行のアプローチを、外部格付・外部審査手法をリスクウェイト決定に使うシステムに変えることを推進することを決定した。会議は、銀行内部の格付を基準とする審査アプローチのもとで課せられる自己資本が、外部格付を基準とする標準化されたアプローチによるものと不一致や歪みがないことを強く求めているのである（BCBS 1999b, pp.37-40）。バーゼル会議で推進された信用リスク計量モデルの基本的手法は、米銀のための「競技場を平らにせよ」という、米国金融規制に則った米国金融当局の求めによって推進されてきた面については既にふれた（3-2参照）。

　サンプルとして、あるレーティング（格付）の企業が1年後どの格付になるかの確率をマトリックス表示したものを見てみることにする（表4-16参照）。この確率は米国の格付会社スタンダード・アンド・プアーズが、ある時点における過去の統計データに基づき算出したものである。左側の行は現在の信用格付を示し、列は1年後の信用格付を指しており、個々の行と列が交わるセルはその移行の確率を表している。例えば、現在Bの格付の会社への貸付が1年後返済不能となる確率は5.58％とされる。こうした情報を審査基準に使用する銀

行は増えており、例えば、格付Bの企業には融資をしないという基準を定めたり、前提される倒産確率を5.58％と置き、そのリスクに見合う金利を設定する等の審査・貸出行動を促している。

　EDFを使うことの最大の制約は、EDFを長い期間にわたるデフォルト率の計算に用いることは適切ではないことである。EDF算出モデルとして普及したKMVモデル（KMVは1989年にStehen Kealhofer〔K〕, John McQuown〔M〕, Oldrich Vasicek〔V〕の3人を中心に設立されたベンチャーで、現在はムーディーズが買収。KMVモデルでは、企業の価値がその名目債務額を下回る事態をデフォルトとし、企業価値を示す株価の動きによって企業のデフォルト確率を算出できると考える）を調査した長銀の内部資料によると、KMVでは1年先のデフォルト率までしか提供していなかった。KMVをインタビューした元長銀行員へのインタビューによると、KMVは期間1年のEDFの有意性については自信を持っていたが、期間3年では適用は難しいことを認めていたという。元興銀のスタッフであった中里氏もKMVのヒアリングを通じ、類似の問題点を指摘している（大野、中里 2004, pp.182-190）。

　また、外部格付は、基本的にスタンダード・アンド・プアーズやムーディーズ等の格付機関独自の判断でつけられており、審査方法や格付基準の詳細については公開されていないことに留意しておく必要がある。経済産業省の委託調査として日経リサーチが日本インベスター・リレーションズ協議会（JIRA：Japan Investor Relations Association）の協力を得て行なった調査[*4]は格付機関の格付を日系企業がどのように見ているのかを知る上で興味深いデータを示している。格付取得状況について、全株式公開企業3,615社（2002年12月時点）向けのアンケート調査で集計対象数1,344社からの回答によれば、依頼して格付を取得している会社が全体の33％、勝手格付を受けている会社が11.8％、全く受けていない会社が53.8％、わからないと回答した会社が9％であった。業種別では金融・保険業及びその他非製造業が格付を得ている比率が高く、農林水産業、卸売り及びサービス業は格付を得ていない比率が高い。格付会社の行なった自社の格付に対して異議を唱えたことがあるかの問いには、72.8％の会社が異議を唱えたことはないと回答し、異議を唱えたことがあると回答したのは26％に留まった。なお、この異議に対する格付機関の反応としては、異

議は認めなかったが納得のいく説明があったとしたのが37.5％、異議を認めず、納得のいく説明もなかったとするのは47.3％となっている。

格付機関が格付審査に際して詳細な開示を企業に望んでいる情報は何かとの問いを企業にアンケートしたところ、上位の項目は以下のとおりとなっている（複数回答可）。

(1) 財務・決算内容（連結）(87％)
(2) 中長期経営計画などの来期以降の業績見通し (83％)
(3) 財務・決算内容（単独）(79％)
(4) 事業戦略・経営戦略 (78％)
(5) 事業別セグメント情報 (77％)

また、格付会社に対する情報提示の内容に不足がある原因としては、「内部機密上開示できない情報がある」との回答が59％を占めていることには留意すべきである。すなわち、ある極めて重要な情報は格付機関による格付審査には必ずしも反映していないことを示している。なお、企業から見た格付機関の問題点としては (1) 格付の評価基準があいまい (45.4％)、(2) 発行企業に対する説明が十分ではない (24.3％)、(3) 分析能力が不十分 (15.1％)、(4) 格付会社間の競争原理が働いていない (13.7％) が上位を占めている。

もちろん、経済がより複雑になるにつれて、リスク管理手法も新しい手法が求められることは言うまでもない。企業活動の国際化や技術革新が進むほど、貸し手である銀行が借り手である企業の信用力を審査したりモニタリングしたりすることは、益々難しくなってくる。限定合理性は、モニタリングのためのスキルや知識を内製化することに努める代わりに、コード化された信用リスク計量方法や広く使われている信用情報を使うことを貸し手に促す。しかしながら、米国型システムにおいて有効と考えられているコード化された信用リスク管理手法が、普遍的に適用できるとは限らないのである。あらゆるリスクをヘッジする市場がない以上、どんなにサンプルデータを集めたとしても、誤謬なくEDFの絶対的数値を決定することは理論的に不可能である。外部格付機関によって提供されている信用リスク格付の変動を示すマトリックス（1年以内

に他の格付に変動する確率を示すマトリックス)は統計的には有意であっても、ある特定の会社がどちらの方向に変動するかについてはマトリックスではわかりようがないのである。Simonが思い出させてくれるように、人の持っている知識は、将来の期待を正確に計算し数字に置き換える基盤を与えてはいないのである。

「何羽の白鳥を見たからといって次に飛んでくるのが黒鳥ではないと言い切ることを保障することはできない。(中略) 理屈をつける(合理性を持たせる)プロセスは象徴的なインプットを入れ、象徴的なアウトプットを出すことから始まる。最初のインプットは一般的に受け入れられているもの、それ自体は論理的に導かれたのではなく、単に実証的な観察やさらに単純に示唆されたものである。(中略) インプットからアウトプットへの変換プロセスについても外部の命令や力によって導かれるものであり、合理性の結果とは限らないのである」(Simon 1983, p.190)

推定のルール(やり方)の中に存在する恣意性にかかわらず、貸し手は統計的EDFやそれをベースとした外部格付を重要なインプットとして信用リスクを計量化している。なぜなら、銀行監督庁により、リスクウェイトを掛けたプライシング及び自己資本比率を計算するための規範的手続に沿うように求められているからである。過去、銀行員は審査・モニタリングのプロフェッショナルと考えられており、銀行は長期資金を安定的に新規産業や中堅企業に仲介・供給する重要な役割を担っていた。一方、外部格付機関は、クレジット情報へのアクセスに限界があるプロフェッショナルではない投資家のために、社債発行企業(適債基準をクリアする優良企業中心)の信用情報を提供するという限定的な役割を担ってきた。外部格付機関が提供する、公開企業の社債格付や統計的EDFに銀行が頼るようになればなるほど、銀行貸付もまた、債券市場における投資家の行動と一致し始めるのである。3-2でもふれたとおり、米国金融当局は米国証券市場については、競争的で、保護的ではない枠組みを提供している。そこには、多様性のある投資家層の厚みに支えられている市場メカニズムが効率的に金融資源を配分するであろうとする新古典派的な考え方が反映し

ている。様々な血気（アニマル・スピリット）やイニシアティブを持つ、多様性のある投資家層の厚みがあることは、経済成長を促すあらゆる範囲の経済活動を促す資金を供給する上で不可欠と考えられる。この投資家層が全体として様々なタイプのリスクや不確実性を吸収しうる限り、その投資市場はダイナミックに機能する。このことは、米国型金融システムを普遍的に適用することはできないことを意味する。なぜなら、このシステムの重要な基盤と考えられる投資家層を他国のシステムが持っているとは限らないからである。このことは次節で議論する。

4-6　1990年代における日米金融構造の変化

　邦銀のマネージャーは、米国型証券市場を基盤とする金融システムにおいて実践されてきた金融仲介、モニタリング及び信用リスク管理（リスクを勘案したプライシングも含む）のやり方を踏襲することを促されている。その一方で、邦銀が抱える不良債権残高はバブル経済崩壊以降減少せず、2001年3月には32.5兆円に達しており（内閣府 2001）、さらに、2002年3月には43.2兆円に増加している（内閣府 2002）。果たして日本において、多様性のある投資家層の厚みに支えられている証券市場を創設することはどの程度可能なのかを議論する必要がある。

　米国型金融システムを支える厚く多様性のある投資家層が日本にはどの程度いるのであろうか。邦銀の金融仲介機関としての機能を分散させることはどの程度可能なのか。米国による「競技場を平らにせよ」――預金金利・手数料の自由化――の要求（3-2及び4-3-2参照）はどのように日本の金融構造を変えたのであろうか。これらの点につき、日本銀行がワーキングペーパーとして2000年の12月28日に出した「Japan's Financial Structure - in View of the Flow of Funds Accounts」の中の実証データを用いて議論を進める。彼らの資金循環統計（Flow of Funds AccountsあるいはFFA）の分析は1990年代における日米それぞれの金融構造の変化及び特徴を比較する上で極めて有益な情報を与えてくれている（Suzuki 2002参照）。資金循環統計（FFA）は包括的金融統計であり企業や家計、政府等の経済主体間の資金変動や資金貸借関係を示している。

表4-17 日米家計部門における金融資産比較

	金融資産の種類	1990年3月		2000年3月	
日本	現預金	449	(48.5%)	748	(53.8%)
	債券・社債	69	(7.5%)	57	(4.1%)
	投資信託	36	(3.9%)	35	(2.5%)
	株式・出資	123	(13.3%)	117	(8.4%)
	保険・年金積立金	191	(20.6%)	384	(27.6%)
	その他	57	(6.2%)	49	(3.5%)
	合計（兆円）	926	(100%)	1,390	(100%)
米国	現預金	2.9	(19.4%)	3.5	(9.6%)
	債券・社債	1.9	(12.8%)	3.3	(9.2%)
	投資信託	0.8	(5.6%)	4.2	(11.5%)
	株式・出資	5.1	(33.7%)	13.4	(36.9%)
	保険・年金積立金	3.9	(25.8%)	11.0	(30.5%)
	その他	0.4	(2.9%)	0.8	(2.3%)
	合計（兆ドル）	15.0	(100%)	36.2	(100%)

出典：BOJ 2000a, Chart 8 他より筆者作成

1999年7月に日銀調査統計局はほぼ40年の歴史の中で初めて資金循環統計に係る基本的な変更を行ない、新しいデータを公表し始めている。なお、遡及的に過去10年度分の修正されたデータについては2000年3月に公表された（BOJ 2000a, Introduction）。

4-6-1 家計部門の投資選好比較

1990年代を通じて、日本の家計部門（個人）は最大の資金供給者であり続けている。日本の家計部門が保有している金融資産は1990年3月における926兆円から2000年3月においては1,390兆円に増加している（表4-17参照。なお、BOJ〔2000a, p.4〕によれば、家計部門の金融負債残高としては393兆円が計上されており、ネットでは997兆円の資金供給者となっている）。際立った特徴としては、元本が保証される現預金からなる「安全型資産 safety assets」の割合が高く、株式や証券投資に回る「リスク資産 risk assets」の割合が低いことにある。しかも、そのリスク回避の傾向は10年間でより強くなっていることが窺える。「安全型資産」の割合は48.5％（449兆円）から53.8％（748兆円）に増加し、「リスク資産」は反対に24.7％（228兆円）から15％（209兆円）に低下している（これらの変化は部分的には株価の下落に伴う持株の時価評価額の下落によるも

のと考えられるが、日銀による各年度の金融投資フロー分析によると、増加分の多くは現預金〔郵便貯金を含む〕や保険・年金基金への投資によるものとなっている。もちろん、日本の株価下落はこの時期の投資家によるリスク回避選好による面もあろう〕。

対照的に、米国においては、安全型資産の割合が低く、リスク資産の割合が比較的高い。しかもその傾向は1990年代においてより顕著になってきており、前者の割合は19.4％から9.6％に下がり、後者の割合は52.1％から57.6％に増加している（このことは米国株式市場の株価の変化〔上昇〕の影響による面も否定できない。しかしながら、この時期において、現預金残高の上昇率〔およそ19.2％、2.91兆ドルから3.47兆ドル〕は全金融資産残高の上昇率〔およそ2.4倍、15.0兆ドルから36.2兆ドルに増加〕に比べ、極めて限定的であることが窺える。少なくとも、日本の家計部門のリスク回避選好とは際立ったコントラストを示している）。

なお、2004年6月発表された日銀による「Flow of Funds (1st Quarter of 2004)」によれば、日本の家計部門のリスク回避選好は依然強いままとなっている。2004年3月末における家計部門の金融資産残高は増加し1,412兆円となり、その内「安全型資産」の割合は55.2％に上昇、「リスク資産」の割合は13.2％に低下している。

4-6-2　金融仲介構造の変化と特徴

日銀は金融仲介機関を次の3つのカテゴリーに分類している。(1) "Depository corporations"（預金受入機関）：銀行、郵貯、信用組合等を含む、(2) "Insurance and pension funds"（保険・年金基金）、(3) "Other financial intermediaries"（その他金融仲介機関）：証券、投資信託、ノンバンク、資金運用部及び政府系金融機関を含む。

表4-18によると、日本においては預金受入機関すなわち銀行が、その資産残高シェアはこの10年間で低下しているものの（1990年3月において60.1％のシェアが2000年3月には51.7％に落ちている）、依然として金融仲介の大きな役割を担っていることがわかる。加えて、ファンディング構成として際立った特徴としては、総ファンディング資金量に対する預金受入機関のファンディングに占める預金の割合は1990年代を通じ、ほとんど変わりがなかったことである

表4-18 日米金融仲介機関における負債構成比較

日本

金融機関	金融資産項目	1990年3月	2000年3月
預金受入機関	預金	37.1%	36.9%
	借入	8.4%	7.3%
	社債	5.8%	4.2%
	株式その他出資金	4.9%	1.7%
	(小計)	1,357兆円 (60.1%)	1,528兆円 (51.7%)
保険・年金基金	保険・年金積立金	8.5%	13.0%
	(小計)	220兆円 (9.7%)	422兆円 (14.3%)
その他金融仲介機関	資金運用部への預け金	10.2%	15.0%
	借入	11.8%	10.9%
	社債	3.2%	3.0%
	投資信託	2.3%	1.9%
	株式その他出資金	1.2%	1.4%
	(小計)	681兆円 (30.2%)	1,005兆円 (34.0%)

米国

金融機関	金融資産項目	1990年3月	2000年3月
預金受入機関	預金	27.5%	13.2%
	借入	3.5%	4.0%
	社債	1.6%	0.9%
	(小計)	$4.8 trillion (37.0%)	$7.4 trillion (21.5%)
保険・年金基金	保険年金積立金	27.0%	29.5%
	(小計)	$4.2 trillion (32.6%)	$11.6 trillion (33.5%)
その他金融仲介機関	借入	1.9%	2.8%
	社債	17.1%	19.8%
	投資信託	8.5%	18.9%
	(小計)	$4.0 trillion (30.4%)	$15.6 trillion (45.0%)

出典：BOJ 2000a, Chart 18 等より筆者作成

(37.1%から36.9%：なお、この割合は2004年3月時においては40.0%に増加している)。対照的に、米国でも1990年においては預金受入機関が最も大きな金融仲介機関であったが (37.0%)、2000年においては最も小さな役割を果たす機関となっており (21.5%)、資金源としての預金の割合も大きく下落している。

また、金融仲介を行なう金融機関の運用・投資状況 (資産) を比較すると (表4-19)、日本では依然としてローン (貸出) の比率が高い (合計として1990年3月に54.5%、2000年3月においても全体の半分を超える51.2%となっている。ただし、預金受入機関〔民間銀行等〕におけるローンのウェイトはこの10年で下がっており〔31.1%から24.5%に下落〕、一方でその他金融機関、特に政府系金融機関に

表4-19　日米金融仲介機関における資産構成比較

日本

金融機関	金融資産項目	1990年3月	2000年3月
預金受入機関	現預金	6.6%	5.0%
	資金運用部への預け金	5.8%	8.7%
	貸付	31.1%	24.5%
	社債	7.0%	8.4%
	株式その他出資金	3.3%	2.2%
	(小計)	1,317兆円 (58.1%)	1,521兆円 (51.3%)
保険・年金基金	貸付	3.2%	3.3%
	社債	2.6%	6.3%
	株式その他出資金	3.8%	2.6%
	(小計)	273兆円 (12.0%)	450兆円 (15.2%)
その他金融仲介機関	貸付	20.1%	23.4%
	社債	4.3%	5.2%
	株式その他出資金	3.2%	1.5%
	(小計)	677兆円 (29.9%)	995兆円 (33.5%)

米国

金融機関	金融資産項目	1990年3月	2000年3月
預金受入機関	貸付	22.7%	12.8%
	社債	7.2%	4.4%
	(小計)	$4.9 trillion (35.0%)	$7.6 trillion (20.8%)
保険・年金基金	貸付	3.2%	1.3%
	社債	15.3%	13.1%
	株式その他出資金	7.4%	15.5%
	(小計)	$4.4 trillion (31.5%)	$12.1 trillion (33.2%)
その他金融仲介機関	貸付	15.8%	15.6%
	社債	10.8%	13.3%
	株式その他出資金	3.2%	11.5%
	(小計)	$4.7 trillion (33.5%)	$16.8 trillion (46.0%)

出典：BOJ 2000a, Chart 19 等より筆者作成

おけるローンのウェイトは20.1％から23.4％に上昇していることは留意すべきである。なお、BOJ〔2000a〕の分析によれば、公的金融機関の資金運用・投資額残高に占めるウェイトは1990年3月末の15.4％から2000年3月末には22.0％に上昇している。概ね政府系金融機関はそのファンディングを郵貯から資金運用部への預けられる資金に頼っている）。対照的に米国では銀行（Depository Corp.）におけるローン資産の割合がほぼ半減し（22.7％から12.8％）、その他金融機関や保険・年金基金における株式や出資の割合が増加している（10.6％から27％）。

日銀の資金循環統計日米比較が示すことを要約すれば、1990年代において、米国には証券市場を中心とした金融構造が確立・強化された一方で、日本は依然として間接金融（銀行による預金者からの資金吸収及び企業への融資）に頼る金融構造になっている。この10年で米国ではノンバンクや証券投資信託等のその他金融仲介機関のウェイトが急速に伸びてきている。一方、日本では預金受入機関（銀行等）のウェイトは若干下がってはきているが、その分、郵貯や政府系金融機関が金融仲介機関として家計部門から「安全型資金」を吸収する構図となっている。日本の金融構造の最大の特徴は、巨額な安全型資金——現預金等は余っているものの、リスク回避性向の高い家計部門のために、「リスク資金」が枯渇していることであり、このことが、米国金融構造と際立った違いとなっている。なお、2004年3月末時点での金融仲介機関の資産・負債構成比率については付録3（表付録3-1、付録3-2）に掲載している。金融構造の特徴には基本的に大きな変化は認められない。

4-6-3 日本の金融構造における構造的問題

日本の金融システムが抱える最も重要かつ深刻な問題は、最大の資金供給源である日本の家計部門のポートフォリオ選好が1990年代を通じ一貫してリスク回避型であり、それゆえ、依然として「間接金融」に頼らざるをえない金融構造となっていることにある。おそらく、邦銀は日本のリスク回避型の家計部門からの預金を長期ローンに仲介することを依然として求められているのである。しかしながら、この長期ローンの供与はバーゼル規制に基づき認められる短期ローンポートフォリオ条件の制約を受けることになっている（4-5参照）。すなわち、金融規制緩和の流れの中で、邦銀はリスク回避志向の資金を産業向けの長期投資に仲介する伝統的な役割を担うことが難しくなっているのである。

別の見方をすれば、邦銀のマネージャーは証券市場中心の金融システムへの移行に必要な基盤——「リスク」資金を十分に供給できる多様性のある投資家層——がないにもかかわらず、証券市場中心のシステムのやり方に自らを適用させようとしているとも言える。4-6-1で述べたとおり、日本には巨額な安全型資金——現預金等は余っているものの、新規事業や新規産業を育てるために

株式・債券・出資金として仲介される「リスク」資金が枯渇しているのである。リスクや不確実性をシステム全体として分散・吸収する前提条件が整っていないうちに投資銀行業務やファンドマネジメント業務の手数料ビジネス機会を得ようとすることには無理があったことは明らかであろう（長銀のケースもこのことと関係があると考えられる）。こうした金融構造の制約を分析しないまま米国型金融システムへ移行しようとしたことが、金融仲介の問題を発生させ、日本の深刻な金融停滞を長引かせている主因の1つと考えられる。

　証券市場中心の（反面、銀行に対しては厳しい規制を緩めない）米国型モニタリング様式への移行は、邦銀が伝統的な「間接金融」構造の中で果たしてきた重要な役割、すなわち、効果的な資金の流れ及び配分のための金融仲介及びモニターとしての重要な役割が失われること、そのことのマクロ経済へのインパクトの大きさを過小評価してきたことは明らかであろう。先にもふれたが、邦銀が貸付という形態で配分している資金は、歴史的にみて日本の企業金融で調達される資金の90％に相当している[*5]。日銀の資金循環統計によれば（BOJ 2000a）、金融以外のセクター（産業セクター）はストックベースでは依然として最大の借り手であり、2000年3月における同セクターの資産残高は739兆円で負債残高は1,469兆円となっている（なお、フローベースでは、1999年度における非金融セクターは21.7兆円の金融超過となっていることを資金循環統計〔BOJ 2000a〕は示している。日銀はこの状況を企業収益は回復しているものの、設備投資は依然冷え込んでおり、余剰資金は借入金の返済や金融投資に回されているとの分析を行なっている）。この負債の内訳は借入が566兆円で株式及びその他出資金が500兆円となっている。しかし、証券による資金調達額（社債、コマーシャルペーパー及び預託証券の合計額）は78兆円とかなり小さい額に留まっている（註：株式及びその他出資金残高が大きいのは株価の上昇を反映したものと報告されている。1999年度において、同資産残高の伸び率は年ベースで41.6％と高い伸び率であったとされる。BOJ 2000a参照のこと）。

　一方、邦銀が抱えている不良債権には依然として十分な引当金は積まれておらず、その足かせから、新しい産業や事業への効果的な資金供給が阻害されている面もあろう。IMF（2000）は、17の主要邦銀（当時）が抱えている実際の不良債権は、2000年3月において約65兆円に達しているという見積もりを出

していた。引当等でカバーされない貸倒損失予想としては、6.2兆円（ベースライン）から21.2兆円（より固めの予想）の範囲を想定していた（註：ベースラインでは、過去データから見て算出される貸倒損失率が約85％のところを、より固めに90％と置き、潜在的貸倒損失額を約58.5兆円と計算している。主要銀行が引当金や償却として積んでいる額は総額で52.3兆円であり、差し引き額がカバーされない損失額となる。IMF 2000, p.196参照）。なお、内閣府（2003）によると、主要11行（りそな銀行を含み、新生、あおぞら銀行は除く）の不良債権残高は2001年度の26.8兆円から2002年度には前年比24.4％減少し、20.2兆円となったとの報告となっている。

　他方、預金受入機関（銀行）の金融仲介機関としてのウェイトは1990年代においてやや減少に転じている。これは、バブル経済崩壊の後遺症が続く非金融セクター（産業セクター）における資金需要が低迷したこともあるが、邦銀が貸出に対し慎重な態度となったことも関係している。1997年度後半から1998年度前半にかけて深刻な問題となった銀行の貸し渋り現象は邦銀のマネージャーの審査・モニタリングのやり方が変わってきたことと無縁ではないと考えられる。この変化はバーゼル規制と大いに関係があり、邦銀の金融仲介・モニターとしての役割に制約を加えられたためと考えられる。これは、リスク回避志向の家計部門からの資金を新しい起業や産業に仲介する別の金融仲介ルート・枠組みを制度化できていないことを意味し、これが日本における金融仲介危機を引き起こし、結果として日本経済の停滞を長引かせていると考えられる[*6]。言い換えれば、銀行はリスク回避型の個人からの預金をリスクの高いベンチャー企業に回すことはできず、全体として、日本ではベンチャー企業、新興事業への資金が回りにくい構造に陥っていることがわかる。資本市場へのアクセスに限界がある中小企業向け貸出額も減少しており、1998年には345兆円だったのが、2004年末には254兆円となっているとの報告もある（中小企業庁 2005）。このことは、家計部門のリスク選好に係るジレンマであり、新たな金融仲介ルートを模索しない限り、単に米国型金融システムを指向しても解決しえない構造的問題を抱えていることを議論すべきである。

　最近時、日本のベンチャー企業や経営不振に陥った企業をターゲットにマネジメント・バイアウトや事業再構築後の転売によるキャピタルゲインを狙った

何億ドルレベルのいくつものプライベート・エクイティファンドが、米系投資銀行やGEキャピタルやリップルウッドなどの米系投資会社によって組成されている。しかしながら、どれほど彼らに新しい産業を育てるための長期投資・長期金融仲介の機能を邦銀の代わりとして委ねることができるのであろうか。Rodrik（1997）は「グローバリゼーション」は自由放任の市場において稼ぐことのできるスキルや移動性を持った者と持たない者との社会的亀裂を広げることを指摘している。前者にはもちろん、資本を持っている者や、プロフェッショナル——彼らを最も必要とする（高く買ってくれる）ところに自由に動き、また、自由にその資源を回収する者——が含まれる。プロフェッショナルによる1つのところへのコミットメントに多大な期待を掛けることはできないのである。

4-7 結論

この章では、日本が長引く金融停滞の処方箋として信用リスク管理手法に米国型の「ルールを基盤とした」アプローチをやみくもに適用しようとすることが極めてリスクの高い戦略となることを指摘した。バーゼル型実用主義の適用や米国型金融規範の適用を巡る新古典派経済学の議論は（1）米国型金融規範がどれほど汎用性・普遍性があるのかないのか、及び（2）いかに邦銀のマネージャーは貸し手の不確実性——信用リスクマネジメントを左右する計量できない主観的確率——をコントロールすべきか、という重要なポイントを無視している。経済が複雑化するにつれて、一定のリスク管理手法は必要とされる。しかしながら、米国型システムにおけるルールを基盤とする信用リスク審査手法が普遍性を持っているとは考えられないのである。金融資源を新しい企業や産業に仲介していた日本の伝統的システムにおける重要かつ価値のある要素は、やみくもな米国型金融システムへの移行において失われてしまっていると考えられる。もし日本の金融当局と邦銀が伝統型システムの重要な要素を、何らか修正した形式で維持することを求めていれば、日本経済、特に金融市場が直面した困難はこれほど厳しいものにはなっていなかったかもしれない。次に以下の問いが浮かび上がる。

(1) 米国型モニタリングシステムを日本にあてはめることは極めて難しく、少なくとも米国型にスムーズに転換することが不可能ならば、日本は伝統的なモニタリングシステムに戻ることは可能なのか。
(2) 伝統的なモニタリングシステムに戻れないとすれば、日本の金融システムにとってより良い代替制度を見つけることはできるのか。貸し手である銀行が、借り手である企業の準インサイダーとして深く関与しているモニタリング様式や、金融当局と銀行界との間の密度の高い情報ネットワークを基盤とし、日本の戦後復興及び経済成長のための有効な資金配分を促した護送船団方式は、なぜ、代替制度を見つけることができないのか。

(1) について：日本経済が技術力において米国に追いつこうとしていた時期、その時期においての貸し手による審査・モニタリングは海外で開発された技術・ノウハウを吸収し改善しようとする借り手である企業努力に主として向けられていたと考えられる。貸し手としては借り手が導入する技術・ノウハウの商業・技術リスク評価をする必要性は低く、貸し手の抱く不確実性は、主として借り手が企業努力をするのかあるいは怠ってしまうかどうかに関わっていた。この段階においてメインバンクによる準インサイダーとして企業の事業に深く関与するモニタリング様式は貸し手の確信を強めることに効果があったものと考えられる。反面、日系企業がグローバル市場において生産・開発及び販売の最前線に到達した「フロンティア」経済状況においては、多くの日系企業の投資は本源的な不確実性に晒されることになる。ある開発投資あるいはプロジェクトが成功するか失敗するかは不確実性の制約のなかで判断されるようになり、その企業の信用リスクを判断する銀行も本源的な不確実性の制約を受けることになる。この段階では、仮に準インサイダーとして企業の事業に深く関与したとしても、本源的な不確実性に対処することは困難であり、この点から、伝統的モニタリングシステムに単に戻ることは問題の解決には繋がらないと考えられる。

(2) について：日本の場合、既存の制度を捨てるコストが非常に高いのではないかとの仮説を検討する必要がある。すなわち、既存の制度におけるトランザクションコストの高まりだけの問題ではなく、代替制度への転換・移行コス

トが高いために、いわば「移行の失敗」に陥っているものと考える。本書は、フォーマルな制度のみならずインフォーマルな制度が制度変更に重要な役割を担っているという立場を支持する。その立場から、日本の金融・モニタリングシステム転換についての問題点に分析の光をあてることを提案する。この点は章を改めて第6章にて議論する。

註

*1 当該表における「その他」項目の多くは貿易金融である。Hamazaki and Horiuchi (2001) によれば、非製造業には電力や鉄道等の公益事業が含まれており、そうした企業は他の産業に比べ社債発行において優遇されており、このことが非製造業全体で見た場合、社債発行による資金調達の相対的シェアが製造業より高い理由とされる。

*2 藤井吉弘 2000.『頭取たちの決断』日本経済新聞社参照。

*3 原典はGupton, G., Finger, C and Bhatia, M., *CreditMetrics - Technical Document*, Morgan Guaranty Trust Co., New York.

*4 「IR・情報開示における意識ギャップに関する調査研究——報告書」平成15年3月。

*5 なお、邦銀の貸出は毎年減少を続け、1991年の段階に比べ、2002年の貸出額は82％の水準となっている（内閣府 2003）。

*6 なお、政府系金融機関向けの郵貯生命保険を加えた政府金融機関による貸付は1990年代を通じて高い伸びを示している。政府系金融機関による貸付のウェイトは金融資産残高として急速に増加し（BOJ 2000a）、政府系金融機関による貸出先としては、(1) 中央政府（42.5兆円、13.9％）(2) 地方政府（58.3兆円、19.1％）(3) 政府系非金融機関（67.4兆円、22.1％）(4) 民間非金融セクター（46.4兆円、15.2％）及び (5) 家計部門（90.8兆円、29.7％）となっている。貸出先取捨選択はこれまでのところ保守的な運用となっている一方、一般政府部門において財政赤字は1993年度より広がってきている。いかに政府系金融機関による貸付を新しい産業育成に使うかについてはさらなる議論が待たれるところである。

第5章

不確実性の高まり
── 1997～98年金融危機と長期金融停滞の政治経済的実態

5-1 はじめに

　日本のバンクレントを基盤とするリレーションバンキング型には、長期的な借り手との取引関係を基盤とする景気サイクル平準化機能や銀行主導による企業再生・再編機能があり、戦後及び米国に追いつこうとする時期において、利鞘率の水準や変動を抑えることに寄与していた（第3章及びBOJ 2001b参照）。しかしながら、借り手の資金調達多様化（国際化）、借り手の業務が専門化することに伴う信用リスク判断の複雑化、及び金融自由化に伴うバンクレント捕捉機会の低下等、伝統型審査・モニタリングシステムを支えていた外部環境は大きく変化した。このため、従来極めて効率的であった銀行行動が次第にその基盤を失ってきていたことは既に論じたところである。

　新制度派経済学が強調するように、ある制度におけるトランザクションコストの高まりは構造的失敗を引き起こす。しかしながら、新制度派のトランザクションコスト最小化理論は、その構造的失敗が引き起こされる速度、例えば、バブル時において、なぜこれほど急速に邦銀は不動産・建設セクターへのローンエクスポージャーを積み上げたのか、あるいは、移行の失敗、すなわちトランザクションコストのより低い代替制度への移行がなぜできないのかという問題（なぜ日本は1990年代半ば以降のあまりにも長期にわたる貸し渋り傾向及び金融停滞を解決できないのか）については十分な説明をしていない。

　この章では、貸付業務における貸し手の群衆行動形成のプロセス及び景気上昇期におけるミンスキーが言うところの投機的「ユーフォリア」から下降期に

おいてはスパイラル的に投資が冷え込む結果に至る、貸し手の心理・気分の揺れについて議論する。その上で、長銀の破綻を含む1997～98年金融危機及びバブル経済崩壊以降の日本の長引く金融停滞に関する政治及び経済的実態について概観することを目的とする。5-2において「不確実性の高まり」という観点から、ハイマン・ミンスキーの金融市場脆弱性仮説の金融危機性向モデルを概観する。5-3ではバブル経済崩壊後から長銀・日債銀の国有化までの出来事を概観し、金融ビッグバン改革の批判を行なう。5-4では主として、金融ビッグバン以降も続いている金融停滞に関する政治経済的実態を整理する。特に、中小企業向けの貸し渋り等、金融仲介危機が発生していることを概観し、日本の金融システムが抱えているジレンマを指摘する。5-5では結論を述べる。

5-2　ミンスキーの金融市場脆弱性仮説と信用リスク判断における群集行動

　ハイマン・ミンスキー（Hyman Minsky）は、特に悲観的な貨幣・金融理論家として有名であり（Kindleberger 2000, p.13）、貨幣・金融市場の脆弱性、金融危機性向のモデル化に多大な貢献をしたことで知られる。

　「『金融市場の脆弱性』は金融システムと不可分のものである。脆弱な金融システムにおける通常の機能は珍しくもない出来事によって中断・混乱されうる。『組織的・構造的脆弱性』が意味することは、脆弱な金融構造の進展は我々の経済の通常の機能・動きから生じるものであり、金融脆弱性や我々の経済が混乱に陥りやすいことは突発的なアクシデントや政策の失敗によるものでない。それゆえに、組織的脆弱性理論はなぜ我々の経済が内生的に脆弱性や金融危機を引き起こす傾向のある構造を進展させるのかを説明しようとするものである」（Minsky 1977, pp.139-140）

　Kindlebergerは金融脆弱性の要因についてのミンスキーのもう1つの見解、すなわち、金融危機を引き起こす出来事はマクロ経済システムに影響を与える、ある外生的あるいは外部でのショックによる「置換」によって始まるという見

解を指摘している（Kindleberger 2000, p.14）。しかしながら、Minskyが金融脆弱性の内生的要因を強調していることは明らかであろう。

　Minskyは金融システムにおける強さあるいは脆弱さを決定する要因として以下の3つの面について言及している。(1) 経済における「ヘッジ」ファイナンス、「投機的」ファイナンス及び「ポンジー」ファイナンスの組み合わせ、(2) ポートフォリオにおいて現金あるいは現金化できる資産のウェイト：様々なビジネスユニット・クラスにおける狭義における流動性、(3) 継続中の投資のどの程度がデット（ローン）でファイナンスされているか（負債・自己資本比率）。ミンスキーによれば、あるビジネスユニットの負債に係るキャッシュフローが、ある期間において受け取るキャッシュが支払うべきキャッシュを相当なマージンをもって上回ることが「予測できる」状況にある場合、そのユニットの負債はヘッジファイナンスとなっていると言える。次に投機的ファイナンスとなっているユニットでは、ある期間において予定されているキャッシュインフロー（入金の流れ）を超えるキャッシュアウトフロー（出金の流れ）を抱えているが、保有資産から得られることが予測されるキャッシュフローの現在価値が契約上支払を約束しているキャッシュフローの現在価値を上回っている状況となっており、純資産ベースでは損失を出していない状況にある。そのためリファイナンスが可能な状況にあるとされる。最後に、ポンジーファイナンスとなっているユニットは、投機的ファイナンスでキャッシュの支払約束の金利部分がキャッシュの純受取額を超えており、ポンジーファイナンスに陥っているビジネスユニットは現在価値計算上債務超過に陥っているかもしれないとされる（Minsky 1977, p.143）。Minskyは、特に、投機的あるいはポンジーファイナンス状況にあるビジネスユニットは、資産からのキャッシュインフローが少なくなるような事態と同様、金利の変化によって影響を受けることを強調している。例えば、金利上昇は、収入は変わらないままにキャッシュフロー上の支払い負担を増やすかもしれない。あるいは、貸し手が、キャッシュインフローの現在価値を計算するための割引率を上昇する市場金利で行なう場合、現在価値ベースの期待収益は減少することとなる。しかしながら、将来にわたる金利がどう推移するかは不確実であり、現在価値計算において割引率として適当な金利を探すことはそもそも困難なことではある。

Minskyが十分には説明していない点として、キャッシュフロー予測が不確実性における期待に左右される限り、貸し手がどのようにその予測を評価するか、すなわち貸し手による審査及びモニタリングは、ファイナンスあるいはリファイナンスにおいて重要であることを強調しておきたい。どの程度予測されるキャッシュインフローがキャッシュ支払約束額をカバーするか（Minskyはこの超過分を「安全率」と呼んでいる）を審査・モニタリングすることは、信用評価において極めて重要であることを強調したい。しかしながら、貸し手のモニタリングは本来不完全なものである。なぜなら、モニタリングエージェントは「限定合理性」及び「不確実性」に常に晒されているからである（2-2-3参照）。

　日本のバブル経済発生メカニズムについては4-3-4にて議論したが、加えて、Aoki（1994）が指摘するように、当時、日本は貿易黒字を削減すべきとする外からの圧力を受けて、内需の刺激策として公定歩合が低く抑えられていたことには留意すべきであろう。日本政府が、さらなる円高を招きかねないことを懸念し金融緩和策をとったことは、邦銀においては上記安全率に対する楽観的予測を生み、ファイナンス及びリファイナンスにおける「ユーフォリア」的行動を促した面があると考えられる。

「ある出来事が確信を呼び、楽観主義が入り込んでくる。売上や粗利益の堅調な伸びを信じる予測がポートフォリオをより積極的なものに切り替える。金融機関は、より慎重に考える状況では行なわないような、流動性を減らす戦略を受け入れる。この積極的ポートフォリオの展開自体、投資が投資を生むマニア（Mania）的状況をもたらす（中略）。ユーフォリックな投機は、個々の参加者の行動自体は合理的と見えるのにもかかわらず、様々な段階で、様々なインサイダーやアウトサイダーを伴ってマニアやパニックの状況をもたらす」（Kindleberger 1996, pp.29-30, 34）

　4-3-1で議論したように、日本は1970年代半ばから「米国に追いつき追い越せ」の時期から「フロンティア」経済パラダイムへのシフトに伴い、借り手企業が成功するかどうかの不確実性はより本質的なものに変わっている。一方

第5章　不確実性の高まり　　141

で、財務的に成熟した大規模製造業者は「銀行離れ」を加速し、銀行は従来審査・モニタリングをあまりしていなかった中小製造業や非製造業を中心として、新しい、しかも相対的にリスクの高い貸出先の信用リスクを判断することを迫られるようになった。このことは、銀行にとっては相対的にモニタリングコストが高まることを意味するが、多くの邦銀は、審査・モニタリング能力のレベルアップをはかるためのコストを払うよりは、むしろ、土地等の不動産を担保にする、いわば担保金融に傾斜していったのである。長銀のケースにおいても、行内で使用する貸付申請・承認書式を、従来の資金繰り予測分析に焦点をあてるものから、担保評価を重視するものに1986年に変更したことには既にふれた（4-4-2参照）。

　クレジット市場は現実の商取引を扱う以外に将来に果たすべき約束、しかもその約束が果たされるかどうかは絶えず不確実性に晒されている約束を扱っている。一般的に、信用リスク審査・管理の過程における不確実性のために、貸し手は他の貸し手の行動をウオッチし、自身の判断を裏付けるために規範的あるいは広く受け入れられている基準を求める傾向がある。Bikhchandani and Sharma（2000）は、なぜ利益を最大化しようとする投資家が他人の行動に影響を受けるのかについていくつかの理由を示唆している。第1に、他人は、ある特定の投資に対する見返りについて何かを知っているかもしれず、他人の行動はこうした情報の発露ではないかと受け取られること。第2に、人には生来、皆に合わせていく選好があるように思われること。第3に、資金担当マネージャーの歩合や雇用条件上、他人と同じ行動をとる模倣は報われるようになっていること。彼らによると（Bikhchandani and Sharma 2000, p.10）、投資担当マネージャーやその雇用主が、そのマネージャーの株式運用能力がどの程度なのかはっきりはわからない場合、他の投資のプロフェッショナルと同じポートフォリオを選ぶことは、問題を霧の中に置く。すなわち、そのマネージャーの投資運用能力については依然わからないままになってしまう。このことは当該マネージャーに有利に働き、他の投資プロフェッショナルも同じ状況にあれば群集行動が引き起こされる。Keynesは「（健全な）銀行家とは危険を察知しそれを避ける者ではなく、伝統的かつ正統的なやり方を同胞とともに踏襲していて、仮に失敗した場合、誰も責めることができない者をいうのである」と述べてい

る (Keynes 1963, p.176)。伝統的な「護送船団」モニタリング様式における保護的な制度的枠組みが、金融当局の行政指導の下、邦銀における「横並び」意識を生み出し、そのことが、不確実性が高まる中で邦銀に群衆行動をもたらし、結果として担保金融を急速に拡大させた面があったことは否定できない。

5-3 バブル崩壊から長銀破綻までのプロセス

需要面を強調するエコノミストは、需要不足経済こそ、日本の長引く経済停滞の根本原因であると主張する（例えば、吉川〔小泉内閣経済諮問アドバイザー〕1999、2003、Patrick 1998）。この根本には1970年代中頃、日本経済成長率が中成長期に移り、民間投資需要が民間貯蓄を上回っていた時期から事前の民間貯蓄が事前の民間投資を大きく上回るようになったことが含まれるとする。彼らは、この変化が、劇的に伝統型銀行システムに影響を与え、安定的ではあるが規制の強い戦後の金融システムの基盤を根本的に揺るがしたことを強調する。この構造変化により、資金供給が突然過剰となり、金利の低下をもたらし、結果、市場ベースの金利体系を求める圧力を抑えることが難しくなったことが示唆される。彼らは、いわゆる「失われた10年」の間にとられた、需要不足経済へ対応しようとした政府のマクロ経済政策の失敗を、日本の経済パフォーマンスを低いものに押し留め、銀行の不良資産問題をその間悪化させてしまった主因として批判する。Patrick (1998) は1988年から1998年の間、日本政府（大蔵省）は主要なものとして5つのマクロ経済政策の失策を犯していると指摘している。

(1) 1988～1990年の長すぎる金融緩和政策：株式及び不動産バブルを引き起こし、助長した。
(2) 1992～93年に金融緩和政策を行なわなかったこと、あるいは積極的な財政政策をすぐに打ち出さなかったこと。
(3) 1990年代半ばにおける金融緩和政策への過剰な依存：1995年以降、金利は望ましくないほど非常に低い水準に誘導された。この異常なまでに低い水準の金利は銀行や借り手を救済する効果もあったが、不良資産処理の遅れや

破綻企業の延命をはかることとなり、高い経済及び政治的コストが費やされた。
(4) 1990年代半ばにおける補正予算を通じた財政刺激政策があまりにも遅すぎたのと、あまりにも積極的でなかったこと：1995年秋になって初めて財政刺激策が承認され、1996年度には3.4％のGDP成長を促した。
(5) 楽観的過ぎた1997年以降の経済見通しによる1996年後半の政府決定：最優先事項を景気回復から長期的かつ構造的課題である赤字財政削減に180度変更した。

バブル経済崩壊直後の段階（上記(2)）において、Patrick (1998) は、当局がこの時期の景気後退を基本的に景気循環（ビジネスサイクル）と見ており、当局は構造的問題の累積効果及び資産価値の大幅下落が続くことの深刻な影響を過少評価していたと批判する。貨幣需給面を強調するエコノミストは、1990年はじめの金融引締め政策、すなわち、マネーサプライの伸び率を1992年には0.1％、1993年には1.5％、以降、安定的に3％の上昇とした政策は不十分であり、日銀はマネーサプライを年率5～6％程度で増やすべきであったとする（例えば原田1999）。彼らはバブルを潰した金融引締め策をそのまま継続してしまったことが、邦銀における不良資産を急速に蓄積させた原因と主張する。一方で、大蔵省銀行局長であった西村 (1999, p.70) は「私の実感としては、何と言っても当時の社会的な流れが決定的な力を持っていたように思う。当時は、地価や株価の上昇がバブルであるとの認識が広まっており、金融引締めの維持はバブル潰しとして積極的に評価されていた」と述べている。

バブル経済崩壊後、邦銀の収益性は着実に衰退し、そのことは金融及び銀行間市場における信用力や評判を揺るがし始めていた。そして、主要邦銀の格付がさらに下がるにつれて（表5-1参照）、銀行及びクレジットシステムへの動揺は広がっていった。格付を下げられた銀行は銀行間市場、特にユーロマネー市場における資金調達コストが高くつくことになり、外貨資金の流動性を確保するために高い調達コストを払わされるようになった。そのことも収益圧迫要因となり始めていたと考えられる。

大蔵省銀行局長であった西村氏の述懐によれば、当局が不良債権処理という

表5-1 都市銀行の信用格付推移

	東京三菱	第一勧業	富士	さくら	三和	住友	東海
1990年	—	B	B	B/C	B	B	B/C
1991年	—	B	B	B/C	B	B	B/C
1992年	—	B/C	B/C	B/C	B/C	B/C	B/C
1993年	—	B/C	B/C	C	B/C	B/C	B/C
1994年	—	B/C	B/C	C	B/C	B/C	B/C
1995年	—	B/C	C	C/D	B/C	B/C	C
1996年	B/C	C	C	D	C	C	C/D
1997年	B/C	C	C/D	D	C	C	C/D
1998年	C	D	D	D	D	C/D	D
1999年	C/D	D	D	D	D	C/D	D

出典：Fitch-IBCA

問題を明確に意識して具体的な取り組みを始めたのは1992年の半ば頃としているが（西村 1999）、歴史的に見て、1990年から94年にかけて日本の銀行監督当局は銀行システムの悪化に対しほとんど対処しようとはしていなかったと見られる。既に、いくつかの主要都市銀行の格付は1992年に格下げになっており、既に表4-6及び表4-9で見たとおり、長銀の資金運用収入が激減していたのは1993年であった。住専会社（住宅ローン専門会社）問題は比較的早い段階で公にも認識されていたにもかかわらず、ほとんどの金融機関は少なくとも1995年まではそのまま事業を継続していた（住専問題詳細についてはHall 1998, pp.167-171, Patrick 1998, Kanaya and Woo 2000参照）。当局による問題の先送りは、日本経済はすぐにも持ち直し経済の回復が邦銀を復活させるであろうという誤った見通しもあったものと思われる。その一方で、大蔵省が地銀の兵庫銀行の新規預金受入及び貸出業務を1995年に停止したころには、金融当局としては破綻した金融機関については閉鎖命令を出す以外の方策がとれなくなってきていた。なぜなら、主要邦銀ももはや経営不振に陥っている中小金融機関を救済する「白い騎士」の役（3-3参照）を引き受ける余力がなくなっていたからである。

表5-2はバブル経済崩壊後の銀行監督関連出来事として西村氏が西村（1999）にて言及している事項を時系列で再構成したものである。

表5-2 バブル経済崩壊後の銀行監督関連出来事年表（1999年半ばまで）

1989年	5月	公定歩合引き上げ
	中頃	東京圏の地価沈静化
	12月	株価ピーク
1990年	3月	不動産融資総量規制
		（国土交通省「地価公示」によると1991年をピークに地価は下落）
		日経平均株価30,000円を割る
	8月	公定歩合6.0%へ引き上げ。以降1991年7月まで高水準維持
1991年	春	不動産業界から規制緩和を求める声あがる
		イトマン事件（住友銀行とマフィアとの関係が暴露される）
	6月	野村證券による損失補填問題明るみに
	7月	不正融資事件明るみに（富士銀行、協和埼玉銀行、東海銀行）
	夏	月例経済報告での政府見解「我が国経済は拡大局面にある」
	8月	東洋信用金庫の偽造預金証書事件発覚。興銀と三和銀行の支援により収拾
	11月	宮沢内閣発足
1992年	1月	地価税導入
	3月	月例経済報告「調整過程にあり、景気の減速感が広まっている」
	4月	金融機関の不良債権額公表（主要21行の概数として約8兆円）
	6月	金融制度改革法（子会社方式による銀行・証券の相互乗り入れ解禁）
	8月	日経平均株価15,000円を割る
		（当局が不良債権処理という問題を明確に意識して具体的な取り組みを始めたのはこの頃とされる）
		破綻した東邦相互銀行処理のため、預金保険制度発動
1993年	8月	細川連立内閣発足
		阪和銀行副頭取射殺事件
1994年	2月	金融機関の不良債権問題についての行政上の指針発表（不良債権を計画的・段階的に処理していく考え方）
		（東邦相互銀行、東洋信用金庫、大阪府民信用組合までは従来の護送船団方式により、都市銀行への合併策により収拾）
	6月	村山連立内閣発足
	夏	平成銀行構想（公的資金導入スキーム）の準備
	9月	東京協和信用組合と安全信用組合の経営危機報道
		住友銀行名古屋支店長射殺事件
	10月	預金金利完全自由化
		日本信託銀行の三菱銀行の子会社化
	12月	東京協和信用組合と安全信用組合破綻。公的資金による受け皿銀行（東京共同銀行）創設。日銀が200億円を出資
		（その後、東京協和信用組合理事長の贈収賄スキャンダルにより批難高まる）
1995年	1月	阪神・淡路大震災
	6月	「早期是正措置」提案
		不良債権額発表（約40兆円。不良債権の定義を広げたため、従来約13兆円との発表から変更。不信を煽る結果となる）
		「金融システムの機能回復について」金融機関の破綻処理の原則設定。5年間はペイオフをしないとの方針発表
	6月	東京都、東京協和・安全信組処理に関し300億円の財政支援拒否を公式に表明
		（この頃、住宅金融専門会社問題への報道が多くなる）
	7月	コスモ信用組合経営危機報道
	8月	東京都はコスモ信組に対し業務停止命令

表5-2 続き

年	月	内容
1995年		木津信用組合破綻
	夏	大和銀行ニューヨーク支店11億ドル損失事件。金融監督への批難からジャパンプレミアム問題発生
	10月	兵庫銀行破綻処理。受け皿銀行（みどり銀行）設立
	秋頃	（低金利政策への批難高まる）
		橋本内閣発足
1996年	1月	国会で住専処理問題議論（公的資金注入案に対し批判高まる。国会での激しいやりとりで混迷）
	4月	「経営健全性確保法」「更生手続特例法」「預金保険法の一部改正法」提出
	6月	上記金融3法可決
		住専問題処理：農協によって負担が拒否された損失である6,850億円が国庫金によって穴埋め
		〈この問題処理プロセスで、国民の批難を招く。金融機関に公的資金を注入するという選択肢自体が極めて政治的に取り難い環境となる〉
	9月	東京共同銀行を改組して整理回収銀行設立
		（1995年、96年度の実質経済成長率はそれぞれ3.0％、4.4％）
		（この頃、大蔵省解体論・改革論がさかんになされる）
	11月	日本版金融ビッグバン提唱。第2次橋本内閣の主要政策として注目される
1997年	3月	野村證券損失補填・総会屋への利益供与スキャンダル→第一勧業銀行の融資に結びついていることが発覚し両社の役員逮捕（6月）
		（大蔵省の金融検査官の過剰接待が問題化）
	4月	早期是正措置試行導入
	5月	外為法改正
	6月	金融システム改革プラン
		（財政構造改革推進方策決定。2003年までに財政健全化目標達成）
	秋	持株会社関連法成立
	11月	三洋証券会社更生法適用を申請
		北海道拓殖銀行、山一證券破綻
		徳陽シティ銀行自主再建断念
		（財政構造改革法可決）
		（アジア通貨危機広がる）
1998年	2月	預金保険法改正、金融機能安定化緊急措置法成立。これにより30兆円の公的資金活用が可能となる（3月までの1兆8,100億円が21行に投入）
	4月	「早期是正措置」実施
		（過剰接待を受けた大蔵省職員から逮捕者・辞職者を出す）
	6月	ビッグバン関連法成立
		（金融監督庁発足）
	6月	長銀株急落。住友信託銀行との合併構想発表
	7月	金融再生トータルプラン（日本版ブリッジバンク制度の創設が柱）
		参議院選挙で自民党大敗。橋本首相辞任。小渕内閣発足
	10月	金融再生関連法、金融機能早期健全化法成立
		長銀破綻。特別公的管理（一時国有化）
	12月	日債銀破綻
1999年	2月	長銀元副頭取自殺
	4月	みどり銀行再度破綻危機。預金保険から1兆560億円の資金援助を受け、阪神銀行に吸収合併され、みなと銀行として再出発
	7月	不良債権額を80兆円と発表

5-3-1 金融ビッグバン

　日本における金融ビッグバンとは、1996年11月に発表された金融部門の大規模な規制緩和と自由化の政策パッケージであり、外国為替や会計基準といった個別の問題ばかりではなく、銀行、証券、保険業界全体が影響を受けるものであった（戸矢 2003）。1997年6月に大蔵省から発表された「金融システム改革」（金融ビッグバン計画）では、5つの関心事項が示されていた。

(1) 急速に進んでいる高齢化に対応するために、1,200兆円の個人金融資産を効率的に運用することの必要性
(2) 高齢化社会に対応するために、経済成長の原動力となる成長産業の存在が肝要であり、そうした成長分野への効率的な資金供給の必要性（間接金融から直接金融システムへの転換）
(3) 日本の金融市場の「空洞化」現象への対応、及び日本の金融仲介機関の国際競争力向上
(4) 金融部門におけるこれまでの自由化と規制緩和の集積
(5) 不良債権問題への対応

　これらは、金融ビッグバンの背景及び改革への圧力と考えられるが、加えて、Hall（1998）や戸矢（2003）は、大蔵省と金融部門を襲った一連のスキャンダルと、結果として起きた金融行政の転換を挙げている（この点については、次章でふれることとする）。
　金融ビッグバンの具体的政策は多岐に渡るが、ここでは、本書で議論している「モニタリング」「銀行監督」に関連する事項に絞ると、下記のとおり整理できる。

(1) 預金金利の自由化は既に1994年に完了。その上での競争促進（銀行、信託銀行、証券、保険業間の相互参入の完全な規制緩和等）
(2) 商品設計の自由化、リスク仲介能力の向上を目指す（ABS発行や証券化、クレジット・デリバティブ等）
(3) より厳格な情報公開（ディスクロージャー）

図5-1 転換する（転換を目指す）日本の金融・モニタリングシステム

```
┌─────────────────┐                              ┌──────────┐
│ 貸し手及び金融仲介 │ ═══════════════════════════▶ │ 借り手企業 │
│ 機関としての銀行  │                              └──────────┘
│ （銀行貸付は全企業金│    (1) モニタリング
│ 融の90%を占める）  │      (a) バーゼル基準が求める、短期ローンポートフォリオの質
└─────────────────┘          を維持する信用リスクの計量化・審査様式
         ▲                (b) レント機会の削減、当局の銀行監督における失われつつ
         │                    ある柔軟性、及び高まる不確実性：長期にわたるモニター
         │                    としての「メインバンク」として行動するインセンティ
         │                    ブの喪失
         │
         │          (2) モニタリング（銀行監督）
         │            (a) 金利自由化による「バンクレント」機会の削減。
         │            (b) 銀行業務競争促進
         │            (c) ルールを基盤とする銀行監督システム：保護と罰則メカニズムを基盤
         │                とする「護送船団」モニタリングシステムの崩壊。金融当局と銀行界
         │                との密度の濃い情報ネットワークシステムが働かなくなり、中央にお
         │                ける潜在的情報ロスの可能性及び、「オーディエンスコスト」が高ま
         │                る可能性
         │
┌─────────────────┐
│  金融当局・政府   │
└─────────────────┘
```

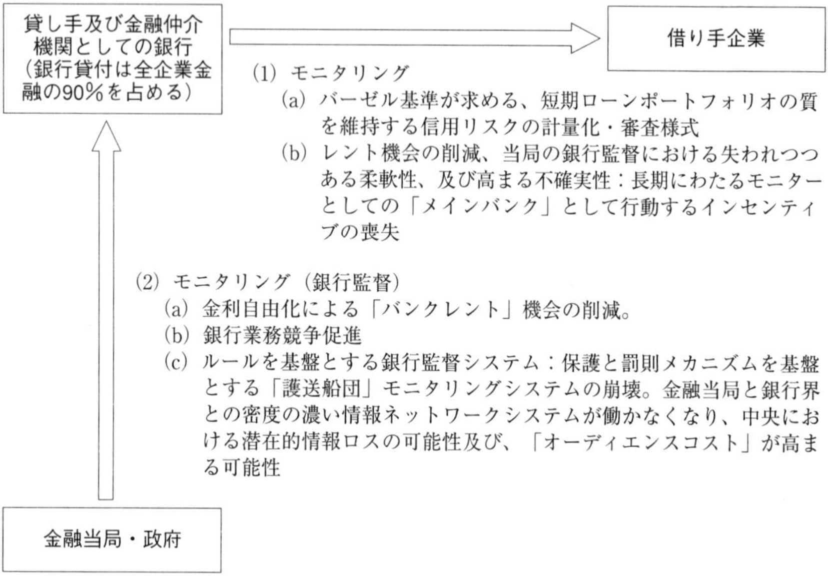

(4) インフォーマルな事前規制に基礎を置く伝統的なスタイルから、事後に法的措置を講じるという対抗関係にあるスタイルへの転換。より透明性の高い、法に基づく行政への志向

　上記の施策により、邦銀にとって金融ビッグバンは、「メインバンク」として行動するインセンティブを喪失させるものであったと考えられる。第1に、金利自由化により「バンクレント」捕捉機会が減少した上に、銀行業界内部及び直接金融部門との競争が促進されたこと。第2に、ルールを基盤とした銀行監督システムが志向されることにより、金融当局の政策立案・変更の柔軟性が期待できなくなったこと。加えて、第3に、バーゼル基準が求める短期ポートフォリオの質を維持する審査・モニタリング手法へ傾斜することにより、総じて、短期的利益への志向が強まったものと考えられる。結果として、長期にわたるリレーションバンキングや長期的視野から企業のライフサイクルを支援しようとするメインバンクシステムを支える基盤は損なわれたと考えられる（図5-1参照）。

邦銀及び日本の銀行システムにおけるさらなる問題点は、第1に、既に4-6にて議論した日本の金融構造上の問題のために、日本では直接金融システムへの転換が進んでいないことである。このことは、伝統的貸付業務の縮小により収益機会を失いつつある邦銀にとって、それに替わる新たな収益基盤が育っていないことを意味する。貸付債権の証券化等は邦銀にとってリスクの分散化を意味するが、こうした証券を最終的に購入できる投資家層をいかに育てるかという課題が残っているのである。第2に、日本の金融構造上、信用リスクを社会化・分散化することが難しいことから、依然として、銀行がリスク吸収のバッファーとしての役割を果たさざるをえず、経済環境において不確実性が高まるなかで、不良債権を抱える構造的リスクも高まってしまうことである。第3に、不良債権処理に時間がかかる中で、ディスクロージャー規制が強化され、透明性が求められると、不良債権問題の深刻さが露呈し、一般大衆における銀行システムへの不安を煽る結果となることである。加えて、当局のルールを基盤とする銀行監督システムへの転換は、金融不安が生じた場合、オーディエンス効果（3-4-4参照）への対応を難しくしてしまうことである。日本版金融ビッグバン構想ではこれらのことは十分に考慮されていたのであろうか。これらの点からもビッグバン改革は批判的に検証する必要がある。

5-3-2 金融危機

　株式及び不動産市場におけるバブルの発生と崩壊が、邦銀に巨額の不良債権を抱えさせ、そのことがその後の銀行システムの混乱を招いた主たる要因であることにはほとんど疑いはない。その一方、日本経済の停滞は、金融当局（特に大蔵省）による1990年代にわたるマクロ経済政策の失敗によるものであり、それが日本の銀行危機や続く経済停滞を招いたと示唆するエコノミストは多い（吉川 1999, Patrick 1998, 内閣府 2001, 原田 1999）。すなわち、日本の1990年代における極めて低い経済パフォーマンスが銀行の不良債権問題を悪化させ、バンキング及び金融停滞の解決をより難しくしたとする。しかしながら、こうした政策の失敗がこんなにも長い期間にわたり続いてしまった理由について示唆する経済学術論文は極めて少ない。

　1997年、当局は金融制度健全化法において、米国型銀行監督システムに概

ね近い「早期是正措置」を導入（試行）した。この措置は「ルールを基盤とする」モニタリングシステムへの完全な切り替えを意味し、銀行が保有しているローンポートフォリオを厳格に分類するガイドラインを設定し、バーゼルアコード、すなわち8％の自己資本比率規制を測定する同じ算出方法により厳格に自己資本バッファーを維持させるルールを設定した。早期是正措置は1998年4月に完全実施され、これにより当局は経営不振に陥った銀行に対し、支店閉鎖から配当の見直し、及び破綻の場合の清算措置を含む改善策を命令することができるようになった。この早期是正措置を、銀行の経営基盤が弱くなったときに金融当局に取るべき行動を促すことにより、当局の寛容の範囲を格段に狭める画期的な施策であると評価するIMFのエコノミストもいる（Kanaya and Woo 2000, p.29）。しかし、早期是正措置の枠組みは、「大きすぎて潰せない」という話が保証されていないのではないかという見方から、主要邦銀の信用力や評判にはマイナスに作用した。銀行間マネー（資金調達）市場、特に、米ドルマネー市場では、邦銀及び日系金融機関とのマネー取引に加えられるプレミアム、すなわち「ジャパンプレミアム」の幅が広げられた。Hanajiri（1999）の分析によれば、外銀のマネーディーラーは（邦銀のマネーディーラーに比べて）邦銀のデフォルト確率を1997年には45〜50ベーシスポイント高く見ており、さらに、1998年には66〜82ポイントに引き上げていた。プレミアム幅が拡大されるに従い、次第に東京証券取引所に上場している邦銀、日系金融機関の株式が売られ始めた。株式市場におけるこのネガティブなシグナルは、銀行間市場における自国通貨のマネーディーラーにも、ある金融機関に対して資金を放出することをためらわせ始めた。1997年11月、中位証券会社の一角であった三洋証券が、日本の金融史上初めてコール市場での借入に対し債務不履行をおこし破綻した。同じ月に、主要都市銀行の一行である北海道拓殖銀行と上位証券会社の一角であった山一證券に対し、大蔵省は業務停止を命じた。

　1998年3月、早期是正措置における自己資本比率規制を遵守することは多くの銀行にとって難しい状況となっていた。ほとんどの主要銀行が当局（政府）に対し資本強化のための公的資金導入を依頼していた。安田信託銀行や日本債券信用銀行（日債銀）を含む数行は事業再構築と海外業務からの撤退計画を発表した。早期是正措置では海外業務を行なわない銀行に対してはより低い自己

資本比率（4％）の適用を認めていたからである。日本の銀行危機は、株価の下落と銀行間市場での流動性問題（資金調達問題）とのネガティブなスパイラル現象とともに、1998年中続いたのであった。

　破綻した金融機関から健全な会社へのファイナンスを継続することを目的とする、いわゆる「ブリッジバンク」（一時国有化）構想に野党である民主党が激しく反対する政治状況があったにもかかわらず、日本長期信用銀行（長銀）の経営陣は小渕内閣（自由民主党）が日本の銀行危機を解決することを期待していた。おそらく長銀を救済することを政府と相談した上での構想と考えられるが、長銀と住友信託銀行との合併構想が発表された。しかし、長銀の不良資産問題がどの程度のものなのかを政府がはっきりと示そうとしなかったために、銀行危機の不安は消えず、長銀の健全な資産を切り離して住友信託と合併させる構想の実現は難しいのではないかという噂を生み出した。住友信託銀行は、アーサーアンダーセンによる独自の会計監査を長銀に入れることを要請することにより、政府からの情報が信用できないことを示すに至った。こうした要請は、当局が主導する銀行救済プロセスではありえないものであった。最終的に、この合併構想は住友信託より拒絶され、長銀は、様々な議論を生んだ法的処理の枠組み（金融再生法と金融機能早期健全化法：金融管財人による管理や一時国有化あるいは特別公的管理等により破綻銀行を処理する手続を設定）が整った1998年10月に国有化されるという形式で葬りさられたのであった[*1]。日債銀も1998年12月に国有化された。政府機関である預金保険機構は両行の株式を買い取り、事業継続に必要な資金を注入した。IMF（2000）は、長銀と日債銀の処理に投じられたタックスペイヤーのコストは約7兆円（640億USドル）にのぼると見込んでいた。

　多くの議論を巻き起こした長銀と日債銀の国有化の過程の後で、銀行当局は主要邦銀に資本強化のために公的資金を注入した。1999年3月に第2次の公的資金導入の申請額は合計で7.5兆円にのぼり、これは1998年の第1次の際の4倍の金額となっていた。こうした公的資金の注入にもかかわらず、主要銀行は依然として不良債権の後遺症に悩んでいた。この段階で、IMFは主要17行（長銀と日債銀は除く）の抱える不良債権額は2000年3月において約65兆円にのぼったと推計していた。

5-4 長引く金融停滞

5-4-1 景気後退規模とその原因

　日本経済に係るマクロ的統計を使い、デフレーションを同時に伴なう長引く景気後退の規模を見ておく。近時、日本経済の成長率はほぼ0％と低迷しており（チャート1-2参照）、特に、1998年にGDPが1.1％のマイナス成長となった以降、2002年の第1四半期は3.8％のマイナス成長に陥った（なお、2002年の実質GDPの伸び率はマイナス0.3％であった）。1990年代はじめに株式市場・不動産価格バブルが弾けた後の経済低迷に対処するため、日本政府は繰り返しマクロ経済政策を発動し公的投資や政府支出を増加させた。しかしながら、公的投資の拡大は持続的な民間需要の復活を促さず、低迷する経済を浮揚できず、財政赤字の増加を残す結果となった（内閣府 2002, p.1）。一方、日本経済は緩やかなデフレ状態にあり物価下落が続いている。日本の消費者物価指数（生鮮食品を除く一般消費物価）は1999年秋以降、前年比ベースで下がり続けており、1999年はほぼ横ばい、2000年には0.4％のマイナス、2002年度はマイナス0.9％を記録した（内閣府 2003, チャート5-1）。日本のGDPデフレーターも日本経済が1990年代半ばから緩やかなデフレ状態にあることを示している。デフレーターは2000年には前年比ベースでマイナス1.6％、2001年前半期ではマイナス1.1％となっている（内閣府 2001）。この長期にわたるデフレは戦後初めてのことであり、他の先進国でも例のないことである。

　日本政府は、廉価な輸入品の増大等の「供給サイドの構造的要因」をデフレ要因として分析している。この構造的要因には中国やその他の国から廉価な輸入品が入ってきていることと流通革命が含まれている。事実、全輸入に対する中国からの輸入の比率は年々高まっており、生産能力を高めた中国やその他アジア諸国から現地生産された製品輸入の増大は製品価格を抑えている（同 p.42）。特に、繊維製品やテレビやVTRのような耐久消費品の伸びが著しい。言うまでもなく、これらの構造変化は部分的に価格を下げる圧力となり、関係する日系製造会社や販売会社の経営に影響を与えている。しかしながら、特定の廉価な品物が全体のデフレ状況を促すわけではなかろう。供給サイドの構造

チャート5-1　消費者物価指数前年比変化率推移

(%)

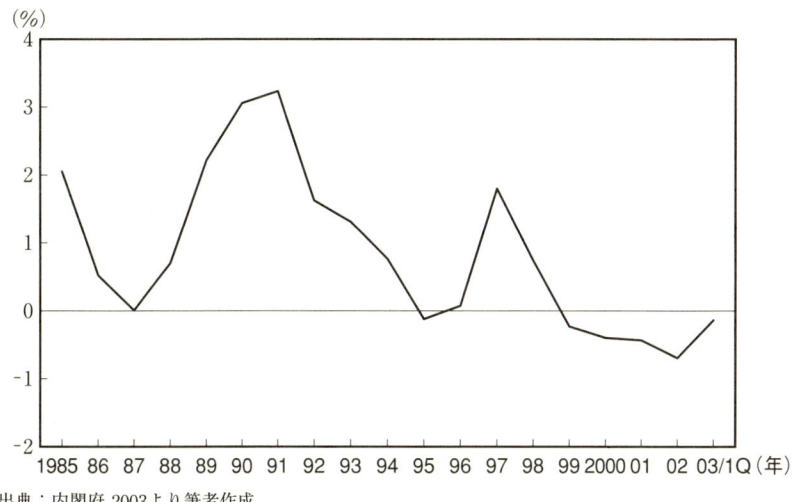

出典：内閣府 2003より筆者作成

的要因はデフレを引き起こしている要因の1つかもしれないが、その要因は、経済全体の不況を同時に引き起こすデフレーションを説明するには不十分である。

　政府はデフレの裏にある要因として、経済成長力の弱さから生ずる「需要要因」にも注目している。内閣府の分析によると（同 p.41）日本のGDPギャップは1990年代を通して広がっていた。バブル経済崩壊後、需要が冷えたまま、長い間インフレ率が低下傾向にあったために、人々のデフレ期待（人々の物価下落期待率）は次第に高まったとされる（同 p.43）。内閣府による別の分析によれば（同 p.17）、日系企業が抱く経済成長予測率は1990年代後半以降、0％周辺の極めて低い水準に留まっている。この慎重かつ悲観的な期待により、企業は現有設備能力は過剰であり、設備投資を抑制しようと考える。事実、日銀短観はこうした傾向がより強まっていることを示していた。この悲観的期待は弱い需要に生産能力を合わせるために事業の再構築（リストラ）を促し、雇用調整を促し始める。こうした企業セクターの方針は従業員の将来に対する不安を煽り始める。失業率は約5％あたりまで上昇し、これは1990年の失業率の約2.5倍の数字となっていた。将来への全般的な不安から、日本の家計部門は消

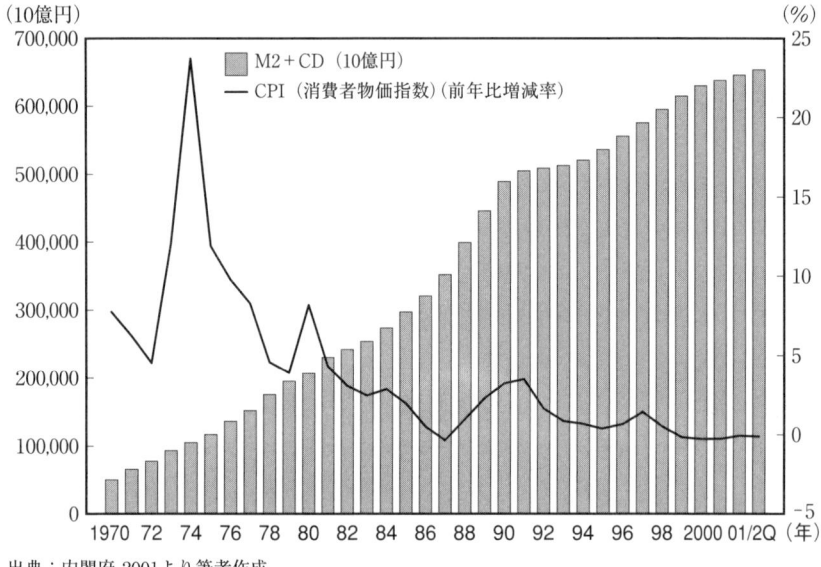

チャート5-2　マネーサプライとCPIの変化

出典：内閣府 2001より筆者作成

費を抑え始める。結果として、家計部門の需要の弱さは企業セクターにおける経済成長に対するさらなる悲観的観測を生む。この悪循環を日本では景気低迷が弱気を生み、弱気が景気停滞を加速させる「デフレスパイラル」と呼んでいた。

廉価な輸入品が増加することによる「供給側の構造的要因」と日本経済の有効需要が冷え込んでいることによる「需要要因」が「デフレスパイラル」を引き起こしていることに加え、政府は1990年中頃以降、経済を浮揚させるためにマネーサプライを増やす金融政策をとり続けてきたことに留意すべきである。金融資源の仲介における構造的欠陥（失敗）こそ日本の長引く経済停滞の根本原因であるという認識は最近高まってきている。

理論的には、マネーサプライの増加はデフレ（物価下落）状況を調整する効果があるはずである。流通貨幣額と日銀の当座勘定残高を示すマネタリーベースの最近の増加率（前年比ベース）は1999年から2000年は平均7％だったのに対し、2001年9月には14％増となっている（同 p.53）。しかしながら、マネタリーベースの増加にもかかわらず、デフレスパイラルは収まらなかった（チャ

表5-3 国内銀行の貸出残推移（兆円）

1990年	1995年	1998年	1999年	2000年	2001年	2002年	2003年
692.2	727.3	728.8	692.7	698.7	680.6	654.0	638.8

出典：内閣府 2004, p.260

ート5-2参照）。ここで留意しておきたいのは、1999～2000年においてマネーサプライ（M2＋CD）が年率で約2～3％増加している一方で、民間銀行による貸出は約2％減少していることである（同 pp.53-54）。その一方で、邦銀が保有する国債の残高は1998年末の2倍に膨れていた。なぜ金融緩和策は銀行貸出を増やさないのか。債務過多に苦しんでいる企業が新たな借入を起さない面もあろう。しかし、不良債権の後遺症やバーゼル自己資本比率規制による短期ポートフォリオの質を維持する制約により、邦銀の信用リスクを吸収する能力が低下するに従って、担ってきた金融仲介機能が低下してしまった面があると考えられる。なお、国内銀行、在日外銀、農林水産金融機関及び中小企業金融機関を含む銀行の貸出残の推移は表5-3のとおりである。1998年以降、急速に残高が減少していることが窺える。

一方、邦銀の不良債権残高を全国銀行の「リスク管理債権」残高に見ると、1993年3月期以降、2003月期まで増加を続けていた。2001年3月の段階で不良債権残高は32.5兆円（内閣府 2001）、さらに2002年3月には9.6兆円増加し、残高は43.2兆円に膨らんだ（内閣府 2002）。邦銀におけるローン資産に対する不良債権額の比率は2001年3月において6.6％と悪化し（同期において米銀の不良資産率は約1％となっている）(内閣府 2001, p.78)、邦銀主要11行（りそな銀行は含み、新生・あおぞら銀行は除く）の同比率は2002年3月において8.4％、2003年3月には7.2％を記録している（内閣府 2003）。2004年3月時点では同比率は5.2％と改善しているが（内閣府 2004）、それでも米国商業銀行の不良債権比率に比べると依然高い水準にある。

1998年3月期以前のリスク管理債権残高の増大については、その定義が次第に拡大されてきたという理由もあると言われている。1993年3月期から95年3月期は「破綻先債権」「延滞債権」のみであったが、1996年3月期から97年3月期には「金利減免等債権」が加わり、1998年3月期以降は、破綻先債権、延滞債権のほか「3カ月以上延滞債権」「貸出条件緩和債権」にまで範囲が拡大

された。この結果、現在では米国SEC（証券取引委員会）基準と同様の開示内容となっているとされる（内閣府 2001, p.79）。

1998年3月期以降は、リスク管理債権の定義の変更はなく、その面からの不良債権増加はなくなったものと考えられる。しかし、1998年3月期以降も残高は30兆円前後の高い水準にあり、しかもやや増加していた。銀行は相当な額を最終処理していたが、ほぼ同程度新規の不良債権が発生していたため、不良債権残高が減少しなかったのである。

最終処理額は（1）当期の費用として発生し、かつ最終処理を伴う直接償却、（2）既存の貸倒引当金の取崩額（間接償却の取崩し）、（3）担保土地の売却など処理時の回収額の合計となる。内閣府（2001）の推計によれば、1998年3月期から2001年3月期の4年間で直接償却（上記（1））に貸倒引当金取崩額（上記（2））を加えた合計額は38兆円であり、これに、3による回収額を債権額の2割と仮定した場合、4年間に45兆円の不良債権がバランスシートから落ち、最終処理されたとされている（内閣府 2001, pp.79-80）。不良債権残高がほぼ横ばいということは、最終処理額とほぼ同額の新規不良債権額が発生したものと考えられる。すなわち、この4年間について言えば、銀行は年間あたり約10兆円の不良債権を最終処理しているが、ほぼ同額の不良債権が新規に発生し、その結果、不良資産総額は約30兆円に高止まっていたと考えられている。問題は、なぜこのように多額の新規不良債権が引き続き発生したのかということであろう。

銀行自身の融資先に対する実態把握が十分ではなかったとする見方もあるが（内閣府 2001、p.82）、景気の低迷が予想以上に続いていることは、新規不良債権の発生の背景にあるとまず考えられる。第2に、不動産、建設、卸小売業の3業種の企業を中心に、バブル期に過大な土地への投資を行なった企業が、引き続き毀損したバランスシートに苦しみ続けていることである。不良債権はこの3業種に集中している。既に述べたとおり、BOJ（2001a）によれば、2001年3月末時点におけるリスク管理債権残高の54％がこの3業種向けとなっている（上述の「需要要因」と「金融要因」とは相互関係がある。なぜなら銀行が不良債権を処理すると企業倒産が増えるからである。しかし、不良債権は特定の産業に集中しており、特定産業の倒産は銀行の経営にも深刻な影響を及ぼしかねない。この段

階で3業種への貸付額は銀行のローン残高の約33％に相当していた）。内閣府（2001）はこの3業種の利益が引き続き低水準にあり、1998年度から2000年度には業種別売上高当期利益率の算出において当該3業種合計ではマイナスに転落していたことを指摘している。第3に、バブル崩壊の影響が少なかった企業向けの貸付についても、長期の景気停滞や産業構造調整圧力が強まる中で、業種別あるいは企業別の業績格差が拡大しており「負け組」への貸出が不良債権化していることに留意すべきである（内閣府 2001, p.87）。この傾向については、既に表4-3でも見たところである。

　不良債権及びその償却は、直接銀行の自己資本に関わることである。既に述べたとおり、邦銀は不良資産を償却することを求められる一方で、特に国際業務を展開している銀行はバーゼル8％自己資本比率規制を守ることを求められており、不良債権を償却するために自己資本を使えば、銀行は資本調達をしなければならなかったのである。しかしながら、企業格付が低下すればするほど、資本調達は難しくコストはかさむことを意味し、代替手段として、銀行は資産を減らすか、高いリスクウェイトのローン資産からバーゼル自己資本規制の計算上リスクウェイトを低く見なせる国債購入へポートフォリオを入れ替えなければならなくなった。現在でも、邦銀は当局によりさらに厳しいローン評価及び取引先の分類をすることを求められている。銀行は2002年10月に発表された「金融再生プログラム」における「新しい金融監督の枠組み」において具体化されている「資産評価の強化」「自己資本強化」「ガバナンス強化」の3原則を実施しなければならなくなっており、銀行によるローン審査は益々厳しくせざるをえなくなっている。銀行は自らの経営の健全性を維持するためには不良債権を着実に償却しなくてはならず、そのためには、必要な額の資本調達のための（資本）コストを払わなければならなくなっているのである。

中小企業金融への影響

　言うまでもなく、不良債権処理は銀行にとって収益圧迫要因となる。償却にかかる費用のみならず、仮に償却せずに不良債権を保有していることも、問題処理のために人材及び経営資源を割かなくてはならないという機会費用（モニタリングに係るトランザクションコスト）が掛かってくることとなる。収益の圧

迫、トランザクションコストの増大は自己資本の低下圧力が続くことを意味する。リスクテイクのバッファーである自己資本の低下は、総じて、新規融資への取り組みあるいは新しい産業への融資には慎重になるなど、銀行のリスクテイク能力を低下させると考えられている。内閣府（2001）や中小企業庁（2004, 2005）は、銀行のリスクテイク能力の低下は銀行の貸出態度の慎重化を通じ、特に、銀行借入に資金調達手段を頼っている中小企業の設備投資を抑制していることに警鐘を鳴らしている。内閣府（2001）は、1997年～98年の中小企業の設備投資の急減は銀行の「貸し渋り」によることを指摘し、銀行の貸出態度の悪化による設備投資の減少は98年のGDP成長率を1.3％程度引き下げたという試算を紹介している。既に述べたとおり、中小企業向けの貸出残高は1998年末の345兆円から2004年末には254兆円に減少している（中小企業庁 2004, 2005、表1-2参照）。

「銀行に期待される役割は、収益性の高い事業を持つ企業について、資金繰りの問題が生じた場合は支援するが、収益性が高い事業を持たない企業については、適切なタイミングで過去の債権の回収、企業の再建等を行なうことである。90年代には、このような適切な選別が行なわれなかった可能性がある」（内閣府 2001, p.98）

理念としては理解できるが、競争も厳しく、不確実性が高まっているいわば「フロンティア」経済において、銀行にこうした役割を期待することは果たして可能なのか、あるいは、望ましいことなのであろうか。

銀行貸出は、生産性の高い業種に行なわれていたのだろうかという問いに対し、経済全体の生産性上昇率と銀行貸出先全体の生産性上昇率を比較した興味深い分析がある（内閣府 2001, pp.100-101）。銀行貸出先の生産性上昇率とは、業種別の生産性上昇率（実質GDP伸び率）を銀行貸出の業種別残高でウェイト付けして作成した生産性上昇率である。この分析によると、1980年代前半は「経済全体の生産性上昇率」を上回っていた「銀行貸出先の生産性上昇率」は、1980年代中盤以降は「経済全体の生産性上昇率」を下回っている。これは銀行貸付の多い業種ほど生産性上昇が相対的に小さくなったことを示している。

このような生産性の低下の背景として、処理の先送りにより非効率な企業が残存したことが指摘されているが、1980年代半ば以降に、この値は既に低下していることから、バブル経済以前から、銀行が貸出先として選んでいたセクターの成長率は相対的に鈍化していたものと考えられる。

　一方、日本経済において中小企業が果たしている役割は極めて大きい。会社数では中小企業は日本企業の99％を占め（中小企業庁 2005）、従業者数では72.6％を占める（経済産業省 2005）。また、製造業セクターにおいては、製造品出荷額ベースでは全体の約274兆円の内、50.5％の約138兆円を、付加価値額ベースでは全体の約99兆円の内、56.8％の約56兆円を中小企業が占めている（経済産業省 2005）。経済発展の源泉としての技術進歩においても中小企業が高い貢献をしていると言われている。中小企業庁（2004）によれば、中小企業（従業員数50～300人）と大企業（従業員数300人以上）の全要素生産性（TFP）成長率の比較において、1995年から2001年までの年平均成長率として、中小企業が1.14％、大企業が0.88％という数値が報告されている（全要素生産性成長率＝付加価値額増加率－労働分配率×従業員数増加率－資本分配率×有形固定資産増加率）。永濱（2002）は、業種別規模別に算出した付加価値構成比変化における中小企業の寄与率を調査し、バブル崩壊以降、付加価値構成比変化における75％が中小企業によってもたらされたことを報告している。

　技術進歩を担うイノベイティブな中小企業に十分な金融資源を供給することこそ、日本経済にとって最重要課題であり、日本経済再生の鍵でもある。同時に、そうした革新的な中小企業は激しい競争に晒され、その将来は不確実性の中にある。中小企業庁（2005）は、ヒット商品（自社にとって売れ筋の商品）のライフサイクルが短期化しているというヒアリング調査結果を報告している（チャート5-3参照）。調査によれば、売れ筋商品ができると、その約60％は5年以上も販売できた1970年代に比べ、最近時は5年以上も販売できる商品の割合は5.6％と激減し、反面、1～2年あるいは1年未満のライフサイクルの商品の割合が50％を超える状況となっている。明らかに、企業にとって開発した商品の陳腐化リスクは高まっている。消費者の嗜好の変化・多様化という原因もあるが、競合商品が市場に参入してくるリスク、少なくとも、企業にとっては投資回収リスクが高まっていると考えられ、企業経営はより不確実性に晒さ

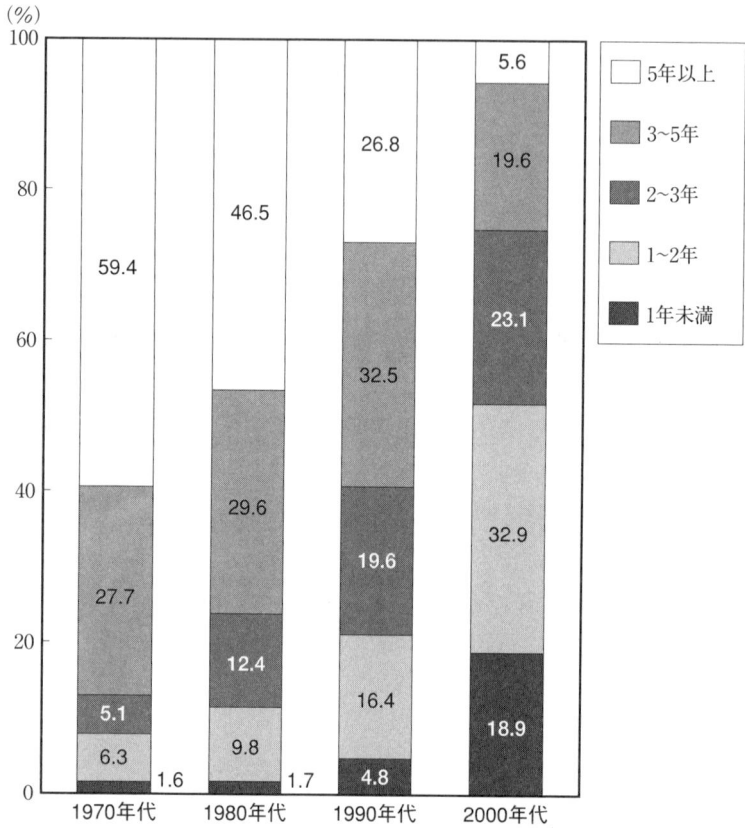

チャート5-3　ヒット商品のライフサイクル

(%)

年代	1年未満	1~2年	2~3年	3~5年	5年以上
1970年代	1.6	6.3	5.1	27.7	59.4
1980年代	1.7	9.8	12.4	29.6	46.5
1990年代	4.8	16.4	19.6	32.5	26.8
2000年代	18.9	32.9	23.1	19.6	5.6

出典：中小企業庁 2005より筆者作成

れていると考えられる。本来、元本保証の預金を運用している銀行としては、中小企業の信用リスクを審査・モニタリングし、短期資金はともかく、中長期資金を中小企業に仲介することは益々難しくなっており、ここに日本の金融システムが直面している最大のジレンマがある。

「貸し渋り」の群衆行動

　第4章で述べたとおり、邦銀は、米国型金融システムにおいて実践されているモニタリング・信用リスク管理の手法を導入することを促されてきており、

同時に、この手法はバーゼル銀行監督会議において標準化されてきているものでもある。邦銀における「貸し渋り」、特に中小企業向け貸付に対する長引く貸し渋りについても、こうしたモニタリング手法の変化が影響を与えている面があるものと思われる。理論的には、格付サービスやアナリストレポート等、便宜的方法に過度に頼るようになると、市場心理のボラティリティが助長され、Minskyの金融市場脆弱性仮説で見られるような前向きの際にはユーフォリックな過剰融資が引き起こされ、後向きの際には厳しい貸し渋りの状況に陥る可能性がある。

同質化した信用情報フローが金融市場の脆弱性を引き起こすメカニズムは以下のとおりである。スタンダード・アンド・プアーズのような外部格付機関が特定の借り手の格付を変更せずに維持していると、コード化された信用リスク評価手法（統計的倒産確率やそれにも基づく外部格付）は次第に貸し手の主観的確率を統計的あるいはコード化された確率に変更させていく。結果として、貸し手は、事前に主観的には必要と考えられたリスクプレミアムが十分にはプライシングには反映されていなくとも信用リスクをとるようになる。言うまでもなく、貸付における群衆行動は貸し手と借り手との間に典型的に見られる情報の非対称性問題を減ずるものではない。むしろ、同質化した信用情報フローによるコード化された信用リスク評価方法は、貸し手が自分自身で借り手をモニタリングするインセンティブを弱めていく。外部情報への信頼が強くなればなるほど、借り手との直接の融資取引によって得られる独自の情報への信頼が薄れていく。

外部格付機関が格付を上げる方向のポジティブな見通しを出すとき、コード化された信用リスク評価手法はさらにリスクプレミアムを減らしても信用リスクをとることを貸し手に促す。より高い格付への期待は、現在の倒産確率に基づくリスクウェイトを掛けた収益性をより高めることを期待させることから、貸出競争を促す。このプロセスはMinskyの言うところのユーフォリックな投機を引き起こす。あるいは、バブルが弾ける前に自分は売り抜けられるとプレーヤーが考えるチキンゲームが展開されるのである。

反対に、外部格付機関が格付を下げる方向のネガティブな見通しを出したとき、特に予期せずにある借り手の格付を下げた場合、コード化された信用リス

ク評価はパニックを引き起こし、貸し手はローンを回収しようとする。同質外部情報によるコード化された審査方法によって、貸し手自身で借り手をモニタリングするインセンティブを失っていた分、突然の不測の事態はパニックを助長させる。あらゆる情報への信頼が失われたとき、貸し手の不確実性は高まると考えられる。貸し手のパニックは損失を避けたいとする傾向によっても助長される。仮に突然の不測の事態が銀行に実損を与える場合、貸し手はエクスポージャー（貸出残）を減らすためになりふりかまわず行動するかもしれない。その結果、ネガティブな連鎖に陥るか、どんなに高いリスクプレミアムが載せられてもリスクをとる貸し手が誰もいなくなるような状況（貸し渋り）に、はまり込んでしまうケースも考えられる（Suzuki 2005参照）。

　Keynes（1936）は1930年代に既に、事業家の本来の期待というより、証券取引所で取引を行なう人の株価に対する平均的期待感によって投資が左右される傾向があることを嘆いていた。投資への誘因は、非常に変動しやすい市場における大衆心理により楽観的にも悲観的にもなる市場心理によって左右されるようになる。銀行におけるプロフェッショナルは、多かれ少なかれ、平均的一般投資家に比べリスク審査においての知識と能力を持っているものと考えられる。専門家間の競争は、金融規制緩和の目的の1つとして資金配分のボラティリティを修正する役割を担うことを期待されるが、実際には「プロフェッショナルのエネルギーやスキルは他で使われている」「ほとんどのプロフェッショナルの関心は、ある投資の期待収益の優れた長期予測を投資期間に渡って行なうことではなく、一般大衆が気づく少し前に価値変動を見通すことにある」（Keynes 1936, p.154）。

　信用リスクを計量化しトレーディングする、貸出債権の証券化やローン流通市場でのディーリングやクレジットデリバティブ等の金融技術は貸付市場の特徴や機能を米国型の社債・証券市場と同質化させている。この傾向は邦銀のプロフェッショナル達に短期的投機による収益を追求させ、オポチュニスティックなトレーディングを行なうインセンティブを与えている。この傾向は、長期的視野に立った生産力増強の可能性を考えている企業に十分な資金を供給する役割を担っていた貸付市場から、長期でかつ安定的な金融資源を奪うことになった面があるものと考えられる。

邦銀は、リスクや不確実性を分散する条件や代替手段のないままに、米国型の貸付・モニタリング様式を適用しようとしてきたと言える。この移行は貸付行動における「群集心理」を悪化させ、金融資源仲介にも悪影響が及んでいる。例えば、中堅・中小企業が外部格付を取得しないと銀行からの借入ができなくなったとか、格付が取得できなかった企業が、銀行の内部審査で定められる、信用力に応じた厳しい貸付条件を呑まされる等のケースがある（1997年に日本において国民の怨嗟の声を巻き起こした貸し渋りは、邦銀マネージャーが採用した審査・モニタリング手法の変更も部分的には影響しているものと考えられる）。より厳しい貸付条件（高い金利）は、貸し手の知らないところで借り手にリスクの高いプロジェクトを志向させるという、Stiglitz and Weiss (1981) が発見したモラルハザード問題を引き起こす可能性もある。

5-4-2　金融危機以降の主要邦銀の動き

1999年の公的資金注入以降、主要邦銀はいわゆる「ビッグ4」への合併を進めた。「みずほ」フィナンシャルグループには第一勧業銀行、富士銀行及び日本興業銀行が集まり（3行は2000年9月に新しい金融持株会社のみずほホールディングを設立した）、ユナイテッド・フィナンシャルグループすなわち「UFJ」には三和銀行と東海銀行と東洋信託銀行が、「三井住友銀行」には、住友銀行とさくら銀行が（2001年4月に合併）、「三菱東京銀行グループ」には東京三菱銀行、三菱信託銀行及び日本信託銀行が統合された。その間、一時国有化された銀行も再度民営化された。長銀は2000年3月に米国を基盤とする投資会社であるリップルウッドを中心とした投資家グループに売却され、「新生」銀行と名前を変えた。二転三転する交渉経緯もあったが、日債銀はソフトバンクを中心とする投資家グループに売却されることに2000年6月に基本合意に達した。2001年1月に日債銀は「あおぞら」銀行に名称を変更した。表5-4は主要邦銀の変遷をまとめたものである。

「ビッグ4」の合併は、国際競争力を高めるための規模を追求する目的で推進されたとしばしば言われているが、統合することによって事業を再構築し、コストを削減することで巨額の不良資産を処理するのが主たる目的と考えられる。政治的意味合いとしては、多くの議論を巻き起こした公的資金の注入のか

表5-4　主要邦銀の変遷

前（過去）	手法	後（現在）
第一勧業銀行 富士銀行 日本興業銀行	合併	みずほ フィナンシャルグループ
三和銀行 東海銀行 東洋信託銀行	合併	UFJ （ユナイテッド・ フィナンシャル・ジャパン）
住友銀行 さくら銀行	合併	三井住友銀行
東京三菱銀行 三菱信託銀行 日本信託銀行	合併	三菱東京 フィナンシャルグループ
大和銀行 あさひ銀行	海外・国際業務からの撤退 合併	りそな銀行*
北海道拓殖銀行	閉鎖	—
日本長期信用銀行	国有化/再民営化	New LTCB Partners CVへ売却 新生銀行へ名称変更
日本債券信用銀行	国有化/再民営化	ソフトバンク他へ売却 あおぞら銀行へ名称変更
中央信託銀行 三井信託銀行	2000年4月に合併 海外・国際業務からの撤退	中央三井信託銀行
安田信託銀行	富士銀行の子会社へ	
住友信託銀行	—	住友信託銀行

注：*2003年5月、りそなグループは2兆円の公的資金の再注入を政府に要請することを発表した。
　　報道によれば、これはグループが事実上国有化されることを意味した
出典：IMF 2000その他記事により筆者作成

わりに、銀行及びクレジットシステムの再構築を加速させるという金融当局の公約が、こうした合併を促進したものと思われる。加えて、旧長銀及び日債銀の頭取や代表権のある取締役が、銀行を破綻させたことで（粉飾決算や不良債権損失額の虚偽情報公開）逮捕され訴追を受けたことが、上記の合併を促した面があると思われる。当局のあまり関わりたくないというムードの中で、主要銀行の頭取がとる戦略として、当局に再び「大きすぎて潰せない」という話を確約してもらうことを待ち、あるいは生き残りのための新たな戦略を見つけるまでの時間をかせごうとすることはおそらく合理的判断と思われる。しかしながら、主要行は依然として有効な戦略を見つけられておらず、事実、巨額の不良債権に悩まされているのである。

　内閣府や原田（元経済企画庁エコノミスト）らによる供給側を重視するエコノミストは、1970年後半以降の「規制緩和」によって米国の比較優位性がもた

表5-5 大手行・地域銀行別業務利益（粗利益ベース）推移（単位：10億円）

		1990年度	1995年度	2000年度	2001年度	2002年度
大手行	資金利益	3,653	6,160	4,957	5,576	4,917
	役務取引等利益	1,498	1,576	1,314	1,269	1,224
	その他業務利益	729	1,260	464	547	908
地域銀行	資金利益	3,923	4,982	4,626	4,578	4,460
	役務取引等利益	181	309	380	398	420
	その他業務利益	21	269	94	149	138

出典：BOJ 2004b

らされたことを強調する。彼らは、日本の高い労働コストと既成権益を保護する規制が、国際市場における日本の競争力を失わせたと示唆している（内閣府 2002, 原田 1999）。供給側重視のアプローチは日本の潜在成長率が低下していると主張する。原田（1999）は日本の資本係数が1990年から1998年の平均値として既に25に達し、米国の水準が約5であることとの比較から、いかに日本の投資―資本比率が非効率な水準となっているかを示している。

1990年代、日本は米国型及びバーゼル型金融規範の下、競争的で市場中心の「ルールを基盤とする」銀行・クレジット市場システムへの移行を行ない、そのことは痛んだ金融システムを復活させる処方箋として期待された。事実、国際通貨基金IMF（2000）が賞賛したように、日本におけるいわゆる「ビッグバン」金融規制緩和及び再編成はほとんど完了している。日本の金融当局は金融システムを復活させるために新しい枠組みを実施に移している。例えば、主要銀行への資本注入を行ない、自己資本比率は十分となっており、いくつかの主要銀行同士の合併がなされ、国有化された2行は既に民営化されている。金利完全自由化や手数料もほぼ自由化された一方で預金者保護には新しく公的資金枠が用意された。しかしながら、米国型金融システムに向けた規制緩和策が日本の金融セクターの潜在的成長力や競争力を実現するのに大いに貢献したという確固たる実証はないことに留意すべきであろう。

金融ビッグバンは日本の金融システムに何をもたらしたのであろうか。表5-5を見る限り、受入為替手数料や信託報酬からなる「役務取引等利益」や、外国為替売買益や国債ディーリング収益からなる「その他業務利益」の金額にはあまり大きな変化は見られない。特に、地域銀行においては、依然として、資金利益（利鞘収支）のウェイトが高いことが窺える。総じて言えば、邦銀の

表5-6 日本の家計部門における金融資産推移

金融資産の種類	2000年3月		2004年3月	
現預金	748	(53.8%)	779	(55.2%)
債券・社債	57	(4.1%)	37	(2.6%)
投資信託	35	(2.5%)	34	(2.4%)
株式・出資	117	(8.4%)	116	(8.2%)
保険・年金積立金	384	(27.6%)	394	(27.9%)
その他	49	(3.5%)	52	(3.7%)
合計（兆円）	1,390	(100%)	1,412	(100%)

出典：BOJ 2000a, 2004aより作成

表5-7 邦銀の不良債権残高（兆円）

	1999年3月	2000年3月	2001年3月	2002年3月	2003年3月	2004年3月	2004年9月
主要行	21.9	18.5	18.0	26.8	20.2	13.6	12.1
地域銀行	12.0	11.4	13.6	14.8	14.7	12.8	11.6

出典：金融庁 2005

収益構造には大きな変化は見られない。一方、急速に進んでいる高齢化に対応するために、個人金融資産の効率的運用をはかり、間接金融から直接金融システムへの転換をはかるという目的については、表5-6を見る限り、少なくとも、家計部門のリスク選好については大きな変化は今のところ見られない。

不良資産処理の促進については、金融当局からの圧力を受け、大手銀行の不良債権処理は2002年以降、急速に進められている。しかしながら、相対的にみて、地域銀行の不良債権処理の速度は鈍いものとなっていることが窺える（表5-7）。中小企業庁（2004）によると、0～20人規模の企業のメインバンクは地銀が57％、都市銀行が23％、21～100人規模の企業のメインバンクは地銀が57％、都市銀行が28％を占めている。相対的に地銀は小規模企業のメインバンクとなっており、相対的に中小企業向けの不良債権処理は遅れているものと推測される。

5-5　結論

序論でもふれたが、借り手の経済活動は不確実性に晒されており、貸し手あるいは投資家によるモニタリング行動はいかに不確実性から自らを守るかという行動と考えられる。不確実性の高まりは次の問題を引き起こすことを本章で

は指摘した。

(1) 不確実性の高まりは、貸し手の気分の揺れを増幅させ、群衆行動を引き起こす。景気上昇期には「ユーフォリック」な投機が助長され、下降期においてはスパイラル的に投資が冷え込むことがありうる。バブル経済期における、邦銀による不動産セクターへの過剰融資や、1990年代後半からのデフレスパイラル時期移行の長引く「貸し渋り」状況の背景には、不確実性の高まりがあると考える。
(2) 技術進歩を担うイノベイティブな中小企業に十分な金融資源を供給することこそ、日本経済にとって最重要課題であり、日本経済再生の鍵でもある。同時に、そうした革新的な中小企業は激しい競争に晒され、その将来は不確実性の中にある。本来、元本保証の預金を運用している銀行としては、中小企業の信用リスクを審査・モニタリングし、短期資金はともかく、中長期資金を中小企業に仲介することは益々難しくなっている。中小企業あるいは潜在的な成長産業への長期資金仲介危機こそ、日本の長引く経済停滞の根本原因と考えられる。

註

*1 長銀の元副頭取の上原隆氏は1999年2月、東京のあるホテルの一室で首吊り自殺した。毎日新聞によれば、上原氏は1998年における粉飾決算の容疑に関して検察側より尋問のための出頭を求められていたという。上原氏は1998年3月において銀行の決算担当役員の立場にあり、報道によれば、多額の損失を出しているにもかかわらず、71億円の配当を株主に不法に行なったことを承認したとなっている。しかしながら、上原氏は銀行のポートフォリオを深刻に悪化させた国内不動産及び建設業セクターへの不良債権の蓄積そのことへの責任はそれほどなかった。なぜならば、彼は1980年代の終わり頃からニューヨーク支店長として勤務したことを含め長く国際業務に従事していたからである。上原氏は長銀の破綻回避のために当局や可能性のある「白い騎士」との交渉の最高責任者の立場にあり、多くの旧長銀のスタッフは彼が最後まで奮闘したことを知っていた。何が彼に死を選ばせたのかを窺うことは難しいが、何かが上原氏が抱いていた当局への信頼を失わせたのかもしれない。

第 6 章
移行の失敗

6-1　はじめに

　前章における概観を通じ、本書は下記の問題意識を持つ。

(1) バブル崩壊から長銀の国有化（1998年）までの期間：
　(a) 通説は金融当局（大蔵省）の不作為及び作為の失敗を指摘するが、なぜ、これほど長期にわたり失敗が重ねられたのか。通説はこの点につき十分な説明をしていない。
　(b) 結果的に、護送船団方式の準インサイダーであった銀行（長銀・日債銀）をなぜ金融当局は破綻に至らせたのか。なぜ、破綻を促すようなルールを基盤とする米国型銀行監督システムの強化に踏み切ったのか。
(2) 金融ビッグバン（1998年）以降、現在に至る金融停滞：
　(a) 金融自由化はほぼ完了したが、そのことは邦銀及び日本経済を金融停滞から救い出すことに貢献したと言えるのか。米国型金融システムをそのまま日本に適用させることによる構造的問題については第4章及び第5章にて議論した。
　(b) 米国型金融システムに適応できないとすれば、なぜ代替システムを見つけ、転換できないのか。

　5-3でふれたとおり、日本経済は1990年代を通じて当局によるマクロ経済失策の犠牲となってきており、それが日本の銀行危機やその後の経済停滞を引

き起こしていると示唆するエコノミストは多い（吉川1999, Patrick 1998, 内閣府 2001, 原田 1999）。しかしながら、そうした失策がなぜ続くのか（なぜ是正されないのか）を示唆するエコノミストは限られている。例えば斎藤（1998）は経済政策の失敗が続くのは「護送船団方式」システムが機能しなくなった後、政策を発案しモニタリングを行なう「コントロールタワー」がなかったためと指摘している。しかし、彼の議論には、なぜ日本はこんなにも長い期間にわたり「コントロールタワー」を形成することができなかったのかは説明されていない。竹田（2001）は情報公開における、特に政策立案プロセスにおける当局の不十分な説明責任を批判している。彼はバブル経済前の日銀によるイージー・マネー政策（金融緩和策）の実施、及びバブル崩壊後のかなりタイトな金融引き締め政策への転換における不透明なプロセスを批判している。竹田はバブル期における日銀総裁の澄田智氏による、金利引き下げの意思決定プロセスに対するコメントや、金融引き締め政策の決定プロセスに関与した日銀スタッフとのインタビューを通じた、元経済企画庁エコノミストである香西泰教授による調査に言及している。彼はこれらのコメントに見られる不透明な決定プロセスを指摘し、「透明性」が彼らの政策決定を改善することに必要であると主張している。しかしながら、既に3-4-4で述べたとおり、透明性は必ずしも「オーディエンス効果」を解消するとは限らず、当局と銀行界との間の情報共有のための閉鎖的かつ信用のあるチャネルは時として金融安定性を確保する上で必要と考えられる。私見としては、非公式な情報共有チャネルが失われたことは銀行危機及び長引く金融停滞を引き起こした重要な要因となっていると考える。

　また、Kanaya and Woo（2000）やPatrick（1998）は規制当局間の縄張り争いがあったことを指摘している。例えば、Patrick（1998）は政府の政策の失敗の一面として、財政政策と金融政策発動のバランスが悪化したことを指摘している。1980年以降、大蔵省の財政政策は、財政赤字の削減及び財政黒字への転換だけに眼が向けられており、追加的マクロ経済政策の発動は金融政策手段に過剰なまでに頼らせていた。なお、西村（1999）は地価高騰と土地融資に関する対応について、大蔵省と日銀の間にはどちらが主導権を取るかお互い譲り合う雰囲気があったと指摘している。また、Patrick（1998）は、1990年代を通じた一貫性のないマクロ経済政策を引き起こした原因として次のジレンマを

指摘している。すなわち、一方で、銀行監督局としての大蔵省は、都市郊外の不動産価格の下落を止め、上向かせるために景気回復策を志向し、不良資産と分類されるローンを正常債権に換え、あるいは巨額な不良債権問題処理を少しでも進めることを考えていた。その一方で、予算作成及び徴税当局としての大蔵省は財政赤字削減策を一貫して追求しており、そのことは景気回復を妨げる結果となったとする。元経済企画庁エコノミストである土志田（2001）は、近い将来に起こりうる人口構成の変化（老齢化・少子化）の構造的課題が既に政府内で認識されており、赤字財政削減が優先されたと指摘するが、最終的に、金融当局が準インサイダーであった主要銀行を容赦なく切り捨てたことの責任及び功罪については再評価されるべきであろう。

　本章では、日本の金融システムは特有の「移行の失敗」に陥っているのではないかという新たな視点を提供したい。移行の失敗とは、(1) 既存の制度を捨てるコストが非常に高く、代替制度（相対的にトランザクションコストの低いと考えられる制度。ただしこの判断にも不確実性が伴う）への転換・移行が進まないケース、及び (2) 既存の制度を捨てるコストが非常に高いにもかかわらず、代替制度への転換を無計画あるいは急速に進めたために、移行の便益よりコストが高くつくケースを含む。

　政治学、政治経済学及び社会学分野の学術関係者に広く読まれている"Trust: The Social Virtues and the Creation of Prosperity"を書いた政治学者Francis Fukuyamaや日本研究を専門とする社会経済学者Ronald Doreは、日本の社会は「高信頼」の「集団志向型」であると評している（なお、Doreは米国を個人主義の国として一方の極、日本を集団志向型の国として一方の極として捉えているが、Fukuyamaは両国を高信頼の集団志向型の国として捉えている点に違いはある）。

「もし1つの企業の中で一緒に働かなければならない人たちが、1人残らず共通の倫理規範に従って仕事をしているために互いに信頼し合えるとすれば、ビジネスは安上がりとなる。また、高度の信頼があれば社会関係の多様化が可能になるので、このような社会は組織の革新を行なう能力も高い。こうして、高度に社会的だったアメリカ人は、19世紀の終わりから20世紀のはじ

めにかけて、ちょうど日本人が20世紀にネットワーク組織の可能性を探求したのと同じように、現代の巨大企業が発展する道を切り開いた。反対に、人々の間に相互信頼がない場合には、結局、形式的な規則と規制のシステムのもとでのみ共同することになる。このような規則と規制には交渉、合意、訴訟がつきもので、ときには高圧的な手段による強制が必要である。信頼の代用品として役立つこのような法的装置は、経済学者が『トランザクションコスト』と呼んでいるものを伴う。言い換えれば、社会の中に不信が広がれば、あらゆる形態の経済活動に一種の税が、すなわち高信頼社会では支払う必要のない思い負担がかかるのである」(Fukuyama 1995, p.27：加藤寛訳『信無くば立たず』p.66を参照)

既に3-3及び3-4でふれたとおり、日本の伝統的金融・モニタリングシステムには、無形あるいはインフォーマルな制度的枠組みが見られる。特に、(1)「メインバンク」システムと呼ばれる、メインバンク（銀行）が借り手企業の事業遂行に準インサイダーとして深く関与している濃厚なネットワーク、及び(2)「護送船団」モニタリングシステムと呼ばれる、金融当局と規制を受ける銀行との間に見られた密度の高い情報ネットワークは、貸し手の不確実性の揺れを安定化させ、金融資源の効果的な配分を通じて、日本の高度経済成長をもたらしたと考えられる。

ある意味、「日本株式会社」とも呼ばれる集団志向型の金融・モニタリングシステムにおいては、メインバンクが、企業の信用リスク及び不確実性を吸収するバッファーの役割を果たしており、そうした役割を、企業及び金融当局を含む全体で支えるシステムとなっていた。問題は、メインバンクのリスク及び不確実性吸収能力を超える不確実性にシステム全体が晒されたときに、この「集団志向型」システムの脆弱性が顕在化することにある。ここに、本書は「移行の失敗」を引き起こす最大の要因があると考える。

6-2では、トランザクションコストを左右する変数として、特に新制度派経済学において分析の光をあてられてきている「信頼」及びその対極にある「オポチュニズム」を巡る議論について概観する。加えて、日本の伝統的モニタリングシステムにおける「相互信頼」の特徴について議論する。6-3では、移行

コストとインフォーマルな制度との関係を巡る議論についてふれる。その上で、日本のモニタリングシステムが陥っている「移行の失敗」について論ずる。6-4では、オーディエンス効果の高まりから、金融当局が準インサイダーであった銀行を切り捨てたプロセス、すなわち、金融当局が払った移行のコスト、を論ずる。6-5では、最近の動向としてコーポレートガバナンス及び金融資源の仲介機能の変化についてふれる。6-6で結論を述べる。

6-2 信頼とオポチュニズム

　日本の伝統的モニタリング様式において、「信頼」にはモニタリングコストを抑える機能があったと考えられる。モニタリングに係るコストはトランザクションコストの1つと考えられている。トランザクションコストを物理学における「摩擦」を経済に置き換えたものとするのであれば（4-2参照）、信頼は、必ずしもいつもではないがかなりの頻度で、経済システムをスムーズに動かす「潤滑油」の役割を担っていると考えられる。Williamsonが唱える「オポチュニズム」は「相互信頼」によって減少できるはずである。すなわち、相互信頼のある組織では、トランザクションコストを抑えることが可能になるはずである。

　「今や信頼には非常に重要で実用的な価値がある。信頼は社会機構の重要な潤滑剤だ。それはきわめて効果的であり、他人の言葉をある程度信じるときに多くのトラブルを防ぐことができる。残念ながら、これは簡単に買うことができる商品ではない。買わなければならないものだとしたら、それを買った時点で既にある種の疑念を抱いていることになる。信頼、あるいは同じような価値を持つ忠誠心や正直さは、経済学者が『外部性』と呼ぶものの一例である。それは品物であり、商品であり、真に実用的な経済価値を持っている。システムの効率を高め、商品をより多く、あるいは高く評価されるどんな価値でもより多く生産するのに役立つ。しかし、それはオープン市場での取引によって技術的に得られるようなものではない」（Arrow 1974, p.23, Fukuyama 1995, pp.151-152：加藤寛訳『信無くば立たず』

p.239を参考に一部修正)

「信頼」については様々に語られている。「各々が他者も公正に振る舞い、他者の利益や効用も考慮にいれるように進んで他者を受け入れようとすることを示す態度や行動」(Cohen and Knetsch 1992)、「義 solidarity」「将来にわたる調和的かつ肯定的な協力への思い（信仰）」(Ian Macneil[*1])「契約交渉や締結は信頼が現にあり、そのプロセスによって醸成されればより効果的に実行される」(Cohen and Knetsch 1992)。Fukuyama (1995) は、社会学者ジェームス・コールマンの言う「社会資本」、すなわち、集団や組織の中で共通の目的のために一緒に働く能力に言及しつつ、「この協調能力はコミュニティーが価値と規範をどの程度まで共有しているかによって、また個人の利益をどの程度まで集団の利益に従属させることができるかによって決まる。こうした価値の共有から、信頼は生じてくる」としている (Fukuyama 1995, p.10)。Fukuyama (1995) やKenneth Arrowによる貴重な洞察の1つは、「信頼」が重要な経済的価値を持ち、重要な影響を経済組織に及ぼすことを指摘したことであろう。

「倫理的要素はある意味あらゆる契約にあり、それがなければ市場は全く機能しない。また、あらゆる取引には信頼の要素がある。典型例としては価値あるものの交換取引で相手より先に渡すことである」(Arrow 1974, pp.23-24)

しかしながら、定義はどうあれ、その信頼を分析対象として取り扱うことは極めて難しく (Williamson 1985, p.406)、その変数の分析は依然として限定的なものとなっている。

Arrowは、契約やモニタリング様式の効率性（トランザクションコストをどのように抑えることができるかどうか）が文化によって違いがでるのは、「信頼」度合いの違いによると主張している。Fukuyamaの有名な「信頼」の研究もあり、北米の学会においては、日本の経済システムにおける「信頼」関係の分析に関心を寄せる政治経済学者は多い。反面、日本人自身は、「信頼」に頼っている（頼りすぎている）ことがむしろ問題であると考える傾向が従来から強いと言われている (Dore 2000, p.81)。ある程度、文化的要因は信頼関係醸成と関

係があるとは思われるが、ある特定の文化や社会組織においても、信頼の程度はかなり揺らぎのあるものと考えるべきであろう（人は日々の生活や仕事の中で、「信頼」というものを忘れたりまた思い出したりする）。

　本書が関心を持つ「信頼」すなわち、日本の伝統的モニタリング様式において創設され維持されてきた信頼は次の特徴を有するものと考えられる。

(1) 貸し手である銀行と借り手である企業との間の信頼：(a) 銀行（メインバンク）が借り手企業の事業経営に深く準インサイダーとして関与することは、企業が経営努力を怠らないという貸し手の確信を強める効果があったものと考えられる。その上で、長期にわたり繰り返される取引により、少なくとも、借り手企業が経営努力を怠るオポチュニスティックな行動はとらないということに対する「信頼」が醸成される。この信頼により、細かなモニタリングは省かれることになる。(b) 借り手企業は経営努力を続けることにより、メインバンクの信頼を得て、ビジネスサイクルに合わせた必要な金融サポート（安定的な設備・運転資金調達や金融支援）をメインバンクに期待することができる。長期にわたる取引関係はこの期待を信頼に強めていく。(c) 双方とも相手からの期待・信頼を裏切ることは、当事者間のみならず社会的にも著しく「評判」を落とすことから、当該信頼に基づくモニタリングシステムの実効性・強制力は高いものとなる。

(2) 銀行と金融当局との間の信頼：既に述べた保護と罰則メカニズムを基盤とする「護送船団」モニタリングシステムにおいて、(a) 銀行側が準インサイダーとして金融政策の創設・変更に関わる密度の濃い情報ネットワークシステムは、少なくとも問題のある銀行は非公開のルートでそのことを金融当局に早期に報告しているという金融当局の信頼が醸成される。このことは問題の早期発見から金融市場の安定化をはかる効果及び結果として、銀行（特にメインバンクの立場にたつ銀行）が長期にわたる借り手企業のモニタリングエージェントとしてモニタリング努力を怠らせない効果を生む。銀行がこの信頼を裏切ることはバンクレント機会の削減や罰則を受けるのみならず、メインバンクという地位や評判という無形のフランチャイズバリューを失う可能性がある。(b) 金融当局の指導や政策変更の柔軟性に対する銀行からの

「信頼」が醸成され、結果として、不測の事態には当局が支援してくれるという期待が生まれる。

　文化的要因を強調すべきではないとの立場にたちつつも、従来、日本型と言われる「関係重視型」の経済システムには「相互信頼」という要素がトランザクションコストを抑える重要な「潤滑油」の役割を担っていたものと考える（その信頼関係の醸成には文化的要因が少なからず反映していると思われる）。変数は基本的に数量化することはできないものの、制度内の信頼関係の度合いや変化によって「関係重視型」の経済システムのパフォーマンスは変わってくると考えられる。

　Williamson的な見解からすると、相互信頼によって成り立っている協力行動様式がメンバーに行き渡っている日本型のような経済組織ほど、オポチュニズムに侵されやすい制度的特徴を持っているのかもしれない。「そうした組織は相互信頼の資質を持っていないものに侵略され搾取されやすい」（Williamson 1985, pp.64-65）。オポチュニズムは悪意をもった自己利益追求であり、一般的にオポチュニズムは巧妙な騙しを含み、不完全で歪められた情報公開、特に、相手をミスリードし、情報を歪め、事実を隠匿し、意図的にわかりづらくしたり、あるいは迷わせたりする計算された意図がある（同 1985, p.47）。もちろん、全てのエージェントが同一レベルのオポチュニズムに晒されている必要はない。Williamsonは、オポチュニスティックに行動する性向が構成員によってまちまちであることが知られている場合、その経済組織が抱える問題はかえって助長されることを指摘している。個々のタイプによって対応をかえることによって、益を得ることができるからである。

　トランザクションコストを扱う新制度派経済学において、Williamsonの唱える「オポチュニズム」の概念については、今なお論議が続いている。例えば、限定合理性だけを考えれば十分で、限定合理性のないところではオポチュニズムという概念を持ち出してくるには及ばないという議論がある（Langlois, Williamson 1985, pp.64-67参照）。Williamsonの見解によれば（表6-1参照）、経済主体・エージェントに限定合理性はあるものの、オポチュニズムはない世界を想定すれば、その世界のエージェントの言葉は約束・保証と同じものとなるは

表6-1 Williamsonによる契約の分類

		限定合理性の程度	
		限界がない場合	限界はある場合
オポチュニズムの程度	ない状態	(理想郷)	「一般条項」による契約
	ある状態	すべてを想定した契約	契約上の諸問題の発生

注:「オポチュニズム」は存在するものの、限定合理性はない世界においては、起こりうる全てのケースを想定した契約が締結されることにより(契約作成に掛かるトランザクションコストは高いと考えられるが)、契約後のオポチュニズムについてはコストなく除去されると考えられる。これもまた、実際には限定合理性から完全に逃れられる世界はありえない

ずであるとされる。この、いわば約束の世界では、事後の契約内容を巡る問題というものは、「一般条項」(例えば、「お互い契約を遵守し、契約で規定していない問題が生じた場合は、双方の利益に叶い、フェアに利潤〔あるいは費用〕を分け合うように話し合いで解決する」など)を挿入しておけば済んでしまう(ゆえに、トランザクション・コストは低くなる。同 p.66参照)。Williamsonは、実際にはこうしたオポチュニズムの全くない世界はありえないことから、限定合理性や不確実性がオポチュニズムを助長させ、トランザクションコストを高めることを強調する。

　事後にオポチュニズムが台頭することがありうる取引は、事前に適切な保護が用意されることにより抑えられる。言い換えれば、適切な保護が事前に用意されない場合、オポチュニズムが台頭し、経済取引における行動の不確実性を高め、問題を引き起こす原因ともなりうるのである。日系企業を取り巻く経済環境変化及び高まる不確実性は、経済活動における伝統的な信頼関係の基盤を次第に揺るがしたと考えられる。制度が相互信頼を基盤としていた分、そのデファクトシステムが、別途トランザクションコストを抑え、オポチュニズムの台頭を抑える新しいルールや法的枠組みが整わないうちに崩壊すると、信頼が失われた中で顕在化する情報の非対称性問題やコーディネーション問題はよりデリケートかつ複雑なものとなってしまうのである。

　借り手企業の経営努力を怠らせないことが貸し手の不確実性に関わっている「追いつき追い越せ」の時期から、より本質的な不確実性に晒される「フロンティア」経済パラダイムにおいて、「相互信頼」は必ずしも効果的な結果を生むとは限らなくなってくる。むしろ、伝統的な銀行と企業との信頼関係は、特に、銀行に相対的に過大な信用リスクを抱え込ませる要因となりうる。加えて、

この様式は代替システムへの転換、特に、問題のある企業を清算するか更生するかを裁判制度に委ねる構造を持つ米国型モニタリングシステムへの転換を困難にする。総じて言えば、そうした代替制度への移行コストが高くつくシステムと言える。一方、銀行セクターが相対的に過大な信用リスクを抱え込むことは、銀行経営の健全性を揺るがすことを意味する。その結果銀行を準インサイダーとして扱ってきた金融当局にとって、金融行政の舵取りを難しくさせる構造を持っていたと考えられる。

6-3　伝統的あるいは既存様式を捨てるコスト——移行コスト

モニタリングの制度が仮に効率的に働かないとしても、その制度はなぜ変更されないのか。一般的に新制度派のトランザクション最小化理論では、非常に高いトランザクションコストの発生・存在のみが制度変更の制約要因となるという。これに対し、Khan（1995）は政治的制約も制度変更を阻害することを指摘している。Khan（1995, pp.72-73）によれば、制度的失敗は「構造的失敗（欠陥）」と「移行の失敗」との2つのタイプに分類される。すなわち、現行制度のパフォーマンスにおける失敗と制度変更のプロセスにおける非効率性という観点で分類される。「構造的失敗」は、あるフォーマルな制度構造が他の考えられる構造に比べ、社会にとってより低い便益しかもたらさなくなったときに発生していると考えられる。「移行の失敗」は、制度変更のプロセスが他に考えられるプロセスを経る場合と比べ、所与の期間において合算される便益が社会にとってより低い場合に発生していると考えられる。Khan（1995, p.84）は、政治経済学の観点から、移行の失敗が発生しうる重要な理由として、（移行しようとすると）ある特定のクラスやグループに掛かる移行コストのために、制度変更が促されないケースを挙げている。本書はインフォーマルあるいは無形的制約が移行コストを高めうることを指摘する。

制度はフォーマルな制度とインフォーマルな制度とに分類される。前者は第三者によって規制・実施されるもの（enforced）、例えば、法律、政府、地方自治体か加えて就業規則等社内ルールを定め、個々の経済行動が制約されるという観点から、企業もフォーマルな制度の1つとして考えられている。後者は、

例えば、慣習や文化、宗教など、第三者による規制ではなく、自ら律していく（self-enforcing）点に特徴がある。先にふれた「社会資本」や自発的社会性のありなしは主に後者と関係がある。

ダグラス・ノースも言及はしているが、フォーマルなルール（制度）が変更されても、インフォーマルな制約は変更されないケースがあることについては強調していない。ある結果として、以前から変わらないインフォーマルな制約と新しいフォーマル制度との間に様々な不一致が生じることにより、緊張が生まれる可能性がある。

「そのような変化は特に部分均衡の枠組みにおいては時としてありうるが、そうした変化は多くのインフォーマルな制約に内在し、引き継がれている深い文化を無視していると言える。フォーマルなルールが大枠で変更されたとしても、同時に多くのインフォーマルな制約がより強く顕在化することがありうる。なぜなら、インフォーマルな制度は社会的、政治的あるいは経済的活動において個々の参加者間の基本的なやりとりを司っているからである。ただし、時間の経過とともに、あらゆる制約が再構築される傾向も見られ、革命的な変化ではないものの新しい均衡を生み出していくのである」（意訳：North 1990, p.91）

一般的に、慣習や規範のような社会の基盤を構成するインフォーマルな制度は社会全体の期待の揺れを安定化させ、社会生活を形作るものである。

「なぜならばインフォーマル制度は（他から強制されるのではなく）自らその制約を受け入れるものであり、これらのルールの有効性は社会の構成員がどれほど自分の利益との整合性をとれるかにかかっている」（Knight 1992, p.171）

インフォーマルな制約は制度変更の方向とペース（変更の進捗速度）を決める重要な要因と考えられる。なぜなら、フォーマルな制度は一般的にインフォーマルな慣習や規範に基づいてデザインされ創設されるからである。それでは、

その方向やペースを正確に予見することはできるのであろうか。我々の合理的判断には限界があり（限定合理性、2-2-3参照）、ある特定のインフォーマルな制約が特定の部分均衡において、安定化要因（スタビライザー）としてどれほど有効なのかを正確に認識することは難しいと思われる。仮にその重要性について我々はほとんど認識していないとしても、ある制度やシステムにとって重要なスタビライザーとなっているインフォーマルな制約の存在もありうる。別の見方をすれば、インフォーマルな制度の枠組みの基盤を損なうような社会的相互作用を生むフォーマル制度が創設されるケースも考えられる。新制度派経済学の伝統が支持している経済エージェントの性質——エージェントは合理的に自己の利益を追求するという仮定においては、制度変更を説明するのに、集約的・集合的便益が獲得されることが強調される（Knight 1992, p.109参照）。しかしながら、ゲーム理論における囚人のジレンマの枠組みにおいては、合理的かつ自己の利益を最大化しようとするエージェントの絶対優位の戦略は、相手も含めた有利な結果を生まないことを示している。また、フォーマル制度の変更の多くは限定合理性あるいは手続的合理性の制約の中で追求されることを認識すべきである。ある制度変更において、重要なスタビライザーとなっているインフォーマルな制約が、いかに損なわれたり押えつけられたりしているかの相互関係について、人は限定的にしか知りえない。社会ルールが有している集合的便益の性質を十分に評価・理解することができないと仮定するのであれば、制度の再構築を行なった結果として得られる新たな均衡が時間を掛けたものだとしても、必ずしも社会にとって価値を高める制度変更になるとは言いきれない。むしろ、重要なスタビライザー機能が弱まりあるいは失われるとき、出現する新しい制度やシステムはより問題の多いものにもなりうるのではなかろうか。

　移行の失敗はフォーマル制度のみならずインフォーマル制度の変更に係るコストにも関係するものと思われる。不確実性、情報の不完全性及び高いトランザクションコストが発生している条件下においては、不完全なフィードバックやイデオロギーによって修正される経済エージェントの主観的判断は制度変更の方向性に影響を与える（North 1990）。Northは特定の制度において契約行動が繰り返され、増えることにより、適合的な期待が醸成され、そのルールの実

効性についての不確実性はある程度減少することを指摘している。しかし、そのような期待を生み出し維持させる基盤は、制度が実効力を伴っていることに対する「信用」や「信頼」であることを認識しておく必要がある。信用や信頼のようなインフォーマルな制度を基盤とする制度を捨てるコスト、すなわち、移行コストは相対的に高くつくかもしれない。あるいは、経済エージェント間の「相互信頼」などの重要なインフォーマル制度が、フォーマルな制度のスタビライザーとなっている場合、そうしたインフォーマルなルールが制度変更のプロセスにおいて弱まりあるいは損なわれると、より良い解決策を見出す方向性が狭められるという移行の失敗が発生する可能性も考えられる。この失敗には「現状維持」ばかりを追及し、いわば集団として何もしないという罠にはまってしまうケースや、制度変更の影響を受けるエージェントが高いトランザクションコスト及び移行に伴う高いコストを吸収することができず、結果として第3の解決策・代替制度を見つけることが困難となる状況が含まれる。移行の失敗はトランザクションコストと移行コストとの両方によって引き起こされうるのである。

既に議論したとおり、多くの日系企業の投資が本源的な不確実性に晒される「フロンティア」経済において、銀行のモニタリングコスト（トランザクションコスト）は高まったものと考えられる。バーゼル自己資本比率規制の導入や短期ローンポートフォリオの質を維持させようとする信用リスク計量化の促進等、邦銀を取り巻く「フォーマル」な制度は、銀行に過度な信用リスクをとらせない方向に変更された。それにもかかわらず、長銀を含む邦銀は伝統的な「メインバンク」システムの中で「メインバンク」としての役割を果たそうとした。長銀のイー・アイ・イー・インターナショナル（不動産デベロッパー）への貸出残高は1990年末の350億円から1993年には2,000億円に急増しており、原田（1999）は、これは同社への経営支援（追い貸し）が始まっていたことを示していると指摘する。また、4-4-4で見たとおり、長銀は、1994年3月期における保有株式含み益1.26兆円を全て吐き出すまで追い込まれながらも、取引先の再生を念頭においた支援を継続していた（国有化前の最後の頭取となる鈴木恒男氏がNHKのインタビューに答えて）。

第4章でもふれたとおり、邦銀の貸出スプレッドは不良資産償却コストが急

速に増加した1990年代後半以降もそれほど改善されていなかった(貸出スプレッドの改善幅が調達スプレッドの悪化幅を補う程度に留まった)との指摘がある(BOJ 2001b)。同レポートによれば、邦銀が得ている平均マージン幅はほぼ2%弱で拡大せず、1990年代に入りマージン幅を3.5〜4.0%に拡大した米銀、平均でも4%前後のEU諸国の銀行と比較しても邦銀の利鞘の低さは際立っている。邦銀の信用リスクマネジメント能力、プライシング能力の弱さを指摘する向きもあるが、企業との長期的関係を重視し、銀行によるマージンの一方的な改善は現実問題としては困難であり、結果として、長銀のケースに見たとおり、信用コスト(償却コストを含む)を賄うマージン幅の不足分は株式含み益の実現により補われていたのである。仮に、邦銀が無理にでもマージン幅増加を企業に転嫁していた場合、その負担は企業に移り、景気にさらなる悪影響を与えたものと思われる。銀行等の貸付残は2000年度で約698.7兆円であったとする統計によれば(内閣府 2004, p.260, 表5-3参照。なお、ここでの銀行等は国内銀行、在日外銀、農林水産金融機関、中小企業金融機関等と含むとされる)、貸出スプレッドが1.5%上昇すれば、約10.5兆円、2%上昇すれば約14兆円の収益増加効果が見込めることになる。前述のとおり、2001年3月末時点の不良資産残高は32.5兆円であることから、この効果は不良資産の3分の1の償却原資となりうる規模であったことを意味する。

　高まる不確実性とともに高まるモニタリングコスト(トランザクションコスト)を、伝統的制度の枠組みの中でメインバンクが吸収させられるという構造的失敗に加えて、次の移行の失敗が発生していると考えられる。

(1) メインバンクと企業間の濃密なネットワークは、不良債権処理を遅らせ、結果として、倒産や清算手続等の「ハードランディング」型の不良債権処理をすれば銀行の経営にも深刻な影響を及ぼしかねないほどの不良債権をメインバンクは抱えてしまい、もはや身動きがとれなくなっていたこと。仮に処理を進めていれば、企業セクターに現実以上の影響が出て、失業やマクロ経済への悪影響は避けられなかったと思われる。
(2) 4-6で議論したとおり、日本の家計部門のポートフォリオ選好が依然として「リスク回避」型であり、メインバンクシステムの代替システムとして、

証券市場を中心とする直接金融システムにスムーズに移行することが現時点では困難なこと。依然として日本では間接金融による金融仲介が求められるが、これは、4-5でふれたとおり、バーゼル基準による短期ローンポートフォリオの質を維持する条件に縛られてきている。第5章で論じたとおり、このことは、特に中小企業向けの金融仲介に影響（貸し渋り）を与えている。結局、「貸し渋り」か「銀行によるリスク吸収か」という選択に迫られ、身動きがとれなくなっている。

(3) 最終的には、伝統的な「護送船団」システムの枠組みの中で、金融当局の問題解決に向けたイニシアティブに期待することとなる（ホールドアップ効果）。

6-4　オーディエンス効果の高まり

　非公開かつ閉鎖的な情報共有チャネルを持つ金融当局と銀行界との護送船団システム（3-4-4参照）には様々な批判もある。なぜならば、この構造は非生産的なレント追求行動を生む可能性もあるからである。Dore（2000, pp.158-159）は、いわゆるリレーションバンキングと並んで「リレーション型規制監督」、例えば規制される側が規制する側を接待する昔からの慣習があったことを指摘している。「MOF担」（3-4-4参照）には大学のOBネットワークを使い、公僕として意欲のある大蔵省の役人とのコミュニケーションのパイプを広げるために接待をしていたものもいたと思われる。しかしながら、「バブル」経済が崩壊したことを受けて、知識層やオピニオンリーダーを含む一般大衆向けの記事を出すメディアは、大蔵省及びエスタブリッシュメントを攻撃し始めた（巨額の不正融資事件が1991年春から次々と明るみにでたこともこの背景にあるものと思われる。1991年春の住友銀行とイトマンのスキャンダル、7月の富士銀行、協和埼玉銀行、東海銀行における不祥事が報道され、8月には東洋信用金庫の偽造預金証書事件と日本興業銀行とのスキャンダルも明るみに出た。野村證券による損失補塡不祥事が世間の非難を浴びたのもこのころであった）。当初、メディアはバブル経済を防げなかった彼らの無能力さを糾弾した。次に、「大蔵省の1人か2人の高官が職権を濫用して自分や友人に相当額の利益をむさぼったケースが暴露されたこ

とにより、エリートは腐敗しないという自負が大きく損なわれた」(同 p.158)。言うまでもなく、不法に守秘義務を遵守せず職権を濫用する役人は非難されるべきである。しかし、巧みに心理に訴えるようなレポートを行ない、いたずらに大衆の怒りを煽ったメディアや知識層も非難されるべきではなかろうか。

「新聞は、銀行の不正事件の捜査で検察が明らかにしたレストランの巨額の勘定を報道したが、官僚側の弁明を伝えることはほとんどなかった。彼らはおそらく次のように言うだろう。〈接待やゴルフで決定が左右されるようなことはない。我々は全ての関係者から平等に適度の接待を受けるが、それは、その業界が抱えている問題を内々に知るためには欠かせない機会なのだ。それによって信頼関係を確立するからこそ、日本ではアメリカの10分の1のわずか400人の銀行検査官だけで公正な銀行業務が適切に行なわれているのだ〉」(Dore 2000, p.159)

当時の報道では日本の個別の事情を背景とした「関係を基盤とする」金融システムの本質的な長所及び短所を見極めようとする純粋な関心は無視されたのである。彼らは、護送船団方式の排他性というマイナス面だけを強調し、単純に、米国型金融システムに移行するという意味での規制緩和を推進すべきであるとの論を展開するに至ったのである。

メディアが、「1樽のりんごの中には1つか2つ腐ったものはいつでもある」(Dore 2000)にもかかわらず、その腐ったものに注目し劇的に描写すればするほど、日本における「オーディエンス・コスト」(3-4-4参照)は高まったものと思われる。1994年に銀行局長に就任した西村氏は次のように述懐している。

「局長就任の挨拶に伺ったとき、ある先輩から次のような述懐があった。〈かつて世間は大蔵省が何をやっても大蔵省のやることだから天下国家のためにやってくれているのだ、と考えてくれた。今は、何でもそう考えてくれるとは言えなくなった。証券不祥事以来そう思うようになった〉。その後まもなく、大蔵省は世の中から一層強い批判を浴びることになった。大蔵省にとっても、この頃は大きな曲がり角であったのかもしれない」(西村1999)

関係を基盤とする日本の銀行監督システムの柔軟性や効率性の前提となっていた、非公式かつ閉鎖されている情報共有チャネルも高まるオーディエンスコストのために機能しなくなっていったと考えられる。大蔵省は、規制緩和のプロセスにおいて生き延びることができなくなる金融機関に公的な救済はしない、と公の場で声明するようになり、日本の金融規制緩和のプロセスにおけるオーディエンス効果は1993年に規制緩和を旗頭に第1次細川連合内閣が誕生した後に高まったと考えられる（1993年は日本政治を38年にわたって支配してきた自由民主党が野に下った年となった。留意しておくべきことは、細川首相は当時、外交的にはGATTウルグアイラウンドを決着させること〔政治的に力のある農林系利益団体や地方を代表する議員からの強い圧力にかかわらずコメ市場を開放すること〕、及び、国内的には選挙制度改正を含む困難な政治課題に、それぞれ政治信条の異なる8つの政党・政治グループからなる前例のない連立内閣を率いながら取り組まざるをえなかったことである。不良資産問題への対応は政治的に優先順位が劣後したことは否めない）。預金金利の完全自由化は予定どおりに進められ、1994年10月に完了した。

　1994年の晩秋、退官した日銀総裁は、経営危機に陥っている中小金融機関の破綻は避けられず、場合によっては望ましいとの発言が公の場であった（Okuno-Fujiwara 1997, p.375参照）。例えば、1994年の東京協和信用組合と安全信用組合の2つの信用組合の破綻ケースを挙げることができる。これらの信組の事業の清算のために、東京共同銀行（日銀出資による受け皿銀行）が後に設立された。このことは余力のある大銀行による救済という従来の破綻処理方式が適用できなくなったことを意味する。また、1995年のコスモ信用組合と木津信用組合の新規預金受け入れ及び貸出業務の停止措置も挙げられる。なお、破綻した住専と信用組合の清算処理のために企画された住専管理会社と整理回収銀行の設立する6つの法案が議会を通過したのは1996年6月であった。住専問題処理に6,850億円の公的資金を注入することに、一般大衆の不満は、長引く景気低迷下先行きの不安感も相まって高まり、大蔵官僚及び銀行のMOF担当は、損なわれていた非公式かつ閉鎖された情報共有チャネルを復活させる機会を失った。奥野（2002, pp.77-79）はメディアのミスリーディングやそれに踊らされた大衆、また、自分自身も含め、住専問題処理をもっと急ぐべきであった

ことを議論しなければならなかったにもかかわらずそれを怠ったエコノミストを批判している。住専問題処理の遅れにより、さらに深刻な問題であった主要邦銀が抱えていた不良債権問題を政府及び銀行界が対処できなくなったためである。当時の西村銀行局長は次のような興味深いコメントを寄せている。

「バブル崩壊後の政策対応は、必ずしも意識的に『先延ばし』をしたものではない。『先取り』をする能力がなかったといわれればそのとおりである。ただ、大きな痛みを伴う政策を『先取り』するには、身を挺しての政治的判断が不可欠である。たとえ日本の将来のために必要なことであったとしても、その当座には世の中の反発は極めて大きなものとなる。実施後の影響の大きさに世論が動揺したときにも、耐えなければならない。その重荷を誰がになうのか。外圧に依存するのがだれも傷つかない楽な道であり、従来日本ではそれが一般的な手法になってきたのだが、今回の課題はあまりに大きく複雑であった」（西村 1999, p.89）

一方で、銀行検査のスケジュールを事前に漏洩した大蔵官僚に係る一連のスキャンダルが1998年3月に明るみに出た。4人の大蔵官僚が逮捕され、彼らの上司にあたる大槻氏はその年の1月に自殺していた（Kindleberger 2000, p.87）。

長銀の破綻問題が政治問題化した1998年半ば以降は、金融問題が行政抜きで立法府が中心となって議論・決定された今まで例を見ない時期であり、西村（1999）はその原因として、数々の不祥事によって大蔵省が発言の機会を失ってしまったことを指摘している。

戸矢（2003）は、金融ビッグバンをめぐる政治経済的現象が、アクターの「組織存続の追及」という行動論理によって最も適切に説明されることを示している。特に、公衆の支持の喪失がある場合、組織は失った支持を取り戻すよう行動を変化させることを指摘する。すなわち、組織存続のためには、それが公衆の支持を取り戻すと考えられるドラスティックな改革あるいは準インサイダーを切り離す、容赦ない行動を引き起こす要因となることを示唆している。失政とスキャンダルでオーガナイザーとしての信頼を失った大蔵省に加え、銀行界もスキャンダルに揺れたことにより（1997年春、野村證券・第一勧業銀行を

取り巻く総会屋への利益提供事件等)、オーディエンス効果が高まり、金融当局と銀行界との適切な関係は修復できなかったと考えられる。そのことは、金融当局が金融危機及びそれ以降の金融停滞を放置した理由の1つと考える。長銀破綻を含め、金融停滞の規模については第4章及び第5章で述べたとおりである。

6-5 コーポレートガバナンスと金融仲介機能

　メインバンクシステムは、1つのコーポレートガバナンス(企業統治)システムであるといえる。本書で指摘したとおり、不確実性の高まりがメインバンクシステムにおけるトランザクションコストを高め、日本のモニタリングシステムが構造的及び移行の失敗に陥っていることは、企業統治システムのあり方にも影響を与えていると考えられる。この節では、コーポレートガバナンスシステムも含め、日本の金融・モニタリングシステムの移行にかかる最近の動向についてふれておく。

　日本の金融システムは生産グループを内包し、各グループの中心に銀行が位置し、製造会社と深く関与している体系と特徴付けられる(Stiglitz 1994, p.226)。既に議論したとおり、過去、日本の「メインバンク」システムはコーポレートコントロールの重要な制度的取りきめとして機能していた。この企業統治システムにおける顕著な特徴は株式持合いと企業グループあるいは「系列」内における長期にわたる取引関係を基盤としていたことであり、そこでは、メインバンクがグループ内の企業に対し主要な貸し手となり、メインバンクとグループの企業とが株主構成の最大シェアを大抵保有していた。実証研究は、取引銀行、顧客、サプライヤー及びグループの他に企業を含む他のステークホルダーの利益を考え、メインバンクによって調整される企業判断は、日本経済の少なくとも戦後及び米国に追いつこうとした時期の成功を促すために有効に機能したとされる(Aoki *et al.* 1994, Patrick 1998, Chan-Lau 2001)。

　銀行は、株主や債券所持人に比べ、より実効的なコントロールを行なうことができるという議論がある。銀行にとって介入コストはより少なくて済み、フリーライダー(ただ乗り)の問題も株主の場合と比べ大きくはないと考えられ

ている (Stiglitz 1994, p.189：通常、貸出シンジケートに参加する銀行の数は限られており、シンジケーションのアレンジャーあるいはエージェント銀行を中心に銀行間にはお互いに便宜をはかり合う関係があり、フリーライダー問題が顕在化することを防いていることが指摘されている)。Stiglitz (1994) は、日本のメインバンクシステムの顕著な優位点として、巨額の貸出債権が銀行にモニタリングのインセンティブを与え、バンクローンが借り手にとって重要な運転資金調達方法となっているため、ローンを回収するという脅しが借り手を管理する有効な手段になっていることを挙げている。

「この観点において、会社をみる適切な方法は複合的なプリンシパル—エージェント問題、従業員（特に、会社が倒産した場合悪影響を受ける人）と会社に資本を提供している様々なプリンシパルの存在を観ることである。マネージャーはこれら全てのプリンシパルの『エージェント』である。これらの他のグループの便益を最大化させる行動を企業がとることを銀行が促さない場合、すなわち比較的低い倒産リスクを確保することが株主への期待収益を最大化させない場合がある一方、彼らが行使するコントロールが他のグループに外部便益、少なくとも当該会社の健全性の確保を与えている場合もありうる。銀行も株主となれば、銀行は資本に対する全体の収益を向上させる行動をより追及するはずであるという議論も可能であろう。これこそ、『日本型』の本質的な優位性の1つと考えられる。ある特定の銀行がオーナーシップも持つことにより、貸し手及び株式のオーナーとしての利益を反映するように重要なモニタリング機能を行使するインセンティブを持っているのである」
(Stiglitz 1994, p.227)

実際、メインバンクはかつて、通常、法律で許されている水準あるいはそれに近い水準まで、メイン先である企業の株式を保有し続けていた。日本の独占禁止法は銀行による株式保有は企業の発行済み株式の5％までとしているが、メインバンクは必要に応じ、グループ関連の信託銀行や生命保険会社、商社やその他企業を動員し、協調した投票を行なうことができた (Aoki, Patrick and Sheard 1994)。彼らは共同し（かつお互いに）緊急の際の投票決定権を維持し、

敵意ある乗っ取りから取引先を守る力を維持していたのである。Aoki et al. (1994) が指摘しているとおり、メインバンクシステムは、安定的な株式所有を組み合わせる仕組みにおけるメインバンクの占める戦略的地位により、経営権を企業の財政状況により独自の経営とメインバンクとの間を移す、他に類のない条件付企業統治システムを内包していた。

かつてメインバンクはその地位をやめるのではなければ市場で保有株式を売却することはほとんどなかった。しかしながら、日本における1997年金融危機以降、邦銀は保有株式の売却を加速させ、株式持合いを減少させている。当初、1997～98年における金融不安・金融危機における邦銀による株式の売却は、不良債権償却原資のために株式売却益を求めることとともに資金調達の目的によって進められた。その後、株式売却は銀行の持株を制限するシステムを創設する政府主導の政策により加速された（2001年4月、The Government's Economic Measures参照）。日本政府（金融監督庁）は銀行の持株をリスク管理能力の範囲内、すなわち、バーゼルアコードの定義におけるTier I 自己資本の範囲内に制限する基準を設定した。これは持株により生ずる株式の変動リスク（株式評価損により自己資本比率が基準を下回るリスク）を減少させることを目的としている（2001年6月26日付、金融監督庁プレスリリース参照）。

株式持合いの傾向のウォッチャーとして知られている、ニッセイ基礎研究所 (2003) によれば（NLIRは1990年代中頃からこの調査を継続している）、発行済み株式に対する安定株式保有比率はこの数年急速に低下してきている。ここでいう安定株式保有は株式持合いの株式に加え、銀行及び上場している親会社、兄弟会社により保有されている株式を含んだものとして定義される。

安定株式保有比率は一般的に非金融会社（1990年代半ばまでは約30％）に比べ銀行の方が高いと言われている（1990年半ばまで50％以上。ニッセイ基礎研究所 2002参照）。一方、銀行の株価は1997年～98年金融危機以降、非金融会社の株価に比べ急落している。全体として安定株式保有比率の低下を促したこれらの要因を考慮に入れたとしても、チャート6-1は株式持合い、安定株主の結びつきが明らかに1990年代半ば以降緩んできており、メインバンクシステムの特徴であった条件付コーポレートガバナンスの基盤が徐々に崩れたことを示している。

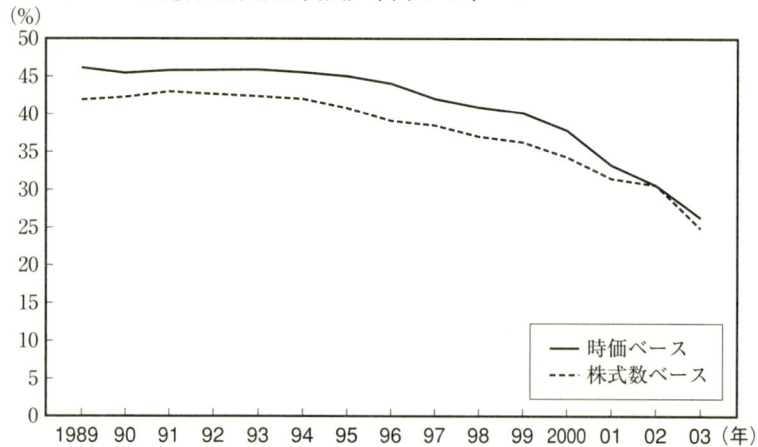

チャート6-1　安定株式保有比率推移（単位：%）

出典：ニッセイ基礎研究所（2003）のデータに基づき筆者作成

　邦銀における巨額の不良債権の蓄積は邦銀の企業セクターをモニタリングする能力への不信を招いた。さらに、Chan-Lau（2001）が指摘しているとおり、多くの公的なイニシアティブにより「系列[*2]」における企業が株式持合いを維持することが急速に難しくなってきている。会計制度の大きな変更により、企業は市場性のある金融資産を時価評価し、年金基金に関する不足分のより現実に即した見込みを報告することが求められている。結果として、企業はパフォーマンスの低い株式を売却する圧力を受けることになっている。事実、銀行や企業には収益性を求める圧力が強まった結果として、株式持合いは次第に解消され、「系列」企業は敵意ある乗っ取りのリスクに晒されることになったのである。乗っ取りから会社を守るトランザクションコストは増えていると思われる。

金融資源仲介機能の変化
　第5章でも議論したとおり、中小企業、特にベンチャー企業（スタートアップス）への金融資源仲介をどのように確保・改善するかは、日本経済再生にとって極めて重要である。ベンチャー企業への投資を主軸に組成されるベンチャーファンドについて、中小企業基盤整備機構（SMRJ）は興味深い国際比較調

表6-2　2000年におけるベンチャーファンド新規組成金額国際比較

	新規組成金額（百万USドル）	対GDP比（％）
日本	4,860	0.11
ドイツ	6,622	0.31
イギリス	11,568	0.80
米国	92,990	1.00

出典：中小企業基盤整備機構 2002[*3]より作成

表6-3　国別ベンチャーキャピタルの資金源の割合（単位：％）

	日本	ドイツ	イギリス	米国
年金基金	4	6	40	40
銀行・保険	35	45	24	23
事業法人	54	9	8	4
政府機関	3	16	4	―
個人	2	11	6	12
その他	2	13	17	21

出典：中小企業基盤整備機構 2002より作成

査を報告している（中小企業基盤整備機構 2002）。2000年におけるベンチャーファンドの新規組成金額について、日本、ドイツ、イギリス、米国との比較をすると表6-2のとおりとなる。金額についてはドイツ・イギリスについては2000年の為替レートの平均値、日本については1999年末の為替レートにてUSドル換算されて、その年の対GDP比を算出している。この表6-2からは、ベンチャーファンドの新規組成金額では米国が圧倒的な量を誇っていることが読み取れる。日本の水準は米国水準の実額ベースで約20分の1、対GDP比ベースでも約10分の1程度に過ぎず、日本のベンチャー投資については、国際比較の観点からもあまり活発ではないことは明らかであろう。

また、同調査は、資金的な援助のみならず人材調達や経営指導に至るまで様々なサポートを行なうプロフェッショナル集団であるベンチャーキャピタル（VC）の資金源についての国際比較を行なっている（表6-3参照）。

規模的には相対的に小さいながら、日本のベンチャーキャピタルの資金源については「事業法人」が最も多く、全体の54％を占めている。次に、「銀行・保険」のウェイトが高く、「年金基金」「個人」の割合は極めて低い構造となっている。ドイツでは「銀行・保険」のウェイトが高く、イギリス及び米国では「年金基金」のウェイトが最も高い割合を示している。なお、米国の「その他」

は「基金・寄金」によるものとなっている。金融ビッグバン以降においても、年金運用市場が日本ではあまり育成されていないことは議論されるべきであろう。

　第5章で述べているとおり、1999年の公的資金資本注入の後、邦銀においてはいくつかの合併が進められている。個々の系列グループの生き残りのために促進された「メガバンクへの合併」の動きは、自発的にせよそうでないにせよ、失われつつあった金融資源の仲介及びグループ内にモニタリング技術を蓄積する機能を取り戻すことが目的となっていたものと考える。近時の金融当局にある、あまり関わりたくないという不活発な雰囲気の下では、このことは1つの選択オプションであり、おそらく、効率的な金融仲介とモニタリングを確保するための実践的な代替案として唯一日本の企業セクターと銀行界に残されたオプションとも考えられる。各「系列」グループは系列間及び系列内の提携や合併を推進してきており、それは主要銀行間に次々に行なわれている大合併に象徴されている。銀行界だけではなく他のセクターを巻き込むこの新しい枠組みは、かつてのライバル企業同士が古い枠組みを超えて合併することをより容易にすることにより、競争力のための規模を追求することを促した。三井住友グループにあった2つの損害保険会社、住友海上と三井海上は2001年10月に合併し三井住友海上保険となった。住友化学と三井化学は2003年10月に持株会社を設立することで合意し、2つの総合商社、住友商事や三井物産は広い分野での提携を行なった。みずほグループ（興銀、第一勧業、富士）にあった3つの損害保険会社、安田、日産、大成火災は2002年4月に合併し損保ジャパンとなり、川崎製鉄と日本鋼管は、前者は元第一勧業グループで後者は芙蓉グループ（富士）であったが、2002年10月に持株会社を設立することで合併した。これらの動きは下記のように解釈できよう。

(1) 各系列グループは大銀行、保険会社、総合商社や様々な製造及びサービス業企業から成っている。仮にそのコアの銀行が金融仲介及び賢明なモニターとしての役割を担うことがもはやできなくても、グループの他のコア企業が、稀少な「リスク」資金を効果的にグループ内に仲介する役割を引き継ぎあるいは分担することを試みている。

(2) 総合商社や産業界を代表するような製造会社は、ビジネスの多角化や下請け産業の内製化のための直接投資を通じて彼らの関連産業を審査・モニタリングする技術や知識を蓄積している。グループ間及びグループ内投資によりこの蓄積されたモニタリング技術が活かされる。

このことは、民間セクターが現在の金融仲介危機及びメインバンクにおける信用リスクマネジメント技術の蓄積の失敗を克服しようと試みている自発的動きと言えるかもしれない。寡占化戦略自体は経済全体に悪影響を与える可能性はあるものの、この動きが日本の長引く金融停滞を克服することに繋がるかを注視する必要がある。本書が提供した、モニタリング行動から金融システムの制度的枠組み及び制度変更を分析する手法は、最近の動向を分析する上でも有効と考える。

6-6 結論

日本の伝統型とも言える金融仲介及びモニタリング（銀行監督も含む）システムは修繕されるかあるいは代替システムによって切り替えられるべきであった。なぜならば、伝統型システムのパフォーマンスは金融規制目的に照らし、モニタリングの事後的効率性は既に低下していたからである。同時に、代替システムとして、米国型アプローチの丸ごとの適用やバーゼルルールへの統合は効果的ではなく、日本の長引く金融停滞にとってかなりリスクの伴う処方箋となっている。

こうした構造的失敗への対応に対し、濃密なネットワークを基盤とする「集団志向型」の金融・モニタリングシステムの潜在的脆弱性が顕在化したと考えられる。貸し手の不確実性の揺れを安定化させ、金融資源の効果的な配分を通じて、日本の高度経済成長をもたらしたシステムが、メインバンクのリスク及び不確実性吸収能力を超える不確実性にシステム全体が晒されたときに、皮肉なことに、高い「移行コスト」を抱えることになったのである。特に不良債権処理問題の先送り（返済が難しくなった取引先への支援継続）は、メインバンクに悲劇的な結果をもたらした。日本の異常なほど長引く金融停滞を理解するた

めには「インフォーマル」な制度的取りきめや制約にも分析の光をあてるべきである。

　日本特有の、既存制度を捨てるコストが非常に高いことを考慮し、方向性は明示しつつも（金融市場の安定性を維持しつつ）、日本はモニタリングシステムを漸進的に変更すべきであった。金融ビッグバンを含む急速な金融規制緩和と、ルールを基盤とする銀行監督様式の急激な変更は、1997～98年の金融危機を深刻化させ、その後の金融停滞を長引かせたものと考える。すなわち、急激な制度変更により得られた便益よりコストが高くついている「移行の失敗」があったものと思われる。オーディエンス効果が高まるなかで、組織維持を優先した金融当局の行動、すなわち準インサイダーであった銀行を容赦なく切り捨てた行動は、当局と銀行界との間の「信頼」と「情報共有システム」を損ない、今なお、その修復あるいは再形成ができていない。このことが、日本の金融当局と銀行界がより適切な代替システム、あるいは、より妥当な制度変更のペースを考えることができなくなっている大きな要因と考える。

註

*1 Cohen and Kentsch（1992）が彼の定義について言及している。
*2 「系列」と呼ぶ日本の企業コングロマリットは社長会の開催や、株式持合いや取引上の便宜をはかり合うという特徴が見られる。
*3 当該比較は、National Venture Capital Association Yearbook 2001, Annual Survey of Pan-European Private Equity and Venture Capital Activity, The 2001 Guide to Venture Capital in Asiaを原典としている。

第 7 章
まとめと展望

7-1 本書の成果及び提言

　本書は、日本の金融システムにおける制度変化及び1990年代以降の長引く金融停滞を、モニタリング行動様式を形付ける制度的枠組みの観点から分析した。序論で挙げた問題意識について、下記の主張を行ない、成果をあげたものと考える。

(1) 本書は、伝統的なモニタリングシステムが有効に働かなくなったのは、1980年代に加速された国際化、金融自由化及び技術革新による経済環境の変化に伴ない高まった「不確実性」に対応できなかったという構造的原因によるものであると主張した。

　本書は、モニタリング行動の観点から見た日本型金融システムの顕著な特徴を米国型金融システムとの比較において明らかにし、AokiやOkuno-Fujiwaraらによる日本の伝統的な「護送船団」モニタリングシステムの先行研究が必ずしも十分には分析してこなかったメカニズムを指摘した。それは、不確実性に対処し、貸し手の確信を高めるためにビルトインされていたインフォーマルあるいは無形的制度、すなわち、(a) 銀行が借り手企業のオペレーションに「準インサイダー」として深く関与することによる非アルゴリズム型のモニタリング様式、(b) モニタリング技術や知識を銀行に蓄積させることによる、バンクレントが果たしていた貸し手の確信を安定化させる機能及び新しい産業への

金融資源移転機能、及び（c）金融当局と銀行界との密度の高い情報共有システム、を指す。

　日本経済が技術力において米国に追いつこうとしていた時期、貸し手による審査・モニタリングは、海外で開発された技術・ノウハウを吸収し改善しようとする借り手の企業努力に主として向けられていたと考えられる。貸し手としては借り手が導入する技術・ノウハウの商業・技術リスク評価をする必要性は低く、貸し手の抱く不確実性は、主として借り手が企業努力をするのかあるいは怠ってしまうかどうかに関わっていた。この段階においてメインバンクによる準インサイダーとして企業の事業に深く関与するモニタリング様式は貸し手の確信を強めることに効果があったものと考えられる。反面、日系企業がグローバル市場において生産・開発及び販売の最前線に到達した「フロンティア」経済状況においては、多くの日系企業の投資は本源的な不確実性に晒されることになる。ある開発投資あるいはプロジェクトが成功するか失敗するかは不確実性の制約の中で判断されるようになり、その企業の信用リスクを判断する銀行も本源的な不確実性の制約を受けることになる。この段階では、仮に準インサイダーとして企業の事業に深く関与したとしても、本源的な不確実性に対処することは困難となる。本書は、本源的な不確実性の下では、伝統的モニタリング様式は金融資源の仲介プロセスにおいて様々な悪影響を与えうることを指摘するとともに、伝統的モニタリングシステムに単に回帰することは問題の解決には繋がらないことを主張した。

(2) 計画性を欠いた米国型・バーゼル型モニタリングシステムへの移行は、貸し手の不確実性をどのように扱うかという問題、すなわち、不確実性の高まりが金融資源の健全な仲介を阻害し、マクロ経済に悪影響を及ぼすことを考慮に入れておらず、危険な戦略となりうることを主張した。

　審査・モニタリングに係るトランザクションコストの高まりを避けるための代替制度として米国型及びバーゼル型モニタリング様式への移行が進められ、それはバブル経済崩壊後、継続され加速された。1994年に預金金利は完全自由化され、1998年には金融ビッグバン関連法が成立した。一方で、1998年に

第7章　まとめと展望　197

長銀は破綻し、今なお、大手銀行は不良資産問題処理に苦しんでおり、規制緩和策が日本の金融システムを再活性化したという確固たる実証は乏しい。本書は、米国型・バーゼル型様式に見られる、コード化された信用リスク計量化や自己資本比率規制の限界と恣意性を指摘するとともに、これらの様式への転換の前提条件となる「リスク」資金の供給者、すなわち、多様性のある投資家層の厚みが育成されていない日本の金融構造上の問題を指摘した。

　構造的な問題の1つとして、最大の資金供給源である日本の家計部門のポートフォリオ選好が1990年代を通じ一貫して「リスク回避型」であり、それゆえ、依然として日本は「間接金融」に頼らざるをえない金融構造となっていることが指摘される。邦銀は、リスク回避型の家計部門から集める預金を企業向け長期ローンに仲介することを依然として求められているが、この長期ローンの供与はバーゼル自己資本比率規制に基づき認められる短期ローンポートフォリオ条件の制約を受けることになっている。特定のルール・規制は強化される金融監督行政の下で、反面では金融ビッグバン以降整備・推進されてきている競争的環境に晒されつつ、邦銀は間接金融仲介という役割を担うことを求められながらも、その役割を担うこと自体が難しい、あるいは望ましくないとされる金融構造への転換を迫られている、という現実があることを指摘した。別の見方をすれば、邦銀のマネージャーは米国型とも言える証券市場中心の金融システムへの移行に必要な基盤──「リスク」資金を十分に供給できる多様性のある投資家層──がないにもかかわらず、証券市場中心のシステムのやり方に自らを適用させようとしているとも言える。日本には巨額な「安全型」資金、すなわち現預金等は余っているものの、新規事業や新規産業を育てるために株式・債券・出資金として仲介される「リスク」資金が枯渇している。リスクや不確実性をシステム全体として分散・吸収する前提条件が整っていないうちに投資銀行業務やファンドマネジメント業務のビジネス機会を得ようとすることには無理があり、こうした金融構造の制約を分析しないまま米国型金融システムへ移行しようとしたことが、金融仲介の問題を発生させ、日本の金融停滞を長引かせた主たる要因の1つであることを指摘した。

(3)　本書は日本の金融・モニタリング制度変化が現実にどのように邦銀の経営

に影響を与え、1997～98年の金融危機を引き起こしたのかを、1998年に経営破綻した長銀をケーススタディとしてその収益構造変化を分析した。

日本の伝統型ともいえるバンクレント及びリレーションを基盤とした金融システムにおいては、銀行が信用リスクや不確実性を吸収する主要バッファー（緩衝材）として機能していたと考えられる。戦後及び米国に追いつこうとした時期において、このバッファーは結果的には日本の高い経済パフォーマンスに貢献したが、バブル時期に過剰な信用リスクを吸収した多くの邦銀はバブル崩壊後、蓄積してきた株式含み益を吐き出し、なお貸倒償却負担を賄いきれず長銀のように破綻した銀行も出た。邦銀は1990年代に入って貸出スプレッドを信用リスクに応じて広げようとはしているが、その拡大（借り手への転嫁）は限定的なものとなっている。仮に邦銀が貸出スプレッドを米銀が適用している水準に引き上げられていれば、2001年3月末時点での不良資産残高（約32.5兆円）の3分の1の償却原資（約10.5兆円から14兆円）が得られた計算となるが、もしそうしていれば、企業セクターの支払負担は増大し、経済全体へさらなる悪影響を与えていたものと考えられる。

バーゼル自己資本比率8％規制は過剰な信用リスクを銀行にとらせないようにする効果がある反面、リスク・不確実性を吸収するバッファーの規模を制約する効果もある（銀行にとっては代替の収益基盤が必要となることを意味する）。限定される分、代替バッファーがなければ円滑な金融資源の循環は阻害されることの議論の必要性を主張した。

(4) 本書は、日本の金融システムは特有の「移行の失敗」に陥っているのではないかという新たな視点を提供した。移行の失敗とは、既存の制度を捨てるコストが非常に高く、代替制度（相対的にトランザクションコストの低いと考えられる制度。ただしこの判断にも不確実性が伴なう）への転換・移行が進まないケース、及び既存の制度を捨てるコストが非常に高いにもかかわらず、代替制度への転換を無計画あるいは急速に進めたために、移行の便益よりコストが高くつくケースを含む。

本書が関心を持つ「信頼」すなわち、日本の伝統的モニタリング様式において創設され維持されてきた信頼は次の特徴を有するものと考えられる。

(a) 貸し手である銀行と借り手である企業との間の信頼：(i) 銀行（メインバンク）が借り手企業の事業経営に深く準インサイダーとして関与することは、企業が経営努力を怠らないという貸し手の確信を強める効果があったと考えられる。その上で、長期にわたり繰り返される取引により、少なくとも、借り手企業が経営努力を怠るオポチュニスティックな行動はとらないということに対する「信頼」が醸成される。この信頼により、細かなモニタリングは省かれることになる。(ii) 借り手企業は経営努力を続けることにより、メインバンクの信頼を得て、ビジネスサイクルに合わせた必要な金融サポート（安定的な設備・運転資金調達や金融支援）をメインバンクに期待することができる。長期に渡る取引関係はこの期待を信頼に強めていく。(iii) 双方とも相手からの期待・信頼を裏切ることは、当事者間のみならず社会的にも著しく「評判」を落とすことから、当該信頼に基づくモニタリングシステムの実効性・強制力は高いものとなる。

(b) 銀行と金融当局との間の信頼：保護と罰則メカニズムを基盤とする「護送船団」モニタリングシステムにおいて、(i) 銀行側が準インサイダーとして金融政策の創設・変更にかかわる密度の濃い情報ネットワークシステムは、少なくとも問題のある銀行は非公開のルートでそのことを金融当局に早期に報告しているという金融当局の信頼が醸成される。このことは問題の早期対応から金融市場の安定化をはかる効果及び結果として、銀行（特にメインバンクの立場にたつ銀行）が長期にわたる借り手企業のモニタリングエージェントとしてモニタリング努力を怠らなせない効果を生む。銀行がこの信頼を裏切ることはバンクレント機会の削減や罰則を受けるのみならず、メインバンクという地位や評判という無形のフランチャイズ・バリューを失う可能性がある。(ii) 金融当局の指導や政策変更の柔軟性に対する銀行からの「信頼」が醸成され、結果として、不測の事態には当局が支援してくれるという期待が生まれる。

借り手企業の経営努力を怠らせないことが貸し手の不確実性に関わっている「追いつき追い越せ」の時期から、より本質的な不確実性に晒される「フロンティア」経済パラダイムにおいて、「相互信頼」は必ずしも効果的な結果を生むとは限らなくなってくる。むしろ、伝統的な銀行と企業との信頼関係は、特に、銀行に相対的に過大な信用リスクを抱え込ませる要因となりうる。加えて、この様式は代替システムへの転換、特に、問題のある企業を清算するか更生するかを裁判制度に委ねる構造を持つ米国型モニタリングシステムへの転換を困難とする。総じて言えば、そうした代替制度への移行コストが高くつくシステムと言える。一方、銀行セクターが相対的に過大な信用リスクを抱え込むことは、銀行経営の健全性を揺るがすことを意味する。銀行を準インサイダーとして扱ってきた金融当局として、金融行政の舵取りは難しいものとなる。先にふれた、当局と銀行との間の非公開かつ閉鎖的な密度の濃い情報ネットワークシステムは、バブル崩壊後、メディア及び公衆からの非難を受け、護送船団方式を支えてきた基盤を失うことを意味した。ルールを基盤とした米国型銀行監督システムへの急速な移行（金融ビッグバン）が長銀破綻を含む1997～1998年金融危機を放置し、その後の金融停滞をさらに長引かせたことに対し、このアプローチは新しい視点を提供したと思われる。

(5) 本書は、日本の金融システムにおいては「直接」金融仲介ルートと「間接」金融仲介ルートとを相互補完と捉えるハイブリッド混合型を漸進的に改善していくことが重要と考える政策の理論的かつ分析的アプローチ法及び裏付けを提供した。

経済活動を活性化させる上で円滑に十分な金融資源を循環させることは重要であり、それゆえに効果的な金融仲介を促す審査・モニタリング活動は経済成長にとって不可欠である。しかしながら、完全なモニタリングはありえず、また、モニタリングコストはゼロではありえない。従って、経済活動を営む企業の信用リスクや不確実性をどのように効率的に吸収、あるいは分散し、景気やビジネスサイクルの変動等の経済環境変化に対応していくことは経済全体にとって極めて重要なことと考えられる。

金融市場の安定化という観点から銀行経営の健全化をはかる上でバーゼル8％自己資本比率規制は有効であろう。しかしながら、リスク及び不確実性を吸収する邦銀のバッファーとしての規模が限定されてしまう効果について驚くほど日本では議論されていない。限定される分、代替バッファーがなければ円滑な金融資源の循環は阻害される。果たして、米国のように個人投資家が様々なリスクや不確実性を吸収し分散するバッファーとなるシステムに移行できるのか（また、望ましいのかどうか）。リスクや不確実性を社会全体として分散・吸収する上でどのように貸し手・投資家に審査・モニタリング行動のインセンティブを与えるのが日本の金融システムにとって最適なのか、これらの議論のためにもさらなる制度的分析が求められる。一方、「直接金融」市場と「間接金融」市場とを相互補完と捉えるハイブリッド混合型を改善していくことが重要である。特に、日本の金融システムにおいては依然として銀行による金融仲介機能の維持及び効率化が必要である。信用リスクマネジメントにおいて非アルゴリズム型とも言える直観型の手法に頼りすぎることはもはやできないが、コード化された手法に頼りすぎることもまた避けなければならない。どのような比率でバランスさせるかという課題はあるものの、適切なバランスを求め穏やかなペースで変更させていこうとする絶え間ない努力の下でのハイブリッド型が最も効果的な政策オプションと考える。

7-2　日本の金融停滞からの教訓

　日本の長引く金融停滞から我々は何を教訓とすべきなのか。このことを確認し本書を結ぶこととしたい。

教訓1：日本の伝統的な銀行を中心とする間接金融システムを、単純に他の途上国に適用することは困難と考える。

　産業化を目指す後発国は、投資のために回せる企業内部留保・剰余の蓄積がなく、貯蓄から投資に金融資源を仲介するために十分発達した直接金融市場にも頼ることができない。そうした国が産業化をはかるためには、銀行による

「信用創造」に頼ることになる——こうしたGerschenkron（1962）の指摘は日本にもあてはまる。日本の金融システムは伝統的に、銀行を中心とする間接金融システムとして位置付けられており、経済成長・産業化をもたらす金融システムの成功モデルとして、日本型モデルは途上国、特にアジア新興国の金融制度設計に影響を与えている。

確かに、日本の伝統的な銀行を基盤とする金融・モニタリングシステムは、日本の高度経済成長に大いに貢献した。しかしながら、この日本型モデルを、産業化を目指す他の途上国に適用することは妥当なのであろうか。3-4及び第6章で議論したとおり、日本の伝統的金融・モニタリングシステムには、モニタリング行動の効率性を生み出していた、特有のインフォーマルあるいは無形的な制度的取りきめが見られる。特に、メインバンクと企業間における、貸し手が準インサイダーとして借り手のオペレーションに深く関与する濃密なネットワーク、及び、金融当局と銀行界とにおける濃密な情報ネットワークは、金融・モニタリングシステム全体のトランザクションコストを相対的に低いレベルに留め、金融システムの安定性を確保しながら、より多くの金融資源を効率的に貯蓄から投資へ回すことに貢献したといえる。こうした濃密なネットワークを組成する「社会資本」や「自発的社会性」（6-2参照）の有り無しは、日本型モデルの効率性を左右しているのかもしれない。そういう意味で、日本型モデルのフォーマルな制度・ルールをそのまま他国に適用しようとしても、必ずしも良い成果をもたらすとは限らない。

日本型モデルの潜在的脆弱性についても第6章で議論した。システム全体で吸収しきれない不確実性に直面し、システムのアクター間での利害が対立し、誰かは勝つが、誰かが負けなければならない（しかも何ら補償もない）ような経済環境において、この脆弱性は顕在化する（6-3参照）。結果として、日本の伝統的金融・モニタリングシステムのケースでは、銀行セクターが過大な信用リスクを抱えざるを得ない構造的失敗に陥りやすいと言える。濃密なネットワークを形成している（情報ネットワークの性質については様々なバリエーションがあると考えられるが）銀行を基盤とするシステムを形成している国は、この潜在的脆弱性について留意すべきであろう。

教訓2：「追いつき追い越せ」の時期から、経済が成熟期（企業間の競争が厳しくなり、不確実性も高まる「フロンティア」経済と本書では捉えている）に入った段階で、日本の伝統的金融・モニタリングシステムは、信用リスクや不確実性をシステム全体で社会化・分散化するシステムへの移行を目指すべきであった。「フロンティア」経済において、技術革新へのファイナンスを促すには、銀行を基盤とする間接金融システムには限界がある。

　主流派エコノミストやアナリストには、日本は米国型の金融規制緩和をもっと加速すべきであったと示唆するものがいる。例えば、IMF（2000）は、合併によって誕生した日本のメガバンク（表5-4参照）は、彼らのコアビジネスプロセスを収益性の低い貸出（銀行ローン）から証券ビジネスへより早くシフトすべきであると主張している。この文脈において、国有化された長銀を米国投資会社であるリップルウッド・ホールディングスが買い取ったことは、日本市場が外国の競合者に開放された画期的な出来事として迎えられた。「この傾向が続けば、日本において現代的銀行業務の導入に拍車がかけられるであろう」（Kanaya and Woo 2000〔IMFワーキングペーパー〕, p.34）。こうした論調には、米国型の「現代的」銀行業務、すなわち実用主義的な金融慣行を適用した場合のマクロ経済への影響が全く考慮されてきていないことは既に議論してきたとおりである。各国の金融構造は長い歳月をかけて各国特有の諸制度をベースに進化したものであり、簡単に他で適用できるものではない。本書では、リスクや不確実性を分散するメカニズムを欠いたまま、日本の伝統型金融システムを、計画性なく米国型のシステムに移行しようとしたことが、日本の金融仲介及びモニタリング行動において構造的失敗を引き起こしていることを指摘した。この問題は、日本の家計部門のリスク回避型の資金を新しい産業（特に、革新的な中小企業）に仲介する金融仲介ルートを新たに制度化できていないことであり、そのことこそ日本の経済停滞の根本的原因となっていると考えられるのである。
　一方で、リレーション型バンキングが、技術革新や必要な「創造的破壊」をもたらすことがはたしてできるかということが課題となろう。「社会資本」や「自発的社会性」が経済組織及び経済成長にとって重要な要素であることを強

調しつつ、Francis Fukuyamaは、経済的豊かさという点からは、社会的結束が必ずしも有益とは限らないことを指摘している (Fukuyama 1995, p.139)。彼は、シュンペーターの「資本主義は〈創造的破壊〉のプロセスである」とのフレーズに言及し、そこでは不効率な組織は修正されたり排除されたりして、新しい組織に代わらなくてはならないとしている。経済が発展するためには、ある種類の集団が常に別の集団に置き換わられることが必要なのであろう。本書で議論した金融モニタリングシステムにおける「移行の失敗」（第6章参照）は、まさに、必要な「創造的破壊」を促すシステムへの移行に日本は失敗していることを意味している。

　元本保証の預金を原資とし、バーゼル基準による短期ポートフォリオの質を維持する条件を課せられている銀行が、技術革新へのファイナンスを担うことには限界が伴う。銀行としては、中小企業が晒されている不確実性（特に「負け組」となってしまう企業）から自らを守る能力には自ずと限界があるからである。しかしながら、日本の多くの中小企業は、その資金調達を依然として銀行による間接金融に頼らざるをえない。ここに日本の金融システムの抱える最大のジレンマがある。このジレンマを解消するためには、日本に適した代替システムを探し、転換する必要があるが、この移行にはかなりの時間を必要とする。結果論かもしれないが、産業構造が「追いつき追い越せ」時期から「フロンティア」経済にシフトした段階から、銀行が構造的に抱えるリスクや不確実性を社会化・分散化する代替システムを、少なくとも、金融当局は模索すべきであったと思われる。

　6-5でもふれたとおり、「系列」内、あるいは「系列」間の統合の動きは、民間セクターが現在の金融仲介危機を克服しようと試みている自発的動きとも受け取れる。各系列グループのコア企業を中心に、稀少な「リスク」資金を、グループに蓄積されたネットワークやモニタリング能力を効果的にグループ内の再投資に活かす動きと捉えられる。米国型モデルとは異なる、日本に適する代替システムが模索されていると考えられるし、また、模索されなければならない。リスクや不確実性を社会化・分散化するための基盤、すなわち、「リスク」資金を供給できる個人投資家層の育成、そのための投資教育の拡充もこれからの課題であろう。また、邦銀、特に、地域中小企業金融を支える地方銀行

における、信用リスクマネジメントの強化や、中小企業向けの貸付債権の証券化技術の開発も課題であろう。しかし、いずれにせよ、それらの対応には時間を要する。特に、あらゆる産業のフロンティアへのファイナンスを支える投資家層の育成は、個々の投資家の主観的リスク選好に関わることなので、どの程度時間を要するのかさえ、不確実性が伴っているのである。

付録 1
バーゼルコード

付録1-1　はじめに

「思想や知識、芸術、歓待、旅行、これらは本質的に国際化すべき事項である。しかし合理的かつ便宜的に可能でありさえすればモノについては国際化する必要はない。特に、金融は本来国際化する必要がない」(Keynes[*1]、意訳)

バーゼル銀行監督委員会 (BCBS) とは、1975年にG10諸国の中央銀行総裁会議により設立された銀行監督当局の委員会である。歴史的にはBIS (国際決済銀行) 体制とバーゼル銀行監督委員会の役割が広く認識されたのは1974年のHerstatt銀行の破綻を契機としている。同委員会はベルギー、カナダ、フランス、ドイツ、イタリア、日本、ルクセンブルグ、オランダ、スウェーデン、スイス、イギリス、アメリカ各国の銀行監督当局、及び中央銀行の上席代表によって構成され、委員会は通常、常設事務局が設けられているバーゼルの国際決済銀行 (BIS) において開催される (BCBS 1999d, p.3)。バーゼルの歴史において最も特筆すべきは1988年のバーゼル自己資本比率規制である (Eichengreen 1999, p.24)。BCBSはG10諸国にルクセンブルグを加えた国の代表によって構成されているに過ぎないが、BCBS加盟国の国際的に活動する銀行の自己資本強化のために同委員会が1988年に合意した8％自己資本比率規制には100カ国以上が自発的に採用するに至っている (御代田 1994, Rosenbluth and Schaap 2000)。1990年代を通じ、銀行の規制と監督のために広く国際的に適用される

スタンダードを創設する責任ある組織（Cornford 2001, p.6によれば「グローバルスタンダード創設者」）としてBCBSの役割は広く認知されるようになっている。

付録1は、バーゼル銀行監督委員会が委員会自体には何の試行権限がなくとも、1990年代を通じ銀行規制のグローバル基準を設定することによってその範囲や権威を広げてきたきたとするCornford（2001）の示唆を支持する一方で、バーゼル自己資本規制枠組みの広がりを批判的に評価するものである。第4章（4-5）において経営健全化規制としてのバーゼル自己資本比率規制の批判については既に述べた。BIS体制下において銀行監督当局が、銀行破綻を防ぐために自己資本比率規制を適用しようとする一方で、銀行に金融仲介とモニターとしての役割を担わせるという、もう1つの重要な銀行規制の目的に悪影響を及ぼす可能性について、ほとんど注意が払われていないという批判である。

この付録1の前半部（付録1-2）ではファクトファインディングを目的として1999年に発表、提案されたバーゼル新規制の枠組みを要約し、後半部（付録1-3）では新しい規制枠組みの批評を試みることを目的としている。

付録1-2　1999年バーゼル提案概観

バーゼル銀行監督委員会は1988年のアコード（自己資本比率規制合意）に替わる新たな自己資本比率規制の枠組みを導入することを決めている。委員会は導入が検討されているアプローチ手法に対する見解を求めるために、1999年6月、「新自己資本規制の枠組み」（BCBS 1999b, あるいは"New Accord"）を発表した。当該文書は以下の認識に基づいている。

(1) 過去2年間、世界の金融システムは大幅な経済の激動を経験した。
(2) 国際的に業務展開をしている銀行が対処してきたリスクは、より複雑化し積極的なものになってきている（これらの金融技術革新には計量やコントロールの改善を目的とする信用リスクモデリングに関するものも含まれている。Cornford〔2001〕は信用リスクを減らしあるいはなくす技術についても指摘している。特に、1990年代において急速に拡大したスワップ、オプション、関連証券化等により構築されるクレジットデリバティブにおける技術革新は特に顕著で

あった)。

　従って、委員会は、内在するリスクを反映するよう自己資本規制を改善するために、既存アコードの適用範囲を明確化し広げることを提案している (BCBS 1999b, Summary)。1988年のアコードが、BCBS加盟国において国際的に業務展開をする銀行の活動を制約することを目的とし二国間調整に基づき促進されたのとは対照的に、BCBSは「グローバル・スタンダード創設者」としての役割をすでに広げているといえる (Cornford 2001)。

　新しいアコード (自己資本比率規制) の提案を準備するとともに、バーゼル銀行監督委員会のモデルタスクフォースは信用リスク計量モデルの使用状況を調査し記述することを目的に設立されていた。明らかに、その主目的の1つは銀行監督及び規制の目的——自己資本比率規制の適正な範囲を正確に見積もり定めることを含む——に信用リスク計量モデルが使えるかどうかを評価するものであった。沢山の公開会議や市場実務者によるプレゼンテーションから集められた資料をレビューし、また、10カ国における20の銀行機関において実践されているモデルを広範囲に調査することにより (BCBS 1999a, Overview参照)、会議は1999年4月に「Credit Risk Modelling: Current Practices and Applications」というタイトルのレポートを発表した。

　国際的に展開している銀行機関において現在実践され適用されている様々な信用リスク計量モデルを分析した上で、BCBSは「Principles for the Management of Credit Risk」(BCBS 1999c) と「Best Practices for Credit Risk Disclosure」(BCBS 1999d) というタイトルの重要な2つのレポートを1999年7月にそれぞれ発表した。これらのレポートの目的及び相互関係は下記のとおり要約できる。

(1) BCBS 1999a：ファクト・ファインディング (推薦する信用リスク計量モデルの示唆)
　(a) 信用リスク計量モデルの使用状況の記述
　(b) モデル開発に使われている方法論とモデルで計量されたものをどのように内部的に適用しているかについて幅広く実例を掲載

(c) 信用リスク計量モデルを使うことがより良い内部リスク管理に結びついていること及び銀行組織を監督する上での潜在的効果を認識
(2) BCBS 1999c：信用リスク管理の原則の創設
　(a) 銀行監督庁（金融当局）に対し、信用リスク管理のための健全な実践をグローバルに推進することを促す（BCBS 1999c, p.1 and Introduction）
(3) BCBS 1999d：BCBS1999cの実施のため情報公開の重要性を強調
　(a) 銀行に対し、市場参加者や一般大衆に銀行自体の信用リスクプロファイルを評価することに必要な情報を開示することを促す
　(b) 適切な透明性と効果的な市場規制を促進する
(4) BCBS 1999b「A New Capital Adequacy Framework」：新しい自己資本比率規制の枠組みの創設

付録1-2-1　BCBS 1999aレポートの概要

信用リスク計量モデルへの概念的アプローチの概要

　バーゼル銀行監督委員会（BCBS）は「（このレポートの目的は）概念的な計量モデル化のアプローチ法についてある特定のシステムやプロセスを提案するものではないが、我々がレビューを行なった様々な方法論の主要な因子を議論することである」と述べている。しかしながら、このレポートは特定の信用リスク計量モデルを標準プロセスとして創設したものと思われる。

　信用リスクをとる業務を支えるのに必要な自己資本額を推定する際、多くの大手銀行は、信用リスクに対し必要とされる自己資本総額を貸倒損失額がいくらになるかの確率分布関数（PDF）から導き出す分析的枠組みを採用し始めている。この貸倒損失額のPDFを求めることが信用リスク計量モデルの主要なアウトプット（出力）となる。チャート付録1-1はこの関係を説明したものである。

　予測される貸倒損失は、銀行がそのクレジットポートフォリオにおいて、選択される時間軸において経験すると予測する貸倒損失額を意味する。銀行は、ポートフォリオが抱えるリスクを、予測以上の貸倒損失額（予測した損失を超える実損額）がいくらになるかを標準偏差や予測される損失と別途設定される貸倒損失許容額との差額等により測定する。銀行の信用リスクエクスポージャ

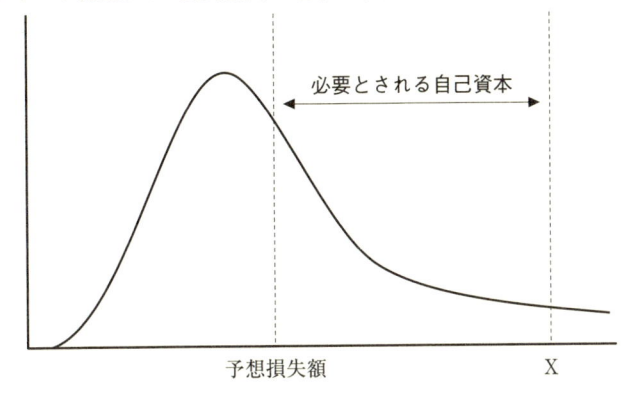

チャート付録1-1　貸倒損失の確率分布関数（PDF）

[図：横軸に予想損失額とX、縦軸に確率密度の曲線。予想損失額とXの間に「必要とされる自己資本」の矢印]

出典：BCBS 1999a

ーを支えるのに必要と見込まれる自己資本額が信用リスク業務を営むのに必要とされる自己資本と一般的に捉えられる。この額を決めるプロセスは、「市場リスク」をカバーする自己資本額を計算する際に使われる「バリュー・アット・リスク」手法に準じたものである。信用リスクをカバーする自己資本額は、自己資本を失うことになる予測以上の貸倒損失が発生する確率が、経営健全性を維持するソルバンシー率を損なうことがないようにするように決定される（BCBS 1999a, pp.12-13）。予測される貸倒損失をカバーするのは準備金政策の役割であり、予測を超える貸倒損失をカバーするのが自己資本比率の役割であると考えられる。それゆえ、求められる自己資本は、予測される貸倒損失をカバーするのに必要な額を超え、経営健全性を維持する水準に必要な追加の資本額となる（同 p.13）。例えば、チャート付録1-1において経営健全性を維持する水準をXとした場合、予想される損失額との差である破線間が求められる自己資本額ということになる。

貸倒損失の測定

一般的に、ポートフォリオの貸倒損失は、(1) ポートフォリオの現時点の価値と (2) 設定された時間軸の最後における将来の価値との差によって求められると定義される。現時点のポートフォリオのPDFの推定は、(1) ポートフォリオの現時点における価値と、(2) 設定された時間軸の最後における将来価

チャート付録1-2　2つのパラダイムの比較

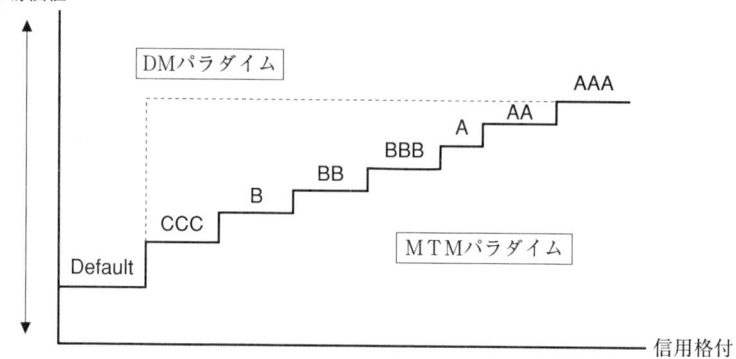

（市場価値を縦軸、信用格付を横軸としたグラフ。DMパラダイムとMTMパラダイムを比較し、Default、CCC、B、BB、BBB、A、AA、AAAの階段状に示している。）

値の確率分布を推計することを含んでいる（同 p.16）。1999aレポートによれば、銀行は次の2つの貸倒損失に係る概念的定義のどちらかを採用しているとのことである。1つは「デフォルトモード」（DM）であり、もう1つは「マーク・ツー・マーケット」（MTM）パラダイムである。

　DMパラダイムでは、貸倒損失は借り手が設定された時間軸の中で債務不履行に陥ったとき初めて発生すると考える。説明のために標準的なタームローンを考える。債務不履行がなければ貸倒損失も発生しない。借り手が債務不履行に陥ったとき、貸倒損失は銀行のクレジットエクスポージャー（デフォルト時の債権額）と将来のネット債権回収額（借り手からの現金回収予測額からワークアウト費用を差し引いたもの）の現在価値との差となる。現時点での価値は銀行の貸出残高（例えば簿価）として測られるが、その貸出の（不確実な）将来価値は当該借り手が設定する時間軸の間に債務不履行に陥るかどうかによる（同 p.17）。

　DMパラダイムと対照的に、MTMパラダイムでは損失は各ローン資産の質の低下に伴って発生すると捉えられる。具体的には、MTMパラダイムではローンポートフォリオを時間軸の始めと終わりに市場価格で評価し直し、その評価額の差を損失と捉える考え方をとっている。MTM型のモデルでは、各ローン資産の信用力がデフォルト方向に変化し及びその変化が銀行の金融資産・経営にインパクトを与えることを前提とする。従って、期待倒産確率（EDF、4-

5参照)に加え、MTM型モデルには信用格付がデフォルトではない格付に動く可能性を示す格付移行マトリックス(表4-16参照)が必要となる(同 p.22)。チャート付録1-2は上記2つのパラダイムの違いを説明している。DMパラダイムではデフォルトとデフォルトではない状態の2つの概念により損失を捉えるのに対し、MTMパラダイムは格付移行マトリックスにより、市場価格での評価によりローンポートフォリオ価値を捉えるのである。

DMパラダイムにおいて、想定する時間軸内で発生が予測される個々のローンの貸倒損失額(L)は下記の式によって示される。

$L_j = LEE_j * EDF_j * (1-R_j)$

J番目のローンファシリティについて、LEEは見込まれる銀行の信用エクスポージャー(ローンエクスポージャー)、EDFはそのローンファシリティが債務不履行に陥る可能性(デフォルト率、予測倒産確率)、Rは倒産後の予測回収率を示す。ポートフォリオ全体での予測貸倒損失額($\hat{e}$)は個々のローンファシリティの予測損失額の総計と捉えられる。

$\hat{e} = \sum_j LEE_j * EDF_j * (1-R_j)$

ポートフォリオの貸倒損失額の標準偏差(σ)は個々のローンファシリティの偏差の積み上げによって求められる。

$\sigma = \sum_{j=1}^{N} \sigma_j \rho_j$

ここでσ_jはj番目のファシリティの個別標準偏差を示し、ρ_jはj番目のファシリティに係る損失と全体のポートフォリオとの連関率を示している。ρ_jパラメーターは銀行の信用リスクポートフォリオにおけるj番目のファシリティの連関性あるいは他の信用リスク業務との分散率を捕捉するものである。他の条件が同じであれば、他の信用リスク業務・ツールとの連関性が高いことは(このことはρ_j値が高くなる)全体としてポートフォリオにおける貸倒損失額の標準偏差は高くなることを意味する。

さらに、(1)個々のファシリティのエクスポージャーは確実にわかること、

(2) 顧客のデフォルト及び (1-Rj)(デフォルト時の回収不能予測率) はそれぞれ独立変数であること、及び (3)(1-Rj) は借り手ごとに独立変数で与えられることを前提に、j番目のファシリティに係る貸倒損失額の個別標準偏差は次の式で与えられる。

$$\sigma j = {}^{LEEj}\sqrt{EDFj*(1-EDFj)*(1-Rj)^2 + EDFj*VOLj^2}$$

ここでVOLは個々のファシリティの (1-Rj) の標準偏差を示す。

これらの式はポートフォリオ全体で抱えている信用リスクをDMの枠組みの中で、個々の手段におけるEDF, ρ, (1-Rj), VOL, and LEEを測定することにより把握する便宜的な手法と言える。反面、これらは全体の信頼性を決める信用リスク計量モデルのプロセスにおける重要な側面、(1) 将来を示すものとしてパラメーター測定の正確さ、(2) モデルが前提としている仮定、例えばランダム変数間の独立性やある変数は確実に知られているとする仮定等、の有効性について強調するものとなっている (同 pp.18-19参照)。なお、EDFについては既に4-5において述べている。

時間軸

BCBS 1999aの調査によれば、ほとんどの銀行が全ての資産分類に「1年」の時間軸を採用しているとのことである。その理由は、信用リスク計量モデルの最適化というよりは計算上の便宜性によるものである。銀行は選択される時間軸へのモデルからのアウトプット (出力) の感応度についてはテストしていないようだと述べている。1年の時間軸を選択した理由として考慮されたこととして述べられているのは、(1) 新しい資本調達をする、(2) ポートフォリオから将来のリスクを除くための損失回避 (損切り) の判断、(3) 債務者の新しい情報が現れる、(4) 倒産確率のデータが公開される、(5) 内部予算、資本計画、決算報告書が準備される、(6) クレジットが通常更新のためにレビューされる、のに1年が典型的なインターバルであるとしている。

付録1-2-2　BCBS 1999cレポートの概要

バーゼル銀行監督委員会が発表した1999c文書は、信用リスク管理の健全な

実践のために全世界の銀行監督当局を奨励することを目的としている（BCBS 1999c, p.1 and Introduction）。実質的には、その目的は管理されている銀行に直接向けられており、銀行に求められる実践法として以下に示す分野を促進することが奨励されている。

(1) 適切な信用リスク判断環境の確立
(2) 健全な信用供与プロセスにおける運営体制
(3) 適切なクレジットの管理、審査、モニタリングプロセスの維持
(4) 信用リスクに対する十分なコントロールの確保

　バーゼル銀行監督委員会はこれらの実践は（1）十分な貸倒引当金と準備金、及び（2）信用リスク情報の開示に関する健全な実行とともに適用されるべきであると主張している。この第1の点とBCBS 1999a文書とは、個々の銀行のリスクテイク能力を正確に見積もることを「意図する」ためにコード化された信用リスク計量手法を促進するという意味において、相互依存の関係にある。BCBS 1999cペーパー自体は、すべての信用取引においてリスクとリターンの関係を判断することを銀行に求めている。その結果、全てのコストがカバーされ、リスクに見合うプライシングがなされるべきであることが強調されている（同 p.10）。加えて、銀行は健全、かつ明確な信用供与基準に従い運営されることが求められ（同 "Principle 4"）、信用供与のために確立された正式な評価・承認プロセスを有することが求められる（同 "Principle 5"）とされている。同時に第2の点とBCBS 1999d文書とは、各銀行業務と業務に内在するリスク情報（借り手のプロファイルも含め）の透明性を高めることを促進するという意味において、相互依存の関係にある。
　バーゼル銀行監督委員会では規制当局と銀行の間にある情報の非対称性問題を解決するために、透明性は重要な要素であると考えられている。
　また、BCBS 1999cペーパーは、信用リスク管理において、取締役会（同 "Principle 1"：例えば、取締役会の役割と責任として信用リスク戦略と銀行の重要な信用リスクポリシーを承認し定期的に見直すことが挙げられている）と上級マネージャー（同 "Principle 2"：例えば、上級マネージャーの役割と責任として、信用リ

スク戦略を実行したり、信用リスクを認識し、審査・測定し、モニタリング・管理するためのポリシーや手続の策定することが挙げられている)の役割と責任を明確にすることで、コーポレートガバナンス(企業統治)の重要性を示唆している。さらに、様々な信用リスクからなるポートフォリオの継続的管理のための「システム」及び十分な引当金や準備金を算出するために個々の信用状況をモニタリングするためのシステムを銀行は導入すべきであるとしている(同 "Principle 8"及び"Principle 9")。さらに、1999cは借り手や取引相手の真のリスクプロファイルを銀行が包括的に審査できうる十分な情報を得るべきであることを提案している。この提案は貸し手と借り手との間には克服することが本質的に難しい情報の非対称性があることから、理念的なものと思われるが、ペーパーは銀行に対し(銀行監督当局を通じ)個々の借り手や取引相手に晒されるリスクを計量することを促している(同 "Principle 11")。

付録1-2-3　BCBS 1999dレポートの概要

　バーゼル銀行監督委員会はBCBS 1999cペーパーの発行と並列して、「Best Practices for Credit Risk Disclosure」(BCBS 1999d)と題するもう1つのペーパーを発表した。BCBS 1999dペーパーは、市場参加者や一般人がある銀行の信用リスクプロファイルを審査するのに必要とする情報を提供することを銀行に促すことを目的としている(BCBS 1999d, Executive Summary)。透明性が銀行自体の信用力を測る上での不確実性を下げることにより、銀行システムへの信頼を高めることができるとの考えに基づき、このペーパーは透明性と効果的な市場ディシプリンの促進を目的としていることは明らかである。バーゼル銀行監督委員会は銀行行動や行動に伴うリスク情報の透明性こそ、効果的に監督された安全で健全な銀行システムの主要因であると考えている。

　委員会は、信用リスクモデリング等の信用リスクマネジメント技術における技術革新や発展に伴い情報も公開されるべきであると主張している。また、銀行は信用リスクマネジメント、管理、ポリシーおよび実践上の質的情報についても公開すべきであるとしている。以下の点に係る情報も公開すべきとされている。

(1) 信用リスクエクスポージャー総額の制限やコントロールに使われる手法。
(2) 個々の取引相手と全体のポートフォリオに対して信用エクスポージャーを測るのに使われるプロセス及び手法。これには、内部信用レーティング・分類システム、例えば、各レーティングごとの倒産確率や分類されているリスクの程度や期間別のパフォーマンス分析や事後評価がどうなっているか等の情報の描写が含まれる。
(3) 経理・会計ポリシーと実践。

　銀行監督当局の観点から、近時の金融市場におけるグローバルな不安定化は脆弱な信用リスクマネジメントに伴うクレジットの質の低下が銀行破綻や銀行危機の主要因となっているとしている（同 Conclusion）。それゆえ、市場参加者や当局が、銀行の状況、パフォーマンス及び長期的にみて存続できるかどうか等を判断できるようにするために、委員会は銀行の信用リスクプロファイルに係る、クレジットエクスポージャーの質や信用リスクマネジメントプロセスの適正さを含む情報（公開）は必要不可欠であることを主張している。

付録1-2-4　新自己資本比率規制枠組みの概要（BCBS 1999bレポート）

　1988年バーゼル合意は現在の国際金融構造の基盤となってきている。その最大の目的は国際金融システムにおける安全性と健全性の促進であり、十分な自己資本のバッファー（緩衝）を用意させることがその主たる目的である。この新しい枠組みにおける資本の定義については、1988年のバーゼル自己資本比率規制における資本の定義にそれ以降既に修正、明瞭化されたもの以外に新たなる変更はない。しかしながら、バーゼル銀行監督委員会は内在するリスクをより反映するように現行のアコードの適用範囲を明確化し広げることを提案し（BCBS 1999b, Summary）、より信用リスクに感応するアコードを創設するためのいくつかのアプローチ手法を提示している。新しい枠組みは3つの柱から成り立っている。最低自己資本比率規制（第1の柱）、機関の自己資本バッファーと内部審査プロセスに対する監督（第2の柱）及び市場ディシプリン（第3の柱）である。

第1の柱

　第1の柱における顕著な特徴の1つは、バーゼル銀行監督委員会としては現行のアプローチから、リスクウェイトを決定するために「外部信用審査手法」を取り入れるシステムに替えることを提案し、そこではソブリンだけではなく、銀行や証券会社、一般企業向けに対する個々のエクスポージャーについてもリスクウェイトを反映させることを目的としている（詳細は後葉参照）。委員会は銀行独自に信用リスクを量的・質的に審査しているアプローチ手法（内部格付を基盤とするアプローチ）を採用する理由についても認識しているとしているが、内部格付を基盤とするアプローチによって算出される自己資本バッファーが外部信用審査を基盤とする標準化されているアプローチとの不一致がなく正確であるように発展されることに注意深く関心を払っているとしている（同 pp.37-40）。明らかに、バーゼル委員会は各銀行監督当局に対し、銀行に内部格付を基盤とするアプローチを容易にはとらせないように警告している。委員会は銀行独自の損失見込み、例えば倒産確率を直接、そのエクスポージャーに対する自己資本バッファーに入れることを許せば、多くのチャレンジがなされることを主張している（同 p.40）。委員会はEDFや関連するPDFの測定手法、PDFを推定することに使用される概念的手法の評価、損失予想の見込みに求められるデータの信頼性及び制約等について列挙している。銀行独自の格付システムの総合的な妥当性や格付プロセスの明確性や詳細について、銀行監督当局が十分判断できる能力がない限り、銀行は独自の格付を基盤としたアプローチをとることは認められないと考えるしかない。

　もう1つの特徴は、金利リスクが平均以上に高い銀行に対し自己勘定における金利変動リスクに対する自己資本バッファーを求めることを提案していることである。これは、現行のアコードが信用リスク及び（商品勘定における）市場リスクに対してのみ資本バッファーを特定していることに対し、他の重要なリスク、自己勘定における金利変動リスクやオペレーションリスクは反映されていないとの認識によるものである。なお、「市場リスク」をカバーするために修正された1988年アコードは1996年にすでに適用されている。

第2の柱

委員会は自己資本バッファーを当局が監督することの正当性を提案し、銀行に最低の自己資本比率を超える自己資本を保有することを求めるために早期に介入・監督することを促している。同時に、新しい枠組みは銀行経営陣が内部の自己資本審査プロセスを発展させ、銀行のリスクプロファイルや管理環境に応じた資本バッファーのターゲットの設定をすることの重要性を強調している。この柱では銀行に信用リスクマネジメントのシステムを導入することが促されているように思われる。

第3の柱

委員会は「市場ディシプリン」を強めることを提案している。市場ディシプリンは高い情報公開基準を促し、銀行に十分な資本バッファーを持たせることを促す市場参加者の役割を強めることを目的としている。これらの3つの柱を基盤として、バーゼル銀行監督委員会は金融技術革新やグローバル化の過程において晒されるリスクをより正確に反映する柔軟性のある自己資本規制枠組みを創設することを目的としている。

外部信用審査機関の適格性基準

新しいリスクウェイト決定スキームでは外部信用審査機関情報への依拠を当局が求めることを示している。委員会は次の基準をエージェントの適格性として挙げている。客観性、独立性、透明性、信頼性、国際的アクセス、資源及び認知である（同 p.34）。当該ペーパーは中間報告であり明確化するポイントは依然として多いとしているが、委員会は既得権益があり信用審査において実績のある外部格付機関の実効力を裏書したものと見られる。

付録1-3　新しい規制枠組みへの批判

1988年アコードにおけるリスクウェイトをつける仕組みは、銀行が借り手の制度的特徴によってリスクウェイトが掛けられる低いリスク資産（例えばソブリン向けローン等）を保有しなくなることのないようにすることを目的とし

ていた面もあった（BCBS 1999b, p.8参照）。同時に、銀行監督庁の目下の関心は、国際業務を活発に展開する銀行を規制し、仮に数量化できないリスクが含まれていたとしても、様々なリスクをカバーする資本バッファーを持たせることにあった。それゆえ、資産にリスクウェイトを掛ける仕組みは恣意性が入り、結果としてリスクを測る手法としては粗いものにならざるをえない。新しい枠組みの最も顕著な特徴は、外部信用格付と信用審査を個々のローンエクスポージャーのリスクウェイトをつける標準手法としてより広範に利用することを示したことである。特に、スタンダード・アンド・プアーズ（S&P）が提供する格付及びその方法論をバーゼル銀行監督委員会は帳簿に載せる資産のリスクウェイトをつける上で重要な因子であることを強調している（BCBS〔1999b〕はスタンダード・アンド・プアーズの信用格付を例として使っている。なお、ムーディーズやフィッチIBCAの格付システムあるいはその他の格付機関のものも同様に使用できるとは述べられている。また、国際通貨基金IMFのSpecial Data Dissemination Standards〔SDDS〕の購入・利用はソブリン向け債権のリスクウェイトをつける上で重要なファクターであることが強調されている。1988年アコードではOECD加盟国と非加盟国向けのエクスポージャーを区別していたが、このことには以前より論争があり、新しいアプローチではソブリンリスクに対しOECD加盟国か非加盟国かという基準は廃止される）。S&Pの不透明な信用リスク審査に基づくコードにおけるリスクウェイトは表付録1-1のとおり要約される。

　バーゼル銀行監督委員会は外部格付のより広範な利用を行なうことが、格付機関に対しあるインセンティブや結果としての効果を及ぼすことに断りを入れている。しかしながら、同会議はこの問題についてどのようにするべきかの具体的な指示はせず、この問題を棚上げにしているように思われる。バーゼル銀行監督委員会としては、各国の銀行監督庁に監督する銀行が機械的に外部審査・格付を利用し問題が生じないようにすることを期待するのみとなっている。その一方で、新アコードは次のような恣意的な面を助長しかねない案となっている。

(1) 新しい枠組みにおいて提案されているリスクウェイトのマトリックス（表付録1-1）はかなり粗い区分けとなっている。例えば、S&Pによってシング

表付録1-1　新バーゼルアコードにおいて提案されている借り手ごとのリスクウェイト

借り手の属性	アセスメント					
	AAAからAA-	A+からA-	BBB+からBBB-	BB+からB-	B-以下	格付なし
ソブリン	0%	20%	50%	100%	150%	100%
銀行	20%	50%	100%	100%	150%	100%
企業	20%	100%	100%	100%	150%	100%

出典：BCBS 1999b, p.31

表付録1-2　証券化資産に対するリスクウェイト案

AAAあるいはAA-	A+からA-	BBB+からBBB-	BB+からB-	B+以下あるいは格付なし
20%	50%	100%	150%	計算資本から除く

出典：BCBS 1999b, p.36

ルAプラスからシングルBマイナスまでの格付をつけられている企業及び格付を取得していない企業向けローンエクスポージャーのリスクウェイトは同じ100％が適用されることとなっている。多くの商業銀行にとっては、この格付の企業向けのローンにポートフォリオを集中させているので、このマトリックスは企業金融及び貸出業務上リスクウェイトを考慮するにあたり、あまり意義はないものと思われる*2。対照的に、証券化資産（コラテライズド・デット・オブリゲーション、CDO）に対する自己資本を設定するにあたり参照されるリスクウェイト案については、外部格付に応じてより細分化されている（表付録1-2）。この提案はローン証券化及びセカンダリーローントレーディング業務における主要な外部格付機関の存在感を高める外部経済効果を生んでいると思われる。バーゼル銀行監督委員会によれば、証券化市場は国際的にアクティブなかなり多くの銀行が参加しているグローバル市場の1つであり、さらに、国際市場で発行されているアセットバック証券（ABS）は典型的に信用格付を得ているとされる。

(2) 回収率（プレッジしていた抵当や担保を処分することにより元本回収が見込める割合）は提案されているリスクウェイトの枠組みに何ら考慮されていない。フィナンシャルタイムスによれば、提案された枠組みへの合意の最終段階まで米国とドイツとの間には論争があったとのことである。1つの議題は、外

部審査・格付を、適切なバッファーを計算することにどの程度細かく適用すべきと考えるかどうかであった。もう1つの議題は新しい枠組みにおける自己資本を考える上で抵当権をどのように扱うべきかということであった。それぞれの金融当局者は自分たちの銀行監督のやり方を守ろうとし、最終案は両者の政治的論争と妥協が反映しているものと思われる。2001年の修正案によれば、新たな手法として「包括的」なものと「シンプル」なものとを提案している。前者の手法によれば、リスクエクスポージャーから慎重な評価による担保価格を差し引くことができるとされる（詳細はCornford〔2001〕, pp.17-19参照のこと）。

(3) バーゼル銀行監督委員会は、自己資本の計算目的でローンエクスポージャーの「最終期限」について考慮することを提案の中に入れていない（BCBS 1999b, p.33）。同じ信用力の2社の借り手がいると仮定すると、原則としては、その内の1社へのより長い期間（例えば3年）のローンエクスポージャーは別の1社への短期エクスポージャー（例えば3カ月）よりリスクが高いと考えられる。言うまでもなく、最終期限あるいは残存期間は銀行にとってクレジットを供与するかどうかの判断の重要な要因となる。

(4) バーゼル銀行監督委員会は、自己資本の計算目的に集中あるいは分散によるポートフォリオへの影響を考慮にいれていない。ポートフォリオ理論においては、特定企業群への投資を集中させるポートフォリオ（例えば、10社に1億ドルずつ投資を行なう）は、分散型ポートフォリオ（例えば、1,000社に百万ドルずつ投資を行なう）より、投資先が同じ信用ランクに格付されているとするならばリスクが高いと考えられる。

(5) バーゼルアコードには、規制の隙間を縫うようなインセンティブを与える効果があり（Cornford 2001）、ある悪循環を生む場合がある。例えば、1988年アコードは、OECD加盟国の公的セクター機関が発行する証券や保証を担保とするローンをアレンジし、エクスポージャーに係るリスクウェイトを下げるインセンティブを貸し手に与えた。貸し手によっては、実際のリスクとバーゼルアコードにより測定されるリスクとの乖離を探し、自己資本比率規制の隙間を狙うものも出てきている。日本の場合、政府機関による信用保証制度は急速にローン市場に浸透した。Kanaya and Woo（2000）の調査及

び日銀のサーベイによると、政府系機関が承認した保証申請は件数では1990年の114万5,280から1998年には216万3,161と増加し、金額ベースでは11.874兆円から27.159兆円となっている。同じ期間において、保証を実行した金額は790億円から6,820億円に増え、また、保証残高は18.595兆円から39.539兆円に膨れている（件数では249万から432万に増加）。長銀のケースについては4-4-4参照のこと。

こうした隙間を縫うような行動は今後はバーゼル銀行監督委員会に、残余リスクをカバーするように自己資本比率規制の適用の範囲を広げることを促している。しかしながら、新アコードが、特に貸付債権の証券化やクレジットデリバティブの分野におけるアービトラージの新しい機会を作り出すことになることは不可避であろう。バーゼル銀行監督委員会は、クレジットデリバティブの形式による銀行保証が広範囲に使われてきていることを指摘し、これらの開発は多くの銀行の信用リスクプロファイルに既に重要な影響を与えているとしている（BCBS 1999b, p.42）。これはいつまでたっても終わらない悪循環となる。規制がリスクを減らしたりヘッジしたりする金融技術のイノベーションを促す面がある一方で、正確さをより求めることは、より複雑なものになることを覚悟せざるをえないのである。

最近の動向

2001年1月に発表されたThe New Basel Capital Accord: an explanatory note（BCBS 2001）によれば、新しいアコードの詳細については2001年末に発表される予定だったが、2002年末に延期された（Cornford 2001, p.2）。現在のところ、2008年1月の正式導入に向けて、日本の金融当局は2007年3月に国内銀行オペレーションへの新基準適用の準備を進めている。2001年の諮問文書の基本的構造、新しいバーゼル自己資本アコード及び関連資料は1999年6月のプロポーザルの骨子と変更はない。自己資本の算出・定義、3つの柱、第1の柱に基づく数値的基準に対する多くの代替オプション、リスクウェイト計算のために細分化されるリスク感応度、オペレーションリスクや銀行自己勘定における金利変動リスクに対する明示、ローン資産証券化や信用リスクデリバティ

ブ等への新しいアプローチなどが含まれている（同 p.10）。

註

* 1 Keynes, J.M., *Collected Writings of John Maynard Keynes*, vol. XXI [1933], edited by Moggeridge, D., London 1982, p.237（Wade and Veneroso 1998参照）.
* 2 2001年に発表された新アコードにおけるリスクウェイトの修正案では、シングルAプラスからシングルAマイナスの借り手へのエクスポージャーには50％のウェイトとすることを追加している。一方、格付を得ていない企業向けについては100％のままとしている。

付録 2

長銀に関する追加財務データ

表付録2-1　経費その他推移（単位：百万円）

	(1)純収入総計	(2)営業経費	(3)その他経常費用	(4)経常利益	(5)純特別利益	(6)税引き前利益	(7)税金	(8)税引き後利益
82年3月期	105,293	55,800	207	49,286	603	49,889	22,926	26,963
83年3月期	133,494	62,322	7,195	63,977	−590	63,387	35,372	28,015
84年3月期	124,529	60,641	5,601	58,287	20	58,307	30,195	28,112
85年3月期	122,121	60,954	6,314	54,853	−1,242	53,611	25,341	28,270
86年3月期	145,997	71,004	1,764	73,229	−1,246	71,983	42,091	29,892
87年3月期	190,038	75,980	12,612	101,444	−7,446	93,997	51,975	42,022
88年3月期	228,880	90,996	24,832	113,051	−1,309	111,742	60,806	50,935
89年3月期	268,462	76,679	63,678	128,105	−284	127,821	57,050	70,771
90年3月期	309,495	89,856	104,802	114,838	−3,509	111,329	47,321	64,007
91年3月期	268,080	95,145	79,052	93,883	7,056	100,939	38,548	62,390
92年3月期	345,475	103,286	140,879	101,309	21,356	122,665	61,146	61,519
93年3月期	304,829	107,921	136,002	60,905	3,919	64,823	38,725	26,098
94年3月期	468,703	106,129	320,482	42,092	2,878	44,970	18,940	26,029
95年3月期	549,507	97,581	433,777	18,146	−1,418	16,729	−3,351	20,080
96年3月期	702,522	97,144	715,855	−110,476	−2,458	−112,934	34	−112,968
97年3月期	589,859	94,409	477,367	18,081	2,350	20,431	772	19,659
98年3月期	442,923	89,140	673,787	−320,005	40,830	−279,175	874	−280,049

出典：日経NEEDSより筆者作成

　表付録2-1は、表4-5にて言及した純収入（1）から、営業経費（2）、その他経常費用（3）を差し引いたものとして経常利益（4）を示し、特別利益・特別損失の合計（5）を反映させ（動産・不動産の処分益・処分損が計上されている）、税引前当期利益（6）、税合計（7）、税引後当期利益（8）を示している。

営業経費：業務拡大に応じ人件費・物件費とも伸びているが、特に1989年頃

チャート付録2-1　営業経費推移
（百万円）

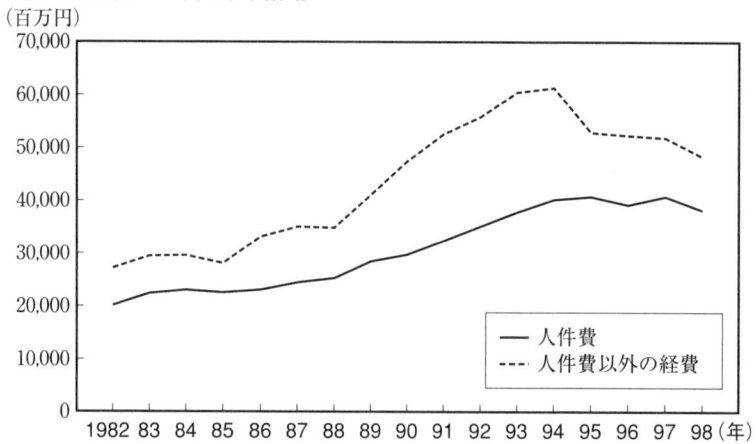

凡例：
― 人件費
--- 人件費以外の経費

横軸：1982 83 84 85 86 87 88 89 90 91 92 93 94 95 96 97 98（年）

表付録2-2　その他経常費用内訳（単位：百万円）

	その他経常費用合計	A	B	C	D	E	F	G
82年3月期	207	NA	163	NA	NA	NA	NA	44
83年3月期	7,195	7,122	18	NA	NA	NA	NA	55
84年3月期	5,601	5,438	131	NA	NA	NA	NA	32
85年3月期	6,314	6,239	9	NA	NA	NA	NA	66
86年3月期	1,764	1,479	1	NA	NA	NA	NA	284
87年3月期	12,612	8,628	716	NA	NA	NA	NA	3,267
88年3月期	24,832	6,209	230	NA	NA	NA	NA	18,392
89年3月期	63,678	21,758	814	1,587	12,154	45	13,896	13,421
90年3月期	104,802	25,743	4,417	5,295	11,486	5,872	11,927	40,059
91年3月期	79,052	NA	287	25,405	13,480	5,781	8,439	25,658
92年3月期	140,879	15,748	188	12,598	67,883	9,588	16,125	18,746
93年3月期	136,002	40,059	3,051	1,957	30,581	2,260	12,034	46,057
94年3月期	320,482	168,166	18,635	8,538	12,980	7,651	5,987	98,522
95年3月期	433,777	97,860	12,052	20,827	46,554	27,444	136	228,901
96年3月期	715,855	158,518	302,251	18,882	36,032	16,964	89	183,116
97年3月期	477,367	46,928	19,608	20,587	247,784	12,059	NA	130,399
98年3月期	673,787	304,721	51,496	33,540	27,134	23,890	NA	233,004

出典：日経NEEDSより筆者作成

から物件費の伸び率が高まり、物件費の中でも土地建物設備賃借料の伸びが著しい。ディーリング支援システムの拡充や新本店の建設（93年完工）が影響しているものと思われる（チャート付録2-1参照）。

その他経常費用：表付録2-2はその他経常費用の内訳を示したものである。A：貸倒引当金繰入額、B：貸出金給付金償却、C：株式等売却損、D：株式等償却（評価損）、E：金銭の信託運用損、F：事業税、G：その他。全体として1989年3月期から計上される数字が増加している。

付録 **3**

金融仲介機関の資産・負債構成日米比較

表付録3-1　日米金融仲介機関における負債構成比較

【日本】

金融機関	金融資産項目	2004年3月	2000年3月
預金受入機関	預金	40%	36.9%
	借入	7%	7.3%
	社債	2%	4.2%
	株式その他出資金	3%	1.7%
	（小計）	1,527兆円（54.4%）	1,528兆円（51.7%）
保険・年金基金	保険・年金積立金	14%	13.0%
	（小計）	435兆円（15.5%）	422兆円（14.3%）
その他金融仲介機関	資金運用部への預け金	10%	15.0%
	借入	10%	10.9%
	社債	7%	3.0%
	投資信託	2%	1.9%
	株式その他出資金	2%	1.4%
	（小計）	846兆円（30.1%）	1,005兆円（34.0%）

【米国】

金融機関	金融資産項目	2004年3月	2000年3月
預金受入機関	預金	14%	13.2%
	借入	4%	4.0%
	社債	1%	0.9%
	（小計）	$10.2 trillion（23.3%）	$7.4 trillion（21.5%）
保険・年金基金	保険・年金積立金	24%	29.5%
	（小計）	$12.0 trillion（27.4%）	$11.6 trillion（33.5%）
その他金融仲介機関	借入	3%	2.8%
	社債	25%	19.8%
	投資信託	17%	18.9%
	（小計）	$21.7 trillion（49.5%）	$15.6 trillion（45.0%）

出典：BOJ 2000a, Chart 18, BOJ 2004a等より筆者作成

表付録3-2　日米金融仲介機関における資産構成比較

【日本】

金融機関	金融資産項目	2004年3月	2000年3月
預金受入機関	現預金	6%	5.0%
	資金運用部への預け金	6%	8.7%
	貸付	23%	24.5%
	社債	13%	8.4%
	株式その他出資金	2%	2.2%
	(小計)	1,511兆円（53.6%）	1,521兆円（51.3%）
保険・年金基金	貸付	3%	3.3%
	社債	8%	6.3%
	株式その他出資金	2%	2.6%
	(小計)	456兆円（16.2%）	450兆円（15.2%）
その他金融仲介機関	貸付	22%	23.4%
	社債	4%	5.2%
	株式その他出資金	2%	1.5%
	(小計)	852兆円（30.2%）	995兆円（33.5%）

【米国】

金融機関	金融資産項目	2004年3月	2000年3月
預金受入機関	貸付	13%	12.8%
	社債	5%	4.4%
	(小計)	$10.2 trillion（23.1%）	$7.6 trillion（20.8%）
保険・年金基金	貸付	1%	1.3%
	社債	10%	13.1%
	株式その他出資金	10%	15.5%
	(小計)	$12.4 trillion（28.1%）	$12.1 trillion（33.2%）
その他金融仲介機関	貸付	18%	15.6%
	社債	14%	13.3%
	株式その他出資金	9%	11.5%
	(小計)	$21.5 trillion（48.6%）	$15.6 trillion（46.0%）

出典：BOJ 2000a, Chart 19, BOJ 2004a等より筆者作成

参考文献

Alchian, A. and Demsetz, H. 1972. "Production, information costs, and economic organization", reprinted in Putterman, L. ed., *The Economic Nature of the Firm: A Reader*, pp.193-216, CUP.

Antoniewicz, R.L. 2000. "A Comparison of the Household Sector from the Flow of Funds Accounts and the Survey of Consumer Finances", 〈http://www.federalreseve.gov/pubs/〉

Aoki, M.(青木昌彦) 1994. "Monitoring Characteristics of the Main Bank System: An Analytical and Developmental View", in Aoki, M and Patrick, H., *The Japanese Main Bank System*, Oxford University Press.

Aoki, M., Patrick, H. and Sheard, P. 1994. "Introduction", "The Japanese Main Bank System: An Introductory Overview", in Aoki, M and Patrick, H., *The Japanese Main Bank System*, Oxford University Press.

Arrow, K.J. 1974. *The Limits of Organization*, Norton.

Bank of Japan(BOJ). 2000a. Japan's Financial Structure in view of the Flow of Funds Accounts, Research and Statistic Department, Working Paper.

Bank of Japan(BOJ). 2001b. Insights into the Low Profitability of Japanese banks: Some Lessons from the Analysis of Trends in Banks' Margin. Discussion Paper No.01-E-1.

Bank of Japan(BOJ). 2004a. Japan's Financial Structure in view of the Flow of Funds Accounts, Research and Statistic Department, Working Paper.

Basle Committee on Banking Supervision(BCBS) 1999a. *Credit Risk Modelling: Current Practices and Applications*, 〈http://www.bis.org/〉

BCBS. 1999b. *A New Capital Adequacy Framework*.

BCBS. 1999c. *Principles for the Management of Credit Risk*.

BCBS. 1999d. *Best Practices for Credit Risk Disclosure*.

BCBS. 1999e. *Enhancing Corporate Governance for Banking Organisations*.

BCBS. 2000. *Summary of responses received on the report "credit risk modelling: current practices and applications"*.

BCBS. 2001. *The New Basel Capital Accord: an explanatory note*.

Bergson, H. 1946, 1992. *The Creative Mind, An Introduction to Metaphysics*, translated by Andison, M.L., A Citadel Press Book.

Bikhchandani, S. and Sharma, S. 2000. "Herd Behavior in Financial Markets: A Review",

IMF *Working Paper* WP/00/48, IMF Institute.
Boot, A.W.A. and Greenbaum, S. 1993. "Bank regulation, reputation and rents: theory and policy implications", in Mayer, C and Xavier, V. 1993. *Capital markets and financial intermediation*, CUP.
Campbell, T., Chan, Y-K. and Marino, A. 1992. "An Incentive-Based Theory of Bank Regulation", Journal of Financial Intermediation Vol.2, pp.255-276.
Chan-Lau, J.A. 2001. "Corporate Restructuring in Japan: An Event-Study Analysis", *IMF Working Paper*, WP/01/202.
Chang, H-J. 2000. "The Hazard of Moral Hazard: Untangling the Asian Crisis", World Development Vol.28, No.4, pp.775-788.
Cohen, D. and Knetsch, J.L. 1992. "Judicial Choice and Disparities between Measures of Economic Values", in *Choices, Values, and Frames*, edited by Kahneman. D. and Tversky, A. 2000, CUP.
Cornford, A. 2001. "The Basel Committee's Proposals for Revised Capital Standards: Mark 2 and the State of Play", No.156, Discussion Papers, UNCTAD.
Davis, E.P. 1995. *Debt Financial Fragility and Systemic Risk*, Clarendon Press, Oxford.
Diamond, D.W. 1984. "Financial Intermediation and Delegated Monitoring", Review of Economic Studies, 51. pp.393-414.
Dore, R. 2000. *Stock Market Capitalism: Welfare Capitalism, Japan and Germany versus the Anglo-Saxons*, Oxford University Press.
Dymski, G. 1993. "Keynesian uncertainty and asymmetric information: Complementary or contradictory", *Journal of Post Keynesian Economics*, Fall 1993, Vol.16, No.1.
Dymski, G. 1999. *The Bank Merger Wave: The Economic Causes and Social Consequence of Financial Consolidation*, M.E. Sharpe, Inc.
Eichengreen, B. 1999. *Toward a New International Financial Architecture, A Practical Post-Asia Agenda*, Institute for International Economics.
Ellsberg, D. 1961. "Risk, ambiguity, and the Savage axioms", reprinted in Moser, P.K., *Rationality in Action: Contemporary approaches*, Cambridge University Press.
Elster, J. 2000. *Ulysses Unbound, Studies in Rationality, Precommitment, and Constraints*, CUP.
Fukuyama, F. 1995. *Trust: The Social Virtues and the Creation of Prosperity*, Free Press. (加藤寛訳 1996.『信無くば立たず』三笠書房)
Freixas, X. and Rochet, J-C. 1997. *Microeconomics of Banking*, The MIT Press.
Gupton, G., Finger, C and Bhatia, M. *CreditMetrics - Technical Document*, Morgan

Guaranty Trust Co., New York.
Gerschenkron, A. 1962. *Economic Backwardness in Historical Perspective*, Harvard University Press.
Hall, M.J.B. 1998. *Financial Reform in Japan: Causes and Consequences*, Edward Elgar.
Hamazaki, M. and Horiuchi, A. 2001. "Can the Financial Restraint Hypothesis Explain Japan's Postwar Experience?", NBER/CIRJE/CEPR Japan Project Meeting, September 2001.
Hanajiri, T. 1999. "Three Japan Premiums in Autumn 1997 and Autumn 1998", Research Paper, Bank of Japan.
Hargreaves Heap, S. 1992. "Rationality", in Hargreaves Heap, Hollis, Lyons, Sugden & Weale, *The Theory of Choice; A Critical Guide*, Blackwell.
Hellmann, T., Murdock, K., and Stiglitz, J. 1997. Financial Restraint: Toward a New Paradigm, in Aoki, M., Kim, H-K., Okuno-Fujiwara, M., eds. 1997. *The Role of Government in East Asian Economic Development: Comparative Institutional Analysis*. Oxford: Clarendon Press.
Hellmann, T., Murdock, K., and Stiglitz, J. 2000. "Liberalization, Moral Hazard in Banking, and Prudential Regulation: Are Capital Requirements Enough?", American Economic Review pp.147-165.
International Monetary Fund(IMF). 2000. "Progress in financial and corporate restructuring in Japan", *The 1999 International Capital Markets Report*. IMF Publication.
Kahane, Y. 1977. "Capital adequacy and the regulation of financial intermediation", *Journal of Banking and Finance* 1, pp.207-18.
Kahneman, D. and Tversky, A. 1979. "Prospect theory: an analysis of decision under risk", in Moser, P.K., 1990. *Rationality in Action: Contemporary approaches*, CUP.
Kanaya, A. and Woo, D. 2000. "The Japanese Banking Crisis of the 1990s: Sources and Lessons", IMF Working Paper, WP/00/7.
Keynes, J.M. 1936. *The General Theory of Employment, Interest and Money*, Volume VII, Macmillan, CUP.
Keynes, J.M. 1963. *Essays in PERSUASION*, Norton.
Khan, M. 1995. "State Failure in Weak State: A Critique of New Institutionalist Explanations", in J.Hunter, J.Harriss and C.Lewis eds. *The New Institutional Economics and Third World Development*. London:Routledge.
Khan, M. 1999. "Financial Institutions", "Collective Actions", "Transaction Costs and

Firm Theory", *Political Economy of Institutions, MSc Lecture Notes 1999*, SOAS, University of London.

Khan, M. 2000. "Rents, Efficiency and Growth", "Rent-Seeking as Process", in Khan, M & Jomo, K. , *Rents, Rent-Seeking and Economic Development.* CUP.

Kim, D. and Santomero, A. 1988. "Risk in banking and capital regulation", *Journal of Finance* 43, pp.1219-33.

Kindleberger, C. 1996, 2000. *Manias, Panics and Crashes:* 3rd and 4th edition, London and Basingstoke, Macmillan.

Knight, F. 1921. "From Risk, Uncertainty and Profit" in Putterman, L. eds., 1996. *The Economic Nature of the Firm, A Reader* 2nd *Edition*, Cambridge University Press.

Knight, J. 1992. *Institutions and Social Conflict*, Cambridge University Press.

Koehn, M. and Santomero, A. 1980. "Regulation of Bank Capital and Portfolio Risk", *Journal of Finance*, Vol.XXXV, No.5.

Lyons, B. 1992. "Risk, Ignorance and Imagination", in Hargreaves Heap, Hollis, Lyons, Sugden & Weale, *The Theory of Choice; A Critical Guide*, Blackwell.

Meltzer, A.H. 1982. "Rational Expectations, Risk, Uncertainty, and Market Responses", in Wachtel, P. eds., *Crisis in the Economic and Financial Structure*, Salmon Bros. Series on Financial Institutions and Markets, Lexignton.

Minsky, H.P. 1975. *John Maynard Keynes*, Columbia University Press. (堀内昭義訳 1999. 『ケインズ理論とは何か』岩波書房)

Minsky, H.P. 1977. "A Theory of Systemic Fragility", in E.I. Altman & A.W. Sametz (eds.), *Financial Crises; Institutions and Markets*, Wiley.

Minsky, H.P. 1984. *Can "It" happen again?* M.E. Sharpe, Inc.

Nishida, K. 1958. *Intelligibility and the Philosophy of Nothingness*, translated and introduced by Robert Schinzinger, Maruzen, Tokyo.

North, D.C. 1990. *Institutions, Institutional Change and Economic Performance*, CUP.

Okuno-Fujiwara, M. 1997. "Toward a Comparative Institutional Analysis of the Government-Business Relationship", in Aoki,M., Kim,H-K and Okuno-Fujiwara, M. eds. *The Role of Government in East Asian Economic Development: Comparative institutional Analysis*, Oxford: Clarendon Press

Patrick, H. 1998. "The Causes of Japan's Financial Crisis", prepared for Conference on Financial Reform in Japan and Australia, The Australia National University.

Poincaré, H. 1952. *Science and Hypothesis*, Dover Publications.

Rajan, R.G. and Zingales, L. 2004. *Saving Capitalism From The Capitalists: Unleashing the power of financial markets to create wealth and spread opportunity*, Princeton University Press.

Rodrik, D. 1997. *Has Globalization Gone Too Far?*, Institute for International Economics.

Rosenbluth, F. and Schaap, R. 2000. "The Domestic Politics of Financial Globalization", prepared for American Political Science Association Meeting, September, 2000.

Schaberg, M. 1998. "Globalization and financial systems: policies for the new environment" in D. Baker eds.: *Globalization and Progressive Economic Policy*, Cambridge University Press.

Schumpeter, J.A. 1942, 1950. *Capitalism, Socialism and Democracy*, HarperPerennial.

Shackle, G.L.S. 1972. *Epistemics & Economics, A critique of economic doctrines*, CUP.

Simon, H.A. 1969, 1996. *The Sciences of the Artificial*, Third Edition, The MIT Press.

Simon, H.A. 1983. "Alternative visions of rationality" in Moser, P.K., *Rationality in Action: Contemporary approaches*, Cambridge University Press.

Smith, A. 1759. 2000. *The Theory of Moral Sentiments*, Prometheus Books.

Smith, R. 1993. *Comeback, The Restoration of American Banking Power in the New World Economy*, Harvard Business School Press.

Steedman, I. 2000. "On Some Concepts Of Rationality in Economics", in *Economics as an Art of Thought: Essays in memory of G.L.S. Shackle*, edited by Earl P. and Frowen S., Routledge.

Stiglitz, J. 1988. "Why Financial Structure Matters", *Journal of Economic Perspectives*, Vol.2, No.4, pp.121-126.

Stiglitz, J. 1994. *Whither Socialism?*, The MIT Press.

Stiglitz, J. and Greenwald, B. 2003. *Towards a New Paradigm in Monetary Economics*, CUP.

Stiglitz, J. and Weiss, A. 1981. "Credit Rationing in Markets with Imperfect Information" *American Economic Review* 71, June 1981.

Stglitz, J. and Weiss, A. 1992. 'Asymmetric Information in Credit Markets and Its Implications for Macro-Economics', Oxford Economic Papers, New Series, Vol.44, No.4, Special Issue on Financial Markets, Institutions and Policy, pp.694-724.

Suzuki, Y.(鈴木泰) 2002. 'The Crisis of Financial Intermediation: Understanding Japan's Lingering Economic Stagnation', in Sabri. N., *International Financial Systems and Stock Volatility: Issues and Remedies, Volume 13, International Review of Comparative Public Policy*, pp.213-243. Elsevier Science.

Suzuki, Y.(鈴木泰) 2005. "Uncertainty, Financial Fragility and Monitoring: will the Baseltype pragmatism resolve the Japanese banking crisis?", *Review of Political Economy*, Vol.17. No.1, pp.45-61.

Tett, G. 2003. *Saving the Sun*, Harper Business.

Thaler, R.H. 1992. *The Winner's Curse, Paradoxes and Anomalies of Economic Life*, Princeton University Press.（篠原勝訳 1998.『市場と感情の経済学』ダイヤモンド社）

Toporowski, J. 2000. *The End of Finance, The theory of capital market inflation, financial derivatives and pension fund capitalism*, Routledge.

United Nations. 1978. *United Nations Statistical Yearbook*.

United Nations. 1992. *United Nations Statistical Yearbook*.

Uriu, R. 1999. "Japan in 1998: Nowhere to Go but Up?", *Asian Survey*, Vol.39. No.1, pp.114-124.

Wade, R. and Veneroso, F. 1998. "The Asian Crisis: The High Debt Model Versus the Wall Street-Treasury-IMF Complex", *Current History*, November.

Weale, A. 1992. "Homo economicus, Homo sociologicus", in Hargreaves Heap, Hollis, Lyons, Sugden & Weale, *The Theory of Choice; A Critical Guide*, Blackwell.

Williamson, O.E. 1985. *The Economic Institutions of Capitalism*, The Free Press.

大野克人、中里大輔 2004.『金融技術革命未だ成らず』きんざい

岡崎哲二 1995.「戦後日本の金融システム」森川英正、米倉誠一郎編『日本経営史5 高度成長を超えて』岩波書店

奥野正寛 2002.「バブル経済とその破綻処理」奥野正寛他編『平成バブルの研究（上）』東洋経済新報社

金融情報システムセンター（Financial Information System Centre[FISC]）1999.「リスク管理モデルに関する研究会報告書」FISC

金融庁（Financial Services Agency[FSA]）2005.「生命保険の保険契約者保護制度の見直しについて」ワーキングペーパー

経済企画庁（Economic Planning Agency[EPA]）2000.『平成12年度経済財政白書』経済企画庁

経済産業省（Ministry of Economy, Trade and Industry[METI]）2000, 2003.「海外事業活動基本調査概要」経済産業省

経済産業省 2005.「平成15年工業統計表」経済産業省

斎藤精一郎 1998.『10年デフレ』日本経済新報社

田中隆之 2002.『現代日本経済』日本評論社

竹田茂夫 2001.『信用と信頼の経済学』NHKブックス

中小企業庁（Small and Medium Enterprise Agency[SMEA]）2004.『2004年度中小企業白書』中小企業庁
中小企業庁（Small and Medium Enterprise Agency[SMEA]）2005.『2005年度中小企業白書』中小企業庁
中小企業基盤整備機構（Small and Medium Enterprise and Regional Innovation, Japan[SMRJ]）2002.「ベンチャー企業に関する国内外の直接金融（投資）環境状況調査報告書」SMRJ
土志田征一 2001.『日本経済の宿題』ダイヤモンド社
戸矢哲朗 2003.『金融ビッグバンの政治経済学』戸矢理衣奈訳、東洋経済新報社
内閣府（Cabinet Office）2001.『平成13年度版経済財政白書』内閣府
内閣府（Cabinet Office）2002.『平成14年度版経済財政白書』内閣府
内閣府（Cabinet Office）2003.『平成15年度版経済財政白書』内閣府
内閣府（Cabinet Office）2004.『平成16年度版経済財政白書』内閣府
永濱利廣 2002.「産業構造変化、規模の変化などの概観」財務省財務総合政策研究所、フィナンシャルレビュー June-2002.
西田幾多郎 1912.「論理の理解と数理の理解」『日本の名著47』中央公論社
西村吉正 1999.『金融行政の敗因』文春新書
ニッセイ基礎研究所（NLIR）2002.「継続する持ち合い解消」NLI Research Report, October 2002.
ニッセイ基礎研究所（NLIR）2003.「持ち合い解消にみる企業と銀行の関係」NLI Research Report, October 2003.
日本銀行・日銀（Bank of Japan[BOJ]）1955.「本邦経済統計」日本銀行
日本銀行・日銀（Bank of Japan[BOJ]）1960.「本邦経済統計」日本銀行
日本銀行・日銀（Bank of Japan[BOJ]）1970.「経済統計年報」日本銀行
日本銀行・日銀（Bank of Japan[BOJ]）1975.「経済統計年報」日本銀行
日本銀行・日銀（Bank of Japan[BOJ]）1980.「経済統計年報」日本銀行
日本銀行・日銀（Bank of Japan[BOJ]）1992.「経済統計年報」日本銀行
日本銀行・日銀（Bank of Japan[BOJ]）1997.「経済統計年報」日本銀行
日本銀行・日銀（Bank of Japan[BOJ]）2000b.「金融財政統計月報2000年7月」日本銀行
日本銀行・日銀（Bank of Japan[BOJ]）2001a.「全国銀行の平成12年度決算と経営状況の課題」日本銀行
日本銀行・日銀（Bank of Japan[BOJ]）2004b.「全国銀行の決算状況」日本銀行
原田泰 1999.『日本の失われた十年』日本経済新聞社

御代田雅敬 1994.『米銀の復活』日本経済新聞社
横井士郎 1985.『プロジェクトファイナンス』有斐閣ビジネス
吉川洋 1999.『転換期の日本経済』岩波書店
吉川洋 2003.『構造改革と日本経済』岩波書店

索引

【あ行】

アニマル・スピリット　33, 48, 126
アロー・ドブリュー一般均衡モデル
　　13
安全型資産　127
アンダーライター　33
移行の失敗　136, 171, 178
インキュベーター　33
インセンティブ　36
インセンティブ・アプローチ　17
オーディエンス効果　66, 170, 183
オーディエンスコスト　148
オポチュニズム　176

【か行】

外部格付機関　161
家計部門　14, 127
貸し渋り　158
貸出スプレッド　115, 181
株式売却益　114
関係重視型　53
間接金融　14, 131, 203
期待　47
逆選択　60
逆選択問題　17
銀行規制　66
金融規制緩和　89

金融市場脆弱性仮説　138
金融ビッグバン　147
金融抑制　28, 49, 97
金利マージン　107
空洞化　84
グラス・スティーガル法　33, 44
群衆行動　160
経営健全化規制　35
経験則　21
系列　192
「系列」システム　58, 61
限定合理性　21, 140, 176
構造的失敗　178
コーポレートガバナンス　91, 187
護送船団方式　53, 62, 170

【さ行】

「最後の貸し手」機能　27
財閥　59
資金繰り分析　57
自己資本比率8％規制　34
自己資本比率規制　19, 45, 121, 150
市場の失敗　20, 77
自発的社会性　202
社会資本　174, 202
ジャパンプレミアム　150
住専S&L問題　45

情報経済学　　13, 17
情報の非対称性　　27, 29
新自己資本比率規制　　217
新生銀行　　119, 163
新制度派経済学　　75
信用創造　　202
信頼　　25, 66, 171, 173
制度　　39, 77, 178, 195
早期是正措置　　150
創造的破壊　　203

【た行】

代替性　　37
ダウンサイドリスク　　48
担保金融　　103
担保評価　　141
中小企業　　87, 159
長期プライムレート　　59
調整問題　　17
直接金融　　13
直観　　56
デフレ　　152
投機的ファイナンス　　139
東京共同銀行　　185
都市銀行　　100
トランザクションコスト（取引費用）
　　　　78, 171, 173

【な行】

日本開発銀行（開銀）　　64

日本興業銀行（興銀）　　63, 85
日本長期信用銀行（長銀）　　63, 98

【は行】

バーゼル合意　　34
バーゼルコード　　207
バッファー　　198
バブル経済　　94
バリュー・アット・リスク　　46
バンクラン　　32, 68, 90
バンクレント　　28, 49, 59, 90, 148
評判　　31, 92
不確実性
　　　　23, 27, 88, 140, 141, 166, 203, 205
プラザ合意　　43, 84, 96
フランチャイズ・バリュー
　　　　18, 31, 49, 92
ブリッジバンク　　151
不良債権　　6, 155
不良資産処理　　166
プロセス型　　78
「フロンティア」経済　　3, 80, 158
米国型金融システム　　42
ヘッジファイナンス　　139
便宜的方法　　21
ベンチャーキャピタル　　33
ベンチャーファンド　　191
法定準備金　　19
ポスト・ケインズ派　　24
細川連合内閣　　185

ポンジーファイナンス　　139

【ま行】

メインバンク　　48, 58, 148, 166, 172
「メインバンク」システム
　　12, 91, 100, 187
モニタリング　　11, 26, 37, 51, 126
モラルハザード　　17, 60, 96
モラルハザード問題　　163

【や行】

ユーフォリア　　140
要素価格　　79
預金保険　　92
預貸利鞘　　107

【ら行】

リスク　　23
リスク資産　　127
リスク管理債権　　155
リスク資金　　33, 192
流動性リスク　　27
リレーション・バンキング型　　61
レーティング（格付）　　122
「レギュラシオン」学派　　67
レバレッジ　　46
レント　　18, 28, 148
ローン・シンジケーション　　51

【その他】

Expected Default Frequency
　　23, 121
KMVモデル　　123
MOF担　　70, 183
Probability Density Function　　46
RAROC　　102, 121
ROA　　45
ROE　　45
Stiglitz and Weissモデル　　29

鈴木　泰（すずき やすし）

立命館アジア太平洋大学アジア太平洋マネジメント学部助教授。1963年生まれ。早稲田大学政治経済学部卒業、ロンドン大学大学院修士・博士課程修了。株式会社日本長期信用銀行、株式会社社会基盤研究所、金沢工業大学助教授等を経て、2004年3月より現職。著書に『英和対照　信用リスクモニタリングと日米比較金融システム論——Financial Market, Institutions and Credit Monitoring』（唯学書房、2005年）がある。

金融システムとモニタリングの研究
——制度論的アプローチによる日本の金融長期停滞要因分析

2005年11月1日　第1版第1刷発行　　　※定価はカバーに
　　　　　　　　　　　　　　　　　　　　表示してあります。

著　者——鈴木　泰

発　行——有限会社　唯学書房

　　　　　〒101-0061　東京都千代田区三崎町2-6-9 三栄ビル502
　　　　　TEL　03-3237-7073　　FAX　03-5215-1953
　　　　　E-mail　hi-asyl@atlas.plala.or.jp

発　売——有限会社アジール・プロダクション

装幀——米谷　豪

印刷・製本——株式会社　シナノ

Ⓒ Yasushi SUZUKI 2005 Printed in Japan
乱丁・落丁はお取り替えいたします。
ISBN4-902225-19-0 C3033